Alle Personen in diesem Buch sind frei erfunden, oder existieren tatsächlich. Bei einigen wurde der Charakter etwas verändert oder ich habe ihnen andere Namen gegeben.
Der Handlungsstrang ist frei erfunden, ein paar Randgeschichten sind aber wahr. Allerdings haben meine Gehirnwindungen oft stille Post gespielt. Manche Anekdoten sind exakt so passiert, bei anderen wurde während der Reise durch die Synapsen etwas dazu gedichtet oder weggelassen.

Kurzum: Genau so, oder anders ist es gewesen!

N
O
S
W
Maui
Hana
Maui
Maliko
Haiku
Makawao
Kula
Paia
Kahului
Kihei
La Perouse
Lahaina
Molokini
Kanapou
Bunker
Kaho´olawe
Puukoae
Kaserne

Kapitel 1:

Es ist dunkel, als Lieutenant Rogers die Augen öffnet. Das kräftige Wummern eines Schiffsdieselmotors hämmert in seine Ohren, es riecht nach Öl. Seit knapp einer Woche wird er im Maschinenraum eines Frachters festgehalten, an Händen und Füssen gefesselt. Er ist nicht allein in seinem Gefängnis: Chang liegt nur wenige Meter neben ihm.

Er war Rogers Verbindungsmann bei einer verdeckten Ermittlung des US Militärs in Asien. Was eigentlich schief gelaufen ist, wissen sie nicht so recht. Letzten Samstag trafen sie sich in einer Bar in Shanghai, um beim Essen die neusten Entwicklungen ihres Falles zu besprechen.

Tags darauf wachten sie gefesselt im Frachter auf. Natürlich war etwas im Essen, irgendeine Droge. Doch warum sind sie aufgeflogen? Ihr Einsatz war streng geheim.

Seit sechs Tagen sind sie jetzt hier, ihr Essen wird durch die Tür in den Raum geschoben, danach für fünf Minuten das Licht eingeschaltet. Ansonsten gibt es keinen Kontakt zur Außenwelt. Ihre Entführer haben sich weder zu erkennen gegeben noch Fragen oder Forderungen gestellt.

Doch nun nähern sich Schritte sich von außen und die Tür geht auf. Herein treten ein großer, kräftiger Amerikaner und ein ebenfalls kräftiger, aber kleinerer Asiate.

Vom Licht geblendet weichen die beiden Gefangenen zurück.

Changs Verlangen nach einer Erklärung wird mit einem wortlosen Tritt in den Magen beantwortet. Gefesselt werden sie durch die Gänge an Deck geschubst.

Die Sonne bereits untergegangen. Es dämmert. An Deck steht ein roter Hubschrauber mit amerikanischer

Kennung. Ein kleiner wendiger wie ihn den das Militär benutzt. Der Motor läuft. Die Rotorblätter drehen sich. Entweder ist er gerade gelandet oder bereits startklar. Ein Helikopter mit US-Kennung nach sechs Tagen Seereise von Shanghai... Bis zum amerikanischen Kontinent können sie in der Zeit nicht gekommen sein, die Reichweite von Hubschraubern ist ziemlich begrenzt. Es gibt nur eine Inselkette, von dem er gekommen sein kann: Hawaii.

Aus dem Heli steigt ein Mann.

Chang und Rogers werden von ihren Aufpassern gegen die Reling gedrückt und ruhig gehalten. Vor lauter Angst können sie sich kaum aufrecht stehen. Ist der Kerl aus dem Heli der internationale Drogenhändler, hinter dem sie her sind?

Ihre Vorahnung bestätigt sich, als er näher kommt und sie sein Gesicht erkennen. In diesem Moment wird Rogers schlagartig klar: Er wird den heutigen Tag nicht überleben.

Der Drogenboss geht völlig entspannt direkt auf sie zu. Einen Meter vor ihnen zieht er plötzlich eine Pistole und schießt Chang zwei Mal in den Kopf.

Noch bevor Chang leblos zusammensackt, wirft der Amerikaner ihn rücklings über Bord.

Rogers steht mit aufgerissenen Augen da. Der Schrei bleibt ihm im Hals stecken.

„Guten Abend, Lieutenant Rogers. Ich müsste lügen, wenn ich sagen würde, ich freue mich Sie hier zu sehen. Wir kennen uns schon so lange. Beeindruckt haben Sie mich aber dennoch. Noch nie ist mir ein Ermittler, noch dazu ein so junger, derartig nah auf die Pelle gerückt. Sie wissen zwar noch nicht viel, sind überrascht mich zu sehen, aber Sie standen kurz davor, alles rauszufinden. Die Nachricht, die sie letzte Woche an das Hauptquartier

in Honolulu schickten, war zutiefst beunruhigend. Sie zwangen mich zu handeln. Nun, Ihre Meldung erreichte seinen Empfänger nie und doch wird sie Ihr Leben kosten."
„Warum?", fragt Rogers und erwidert den direkten Blick.
„Das spielt keine Rolle mehr. Sie könnten es doch niemanden sagen. Lieutenant Rogers, allein aus Respekt vor Ihrer Leistung knalle ich Sie nicht einfach ab wie einen räudigen Hund. Sie werden um Ihr Leben kämpfen." sagt er zu Rogers und fügt in Richtung des Asiaten hinzu: „Liau, nimm ihm die Handschellen ab!"
Nachdem die Fesseln entfernt sind, hebt der Boss langsam seine Waffe und drückt zwei Mal ab. Die Kugeln durchbohren Rogers´ Schultern und zerschmettern die Gelenke.
Der Lieutenant kann die Arme nicht mehr bewegen, nicht mal seine Hände auf die schmerzenden Wunden pressen.
Schmerz und Schock lassen ihn auf die Knie fallen. Er ist kreidebleich, hat einen leeren Blick. Ohne die Hilfe der beiden Aufpasser würde er längs auf den Stahlboden schlagen.
„Peppelt ihn auf!" befiehlt der Chef ruhig.
Einer kippt Wasser über Rogers´ Kopf. Nach einer Weile stellen sie ihn auf die Beine. In den Augen ist wieder Leben und etwas Farbe kehrt ins Gesicht zurück. Er hat starke Schmerzen, ist jedoch bei Bewusstsein und kann klar denken.
„Gut", spricht der Boss „ich möchte dass Sie alles mitbekommen, was gleich passiert!"

„Werft ihn über Bord!"

Ohne ein weiteres Wort wendet er sich ab und geht zum

Helikopter. Seine Helfer folgen und steigen ebenfalls ein.
Rogers fällt, taucht ins Wasser ein und beginnt sofort mit den Beinen zu strampeln. Seine Arme sind wertlos, aber die Beine bringen ihn an die Wasseroberfläche.
Das Letzte, was er sieht, bevor der Frachter in der Dunkelheit verschwindet, ist der startende, rote Hubschrauber. Der Boss war nur gekommen, um Chang und ihn zu töten.

Kapitel 2:

„Wir haben unsere Reiseflughöhe von 10.670 Metern erreicht und der Kapitän hat das Anschnallzeichen ausgeschaltet. Für alle, die an unserem Half-way-to-Hawaii Spiel teilnehmen wollen: Um 14:53 Uhr Ortszeit sind wir in Los Angeles gestartet. Aktuell haben wir leichten Gegenwind aus Nordwest mit einer Stärke von 34 Knoten. In der zweiten Reisehälfte wird er auf West drehen und sich auf ca. 15 Knoten abschwächen. Die Reisegeschwindigkeit unserer Boeing 767-300 beträgt 458 Knoten. Die Ortszeit auf Hawaii ist minus zwei Stunden, von L.A. aus gerechnet. Der Fluggast, der am exaktesten berechnet, wann wir nach hawaiianischer Ortszeit die Hälfte der Reisedistanz von 2496 Meilen zurückgelegt haben, gewinnt eine Flasche Champagner und bekommt ein kostenloses Sandwich."

Wen würden solch großzügige Gewinne nicht zur Teilnahme dieses Wahnsinns-Spieles locken?!

Nach 13 Flugstunden bin ich abgestumpft und fühle mich, als hätte ich den iPod bereits mehrfach durchgehört und sämtliche Filme des Bordentertainments geschaut. Dankbar für eine Abwechslung greife ich zum Bleistift und beginne zu rechnen.

Mein übergewichtiger Nachbar tut es mir gleich. Er hat bereits eifrig alle Angaben der charmanten Flugbegleiterin notiert und ist hochmotiviert am Kalkulieren.

Ich habe nichts mitgeschrieben, weiß aber, wir werden gegen 19 Uhr landen und der Flug dauert knappe sechs Stunden. Also ist die halbe Strecke um exakt 15:30 Uhr überwunden. Plus minus einiger Daumenpeilungen und ein bisschen was im Sinn. Also trage ich 3:24 p.m. ein, wegen des Gegenwindes, versteht sich.

Nach getaner Arbeit ist es Zeit für ein Nickerchen. Mein

Nachbar berechnet noch Winde, Geschwindigkeiten und Zeitunterschiede.

Eine blechernen, scheppernden Stimme aus dem Lautsprecher entreisst mich der Traumwelt und holt mich unsanft zurück in die Realität. Dem Gewinner des Spieles wird gratuliert, die halbe Reisedistanz wurde um 3 Uhr 25 und 14 Sekunden erreicht. Sieger ist Dickerchen von nebenan, der sich sichtlich über das Sandwich freut. Sein Tipp war 3 Uhr 23 und 30 Sekunden.

Meine grauen Zellen dösen noch und brauchen einen Moment. Doch dann checke ich es: Meine Schätzung liegt zwischen der des Siegers und der korrekten Zeit! Etwas missmutig sehe ich mich um, hatte ich mich doch auf den Champus gefreut. Auf Maui landen und beim Verlassen des Flughafens mit dem Korken knallen. Wie cool wäre das?!

Ach, da liegt er ja, der Zettel mit meinem Tipp. Offenbar schlief ich ein, bevor ich ihn abgab. Na super, hätte die blöde Saftschubse ihn nicht einfach mitnehmen können? Er lag doch direkt am Gang!

Endlich da! Mit der Rolltreppe am Flughafen Kahului fahre ich runter zur Gepäckausgabe. Über dem Ausgang hängt ein großer Werbebanner in eigener Sache: „Maui – voted best island in the world". Meine Stimme hat die Insel, aber ob tatsächlich eine repräsentative Umfrage die Aussage stützt, sei dahingestellt. „Traue keiner Statistik, die du nicht selbst gefälscht hast", sagte mein Statistik Prof. in der Uni immer. Recht hat er!

Am Gepäckband geht es fix und sogar das Surfzeug liegt schon in der Halle. Mit der Tasche auf dem Rücken, den Surfkram hinter mir her schleifend, überquere ich die Straße zum Parkplatz. Schnell lese ich noch mal die SMS meines Autovermieters mit dem verheissungsvollen

Namen „Friendly Frank“, in der er mir mitteilt, wo ich mein Luxusgefährt finde.
Unterwegs beobachte ich andere Flugreisende, die sich an den Schaltern der Autovermieter anstellen müssen, um anschließend mit dem Shuttlebus zum Autovermietungsbüro zu fahren nur sich dort erneut anzustellen. In ca. einer Stunde sollten sie endlich in Ihren klassischen US-Prollmietkarren sitzen und Richtung Fünf-Sterne Hotel fahren. Bei der Suche nach meinem fahrbaren Untersatz kann ich leider keinen Funkschlüssel zur Hilfe nehmen und nach einem blinkenden Auto Ausschau halten. Mein Gefährt ist wenig automatisiert, überzeugt aber mit natürlichen Charme. Das ist noch ein echtes Auto!
Ich stehe vor einem Toyota Tercel, Baujahr 1985. Zwischen ein paar Roststellen ist die ursprüngliche, himmelblaue Lackierung noch erkennbar. Herrlich, genau mein Auto! Der Vermieter wird nicht merken, ob in vier Wochen ein paar Beulen mehr die Karosserie zieren, und selbst wenn, ist es ihm egal.
Das Surfgepäck lasse ich mit einem lauten Krachen auf das Dach fallen. Dachgepäckträger braucht man auf Maui nicht. Der Wagen ist offen, auf dem Beifahrersitz liegt der Schlüssel, die Parkkarte und - 0,0 Promille und „no public drinking“ zum Trotz - ein eiskaltes Willkommens-Bier. Friendly Frank ist spitze!
Beim Verlassen des Parkplatzes frage ich mich, ob meine Mitflieger wohl auch so ein nettes Geschenk in Ihren nagelneuen Mietwagen haben, wenn sie diese in ca. 55 Minuten bekommen. Verdient hätten Sie es, nach der ganzen Warterei...
Einfach nur geil! Endlich wieder auf Maui. Fenster runter, Rückenlehne zurück und tief einatmen. Diese Luft ist einzigartig. Warm und feucht, sie riecht nach roter Erde,

Urwald, Zuckerrohr und Salz. Ich sollte mal ein Einmachglas damit füllen und es einem richtigen Weinkenner unter die Nase halten. Einem echten Franzosen vielleicht. Weinkenner kennen Adjektive, von denen normale Menschen noch nie gehört haben. Mich würde interessieren, wie so ein französischer Weinkenner diese Luft beschreiben würde. Dummerweise kann ich kaum ein Wort französisch.

Lässig biege ich auf den Old Hana Highway ab. Dieser schlängelt sich schön nah an der Landebahn entlang. Die Bezeichnung „Highway“ ist hier fehl am Platze, in Deutschland würde man sich schwer tun diese Straße auch nur „LandStraße“ zu nennen. Natürlich gibt es auch den neuen Hana Highway. Eine vierspurige Autobahn, auf der man immerhin 55 Meilen in der Stunde fahren darf. Das sind etwa 90 Km/h und ist mir jetzt echt zu stressig.

Nach zehn Minuten komme ich in Paia an, einem kleinen, gemütlichen Dorf mit vielen Hippies und Weltverbesserern. Sogar den Urenkel von Captain James Cook lernte ich hier einst kennen. Jedenfalls behauptete er das, als er Joint rauchend im Vorgarten der Bank of Hawaii saß und vor sich hin brabbelte.

Hier ist alles wie immer. Links das Flatbread, ein guter Pizzaladen und einer der wenigen Orte, an denen man auch mal ein Bier trinken kann. Rechts der Fischmarket, ein absolutes MUSS an jedem zweiten Abend, bessere Burger gibt es nirgends auf der Welt. Etwas weiter auf der rechten Seite das Jaques, ein Restaurant mit Sushi-Abteilung, silikonbebrüsteten Bedienungen und der Ort des Geschehens am Freitagabend. Tja, sieht so aus, als müsste ich mir für freitags was anderes einfallen lassen, der Laden ist dicht.

Am Ortsausgang passiere ich „Mama´s Fishhouse“, eins der weltweit besten Fischrestaurants. Leider sind die

Preise entsprechend, daher kam ich erst dreimal in den Genuss, dort zu dinieren.
Hinter „Mama´s“ geben Buschwerk und Häuser endlich den Blick auf das Meer frei. Der Pazifik.
Und der Grund, aus dem ich seit fast 20 Jahren jedes Jahr hier her komme.
4000 Kilometer nördlich von hier teilen die Aleuten die Bering See vom Pazifik. Von Herbst bis Frühjahr folgt dort ein Tiefdruckgebiet dem anderen. Die Naturgewalten entladen sich in heftigen Stürmen und türmen meterhohe Wellen auf. Diese wandern nach Süden, Richtung Hawaii. Unterwegs gibt es nichts, was diese Monster bremst oder bricht.
Auf Maui wehen im Sommer konstante Passatwinde und im Winter krachen hohe Wellen an die felsige Küste. Im Frühjahr und Herbst erreichen die Ausläufer der hohen Wellen Hawaii und mit etwas Glück hat man Wind. Perfekte Bedingungen zum Windsurfen.
Es ist schon lange dunkel, aber ich sehe das aufgeschäumte Weißwasser der gebrochenen Wellen und höre dumpfes Getose.
Als nächstes passiere ich den Hookipa Beachpark. Der wohl bekannteste Windsurfstrand der Welt. Ich überlege kurz anzuhalten und mit einem kühlen Aloha-Bier, am Strand sitzend, meine Ankunft zu feiern. Aber die knapp 30stündige Reise steckt mir in den Knochen und im Dunklen ist der Blick auf´s Meer eher mau. Also weiter.
Fünf Minuten später komme ich bei Dave an und fühle mich sofort zu Hause.
Hier wohne ich seit ein paar Jahren, wenn ich auf Maui bin. Daves Hund Hiina begrüßt mich feucht und freudig, während der andere Vierbeiner, Sparky, sich nicht mal die Mühe macht aufzustehen. Offenbar gehöre ich für die Beiden zur Familie. Kommt ein Fremder auf´s

Grundstück, drehen sie nämlich durch.
Ich nehme meine Tasche und gehe hoch in das Appartement.
Nach einem weiteren Aloha Bier auf dem Balkon ist es an der Zeit, sich endlich mal wieder auf einem echten Bett ordentlich auszustrecken.
Mein Kumpel Jörn sitzt noch im engen Flieger und muss bis morgen warten, bis er sich wieder richtig lang machen kann.

5:30 Uhr. Ich bin hellwach. In Deutschland ist es jetzt 17:30 Uhr. Mein Biorhythmus ist nachtragend und nicht bereit, die Sache mit dem 12-Stunden Zeitunterschied einfach so auf sich beruhen zu lassen.
Draussen ist es stockdunkel. Die Sonne geht erst in etwa einer Stunde auf. Hunger habe ich. Der Dicke hat mich ja gestern um mein kostenloses Sandwich gebracht.
Ein unsagbarer Vorteil der USA: 24 Stunden geöffnete Supermärkte! Die braucht man natürlich, wenn man Inseln mitten im Pazifik hat. Wer jedem Neuankömmling einen Jetlag zumutet, ist selbstverständlich dazu verpflichtet, eine permanente Grundversorgung zu gewährleisten.
Ein weiterer Vorteil dieser Supermärkte: Frischetheken mit einer großen Auswahl an Sandwiches, warmen und kalten Speisen. Hier können die Deutschen wirklich noch was lernen: In den meisten deutschen Supermärkten gibt es nur Zutaten. Man kauft Bausätze. In Amerika gibt es fertige Produkte. Ein Grund, warum McDonalds in Deutschland so erfolgreich ist, ist der Drive-In. Hat man unterwegs Hunger, ist man quasi gezwungen zu McDo zu fahren. Ein Besuch im Supermarkt wäre sicherlich gesünder und auch günstiger, ist aber nur möglich, wenn man eine halbe Stunde Zeit hat und Geschirr inklusive

Besteck mit sich führt. Und selbst dann gibt es meist nur etwas Kaltes. Ja, ihr deutschen Supermarktketten-manager, kommt mal in die USA und guckt euch um. Da werdet ihr euch aber umgucken!
Ich kaufe die Grundausstattung für ein gesundes Frühstück im Supermarkt und fahre zu McDonalds. Schließlich ist es in Deutschland jetzt 18 Uhr und abgesehen von einem warmen Abendessen ist es wichtig, sich der Kultur anzupassen. Integration ist das Stichwort.
Wir wollen ja nicht, dass ein hohes Tier der amerikanischen Zentralbank ein Buch über die missglückte Integration europäischer Touristen in den USA mit dem Titel „Die USA schreibt sich ab!" verfasst.
Auf dem Rückweg geht die Sonne auf und in Hookipa liegen bereits an die 60 Wellenreiter im Wasser. Windsurfen ist auf Hawaii erst ab 11 Uhr erlaubt, vorher gehört das Wasser den Wellenreitern und Speerfischern. Ich weiß schon, warum ich windsurfe. Früh aufstehen war noch nie meine Stärke.
Nach einem Verdauungsschläfchen schlage ich gegen halb Zwölf in Sprecks auf. Eigentlich heißt der Strand Spreckelsville und ist nach Hookipa der andere gute Ort zum Windsurfen. Früher von den Einheimischen im Spaße „Sprecken-sie-deutsch-Ville" genannt. Und tatsächlich ist der Strand und der dazugehörige kleine Ort nach einem Deutschen benannt. Claus Spreckels kommt aus dem Landkreis Cuxhafen, kontrollierte um 1876 den Großteil des Zuckergeschäftes auf Hawaii und nannte 40.000 Hektar sein eigen.
Heute kann man den Strand eigentlich keiner Nation mehr zuordnen. Nicht weil sich so unendlich viele dort tummeln, nein, eher weil kaum noch jemand da ist. Auf dem Parkplatz stehen lediglich drei andere Autos.

Erstaunlicherweise hat sich in Sprecks eine feste Grundbesatzung aus interessanten Gestalten gebildet: Eine kleine, amerikanische Masseuse, deren besten Jahre lange vorbei sind. Ein Polizist aus Berlin, der zu Hause Nachtschichten knüppelt ‚um mehrfach im Jahr herkommen zu können, ein Pärchen Schweizer Skilehrer, die auf Maui übersommern, ein deutscher Rentner, dem früher eine Reiseagentur gehörte, ein dubioser Langhaariger mittleren Alters aus Israel und eine notgeile Anästhesistin, die im Kahului Hospital arbeitet. Vor ihr möchte ich, ehrlich gesagt, nicht wehrlos auf einer Liege liegen.
Gerade als ich meinen Toyota einparke, höre ich wildes Gehupe, gefolgt vom Geräusch rutschender Reifen auf Schotter. Mit allen vier Rädern blockierend kommt ein Jeep Wrangler neben mich geschlittert. Und heraus springt – wie sollte es anders sein – Jörn.
„Hey Stefan, alte Felge, haste wieder am Mietwagen gespart?" schreit er mich an. Zurückhaltung war noch nie sein Ding.
„Understatement, Jungchen. Ich muss nichts kompensieren. Was machst du denn schon hier, wollten sie dich in Singapur nicht mehr haben?" antworte ich. Jörn ist Pilot und da er Stand-by fliegt, weiß man nie genau, wann er ankommt. Schon vor Jahren habe ich aufgehört, am Flughafen auf ihn zu warten.
„Ursprünglich hatte ich einen Flug über L.A., aber dann hab ich gestern noch´n Direktflug nach Honolulu erwischt."
Nach der herzlichen Begrüßung schlurren wir an den Strand und checken die Lage. Augenblicklich treffen wir fast alle Dauergäste an, lediglich der Israeli ist nicht anwesend und ward auch schon lange nicht gesehen.
Die Surfbedingungen sind genau die, für die man

herkommt: drei bis vier Meter Welle und Wind fürs kleine Segel. Gut gelaunt bauen wir unser Material auf und gehen auf´s Wasser. Es gibt doch kaum was Schöneres, als mit einem guten Freund zusammen surfen zu gehen. Erst recht, wenn ansonsten nur noch drei weitere Surfer auf dem Wasser sind. Der Weltwirtschaft sei Dank, sitzt in Japan die Kohle offenbar schon länger nicht mehr so locker und auch Europäer verschlägt es immer seltener nach Hawaii. Vor ein paar Jahren tummelten sich hier noch ca. 150 Surfer auf dem Wasser, heute sind wir zu fünft. So eine Wirtschaftskrise hat doch auch gute Seiten!
Am Abend sitzen wir mit einem Aloha Bier am Strand und schauen auf´s Wasser. Umberto, ein Kopiergeräte-Fachverkäufer aus Tirol stellt lauthals fest: „Däsch isch däs Maaaaakschimum an Läääben!“ Trotz der unterhaltsamen Aussprache hat er nicht Unrecht.
Wir dinieren im Fishmarket in Paia. Hier gibt man die Bestellung am Tresen auf und wartet bis sein Name aufgerufen wird. Das Essen steht dann zur Abholung bereit auf dem Tresen. Ein System, welches sich auch in Deutschland immer größerer Beliebtheit erfreut. Ich gebe meine Bestellung auf und gebe als Namen „Steve“ an. Das erleichtert die Aussprache für den englischsprachigen Koch und ich fühle mich angesprochen wenn ich „STEVE!!!“ höre.
Obwohl Jörn in englischsprachigen Ländern zu Hause ist, hat er sich noch keinen derartigen Trick einfallen lassen. Als er seinen Namen angibt und obendrein versucht ihn möglichst englisch auszusprechen, guckt die attraktive Bedienung ihn ungläubig an und fragt: „your name is „urin“??“. „Urin“ und „Jörn“ klingt auf Englisch verblüffend ähnlich. Ja, der Mann weiß, wie man bei hübschen Frauen Eindruck schindet.
Jörn versucht zu erklären und schreibt am Ende seinen

Namen auf. Da es im Englischen aber keine ö, ä oder ü gibt, und er vom Schriftbild her Arzt sein könnte, schätze ich die Chancen als eher gering ein, dass er sich am Ende angesprochen fühlt und bitte die Dame sein Essen bei mir mit aufzuschreiben.

Dank des Jetlags verläuft der Abend sehr ruhig und endet früh.

Aus dem gleichen Grunde beginnt der nächste Tag erneut vor Sonnenaufgang.

Maui besteht zu einem großen Teil aus einem Vulkan, dem Haleakala. Etwas über 3.000 Meter hoch und bis an die Spitze mit dem Auto erreichbar, zieht es jeden Morgen viele Touristen auf den Berg, um den Sonnenaufgang zu beobachten. Ich habe mir das noch nie gegeben, wie gesagt, der Morgen ist nicht so meine Tageszeit. Der frühe Vogel mag den Wurm fangen, aber erst die zweite Maus bekommt den Speck.

Naja, heute sind wir ohnehin wach und wissen nichts mit uns anzufangen. Also ab auf den Berg. Am Krater angekommen, frage ich mich, ob Wirtschaftskrisen nur Windsurfer treffen. Über Touristenmangel kann man hier jedenfalls nicht klagen. Ein Reisebus parkt neben dem anderen und am Kraterrand tummeln sich ca. 500.000 Menschen. - Nein, ich übertreibe nie, es waren sogar eher mehr!

Tja, wie soll ich das folgende Naturschauspiel am besten beschreiben? Die Sonne geht auf und ist dann da. Sie ist heute erstaunlich gelb und rund. Alles in einem: Ein Sonnenaufgang. Natürlich ist es sehr schön, aber sind Sonnenaufgänge das nicht immer? Müsste ich diese Erfahrung in einem Wort zusammenfassen wäre es: „RATTENKALT“. Auf 3000 Höhenmetern liegen selbst auf Hawaii die Temperaturen um den Gefrierpunkt. Das in Kombination mit acht Windstärken, Shorts und T-Shirts...

- und alles nur, um mal zu gucken, wie die Sonne so aufgeht. Wahnsinn!
Auf dem Rückweg zu Normalnull brauchen wir erstmal etwas Warmes. Kaffee und Frühstück mit Rührei und Speck ist genau das Richtige.
Wir entscheiden uns heute, ganz verrückt zu sein und parken meine Karre im Kanaha Beachpark. Meinen Surfkram packen wir auf Jörns Jeep und fahren zusammen nach Hookipa. Von Hookipa nach Kanaha zu surfen ist ein Traum. Mit dem Wind surft man die Küste entlang und kann die ganze Zeit Wellen abreiten und springen, ohne zwischendurch wieder gegen den Wind hoch kreuzen zu müssen.
Wir lassen uns Zeit und genießen die traumhaften Surfbedingungen. Vom Wasser her sieht die Insel einfach herrlich aus und durch das glasklare Wasser sehen wir Korallen und Fische. Sogar die ein oder andere Meeresschildkröte kreuzt unseren Weg. Sie tauchen ab, sobald man ihnen zu nahe kommt und ich frage mich, ob schon mal ein Surfer eine Kollision hatte. Ich denke, der Surfer zöge den Kürzeren.
Nach gut drei Stunden kommen wir in Kanaha an und schlafen erstmal am Strand ein.
Später, beim Abbauen der Segel erblickt Jörn ein recht ansehnliches Geschöpf der weiblichen Art. Sie baut ebenfalls gerade ihr Segel ab. Jörn lässt alles liegen und sagt: „Wenn das klappt, pack einfach alles ein und fahr hinter uns her."
Spricht es und zieht ohne Umschweife von dannen.
Gespannt, was als nächstes kommt, beobachte ich die beiden durch meine Sonnenbrille und werde Zeuge wie er ihr nach etwas hin-und-her hilft, den Surfkram im Auto zu verstauen und selbst mit einsteigt.
Ich muss zugeben: Ich bin beeindruckt. Hoppla, ich sollte

ihnen doch folgen! Hektisch schmeiße ich alles in den Toyota und schwinge mich hinters Steuer.
Wie im Film klemme ich mich hinter sie, halte aber etwas Abstand. Die Reise führt durch Paia und endet in – Trommelwirbel – Hookipa, dem Ausgangspunkt unserer heutigen Surfsession. Ich parke etwas abseits. Jörn steigt aus, hält noch kurz von aussen seinen Kopf bei ihr durchs Fenster und geht schließlich zu seinem Wagen. Er steigt ein, sie fährt weg. Er steigt aus und kommt grinsend zu mir.
„Na?“ frage ich.
„Habe ihr erzählt, ich sei von Hookipa nach Kanaha gesurft und müsste irgendwie zurück zu meinen Wagen. Da hat sie mich mitgenommen.“ unterrichtet er mich.
„Spricht aber nicht grad für sie, dass sie das glaubt, während du mit trockenem Shirt und Sonnenbrille vor ihr stehst...“ erwidere ich.
„Ach, wenn man einer Frau gefällt ist es nicht wichtig, was man sagt. Es zählt nur, dass man etwas sagt.“ kommt es zurück.
„Gar nicht so dumm, der Jörn“, denke ich. Sagen würde ich das in seiner Anwesenheit natürlich nie.
„Und, machen wir das jetzt jeden Tag so, oder haste´n Date?“ bohre ich nach.
„Date. Heute Abend ist Abschiedsparty bei einer Einheimischen, die für ein Jahr auf Weltreise geht. Das wird so richtig groß, du bist auch eingeladen.“ sagt er.
Alles klar. Gelegenheiten für Abendaktivitäten sind auf Maui selten. Die einzige Chance auf einen guten Abend ist eine private Party. Hätten doch bloß die Spanier diese Inseln erobert! Hawaii mit spanischem Nachtleben, das wäre der heftigste Ort der Welt!
Nach einem Burger im Fishmarket und einer 1:1 Wiederholung des „your name is „Urin"???“-Spieles,

machen wir uns auf den Weg zur Party. Jedenfalls hoffe ich, dass es der Weg zur Party ist, die Wegbeschreibung ist etwas vage.
Wir sind im Jeep unterwegs. Jörn ist der Ansicht, der Ami-Offroader ohne Dach und Türen mache mehr her als mein Toyota Kombi. Ich finde zwar, das liegt im Auge des Betrachters. Aber bei den Straßen, auf denen wir uns mittlerweile befinden, bin ich ganz froh, etwas Bodenfreiheit und Allradantrieb zu haben.
Die Party finden wir fast auf Anhieb. Die Musik klingt dumpf und die Quelle muss noch eine ganze Ecke weg sein, aber hier stehen schon viele Autos und ein junger Mann mit südamerikanischen Akzent sagt, wir sollen besser hier parken, denn bis zur Party sei kein Parkplatz mehr frei. Entweder haben die hier echt große Grundstücke, oder alle Nachbarn sind auch dort. Anders ist es nicht zu erklären, dass die Polizei die Party nicht längst gesprengt hat.
Nach fünf Minuten strammen Fußmarsches kommen wir an und staunen nicht schlecht. In einem riesigen Garten tummeln sich ca. 150 Menschen. An der Seite ist ein DJ Pult mit einer Musikanlage aufgebaut, auf die jede Großraumdisko neidisch wäre. Überall im Garten brennen Fackeln und in der Mitte steht ein Zeltpavillion. Im Inneren ist eine dreidimensionale, etwa zwei Meter hohe Pyramide aus Dosen eines Energydrinks gebaut. Das sind wirklich viele Dosen. Ringsherum stehen alte Badewannen, randvoll mit Eis, in dem sich Gallonenflaschen Wodka gegen die tropische Hitze schützen. Ich komme mir mit meiner Literflasche Rum, die als Gastgeschenk gedacht war, etwas albern vor und hole mir aus Höflichkeit erstmal einen Wodka-Energy.
Neben dem Pavillion steht ein alter amerikanischer Kleinbus, der in diesem Moment von selbsternannten

Künstlern mit ordentlich Pegel im Blut besprayt wird. Offenbar schaue ich dem Treiben mit verwundertem Blick zu, denn ungefragt werde ich von einem Typen aufgeklärt, der Van sei das Abschiedsgeschenk an die Weltreisende und diese wünsche sich ein buntes Auto.

Irgendwie merkwürdig, jemanden ein Auto zu schenken, der die Insel für ein Jahr verlässt. Wäre doch sinnvoller, es ihr zu schenken wenn sie wiederkommt. Nun denn, das soll nicht meine Sorge sein. Ich konzentriere mich lieber auf das Getränk in meiner Hand und proste Jörn zu. Dieser schaut direkt an mir vorbei und sein Getränk verfehlt meins in der Luft. Ich muss mich nicht umdrehen, um zu wissen, dass Christine, die Dame vom Strand, irgendwo hinter mir steht und ich mir für den restlichen Abend einen anderen Gesprächspartner suchen muss.

Also los, ist ja immer spannend, bei fremden Menschen im Garten. Besonders wenn da soviel los ist wie hier. Ich nehme mir einen weiteren Drink und dann noch einen in die andere Hand. Scheint recht groß zu sein, der Garten und wer weiß wann ich wieder an einer Badewanne vorbei komme.

Ich drehe eine Runde und small-talke mal hier und mal da. Ein paar bekannte Gesichter aus früheren Urlauben sind anwesend, aber ich habe bei niemanden das Bedürfnis, mich länger zu unterhalten. Also mache ich nach kurzer Zeit wieder Station an einer Badewanne. Während ich so meinen Drink mixe, gesellt sich ein etwas abgehalfterter Bursche zu mir und stellt sich als „John“ vor. Er kommt von der Insel und erzählt mir viel über Amerika im Allgemeinen und die USA im Speziellen. Nach einigen Lobliedern auf´s eigene Land fragt er, woher ich komme.

„Deutschland“ antworte ich und erwarte schon halb eine dumme Anspielung an das dritte Reich. Letztes Jahr

fragte mich ein ähnlicher Geselle, ob Hitler eigentlich noch an der Macht sei. Aber John überrascht mich:
„Deutschland, ja. Bist du schon mal Fahrstuhl gefahren?" fragt er.
„Fahrstuhl", wiederhole ich, um sicher zu gehen, dass ich ihn richtig verstanden habe: „durchaus. Fahrstuhl fahre ich öfter mal".
„Ach, dann habt ihr Strom in Deutschland?" kam es zurück. Ich denke erst, er will mich auf die Schippe nehmen, aber seine Augen sehen aufrichtig erstaunt aus.
„John, kennst du Mercedes? Oder vielleicht Porsche oder BMW?" frage ich zurück.
„Natürlich, deutsche Qualitätsautos. Sehr beliebt in den USA!" freut er sich.
„Richtig. Deutsche Qualität. Glaubst du, die schrauben wir in Deutschland in Höhlen ohne Strom oder fließend Wasser zusammen?" frage ich ihn.
Es hat den Anschein, als würde er kurz überlegen und tatsächlich zu einer Antwort ansetzen wollen. Doch bevor er den Mund öffnen kann, drehe ich mich um und gehe.
Jörn ist inzwischen dabei, die internationale Kommunikation auf einer andern Ebene zu betreiben. Ebenfalls mit der Zunge, aber weniger artikuliert als ich.
Nach zwei Stunden herrlichen Small-Talks habe ich viel gelacht und neue Freunde gewonnen. John ist doch ein feiner Kerl, er hatte sich nur vor unserer Unterhaltung schon länger an der Badewanne aufgehalten. Daher will ich ihm seine komischen Fragen mal nicht nachtragen. Zu später Stunde nimmt er plötzlich Anlauf und springt lauthals schreiend in das, was von der Dosenpyramide noch übrig ist. Polternd kracht er mit den Dosen zusammen auf den Boden. Verleiht eben doch keine Flügel, das Zeug!
Irgendwie ist das ein guter Abschluss für einen

gelungenen Abend. Als hätten wir uns abgesprochen, löst Christine sich von Jörn und trollt sich. Wir beide kippen noch ein quasi alkoholfreies amerikanisches Bier. Bei dem Geschmack kann ich nicht anders: Ich muss Jörn einfach den einzigen Witz erzählen, den ich auf Englisch kenne:

„American beer is like sex in a canoe. - It´s fucking close to water!"

Jörn lacht obwohl, er den Witz schon kennt. So machen Freunde das. Wir torkeln zurück zum Auto. Obwohl er eigentlich den ganzen Abend Christines Zunge im Mund hatte, hat er es geschafft einen beachtlichen Teil der Dosenpyramide mit abzubauen.

„Fahr du, ich bin Pilot. Wenn ich mit Alkohol am Steuer erwischt werde, hab ich richtig Ärger!" sagt er und hält mir die Schlüssel hin.

Ach so. Na klar. Ich bekomme ja glücklicherweise überhaupt keinen Ärger, wenn ich erwischt werde. Ganz und gar nicht! Egal, ich fahre.

Anfangs drücke ich ganz ordentlich auf die Tube, doch nach einer Weile erscheinen vier... – Entschuldung, ich korrigiere: ...erscheinen zwei Scheinwerfer im Rückspiegel. Also passe ich mich an und fahre vorschriftsmäßig. Jörn schläft ein, man kann es ihm nicht verübeln. Bei 30 Km/h auf einer geraden Straße würde ich sogar nüchtern und bei Tageslicht einschlafen. Warum überholt der Penner nicht? Kein Mensch hält sich nachts an die Geschwindigkeitsbegrenzung. Ich werde etwas nervös: Erst kommt er angerast und jetzt bleibt er hinter mir. Das muss Polizei sein.

Die Straße führt bergab und geht vor uns in eine scharfe Kurve. Endlich gibt der Arsch hinter uns Gas und setzt zum Überholen an. Bekloppt, kilometerweit geht es geradeaus und kurz vor einer scharfen Kurve muss er

unbedingt noch an uns vorbei. Egal, ist er erstmal vor mir, kann ich auch wieder schneller fahren geben.
Ich konzentriere mich auf die Straße. Besoffen wie ich bin, will ich jetzt nicht auf die andere Spur geraten. Als der andere Wagen fast vorbei ist, kracht und wackelt es plötzlich. Der Wagen ist voll in uns reingefahren. Oder war es andersrum? Durch meinen Tunnelblick sah ich ihn gar nicht kommen. Verdammt, habe ich Mist gebaut, oder er?! Ich habe Probleme, das Auto auf der Straße zu halten. Der Jeep schlingert bedenklich. Plötzlich kracht es noch mal. Der andere Wagen fährt uns voll in die Seite. Ich kann das Steuer nicht halten. Wir kommen von der Straße ab und rasen eine Böschung runter. Kleine Bäume und Büsche verschwinden krachend unter dem Auto.
Die Böschung endet auf einer Straße, wir schlagen hart auf der Ebenen auf. Ein Reifen platzt, der Jeep schleudert quer über die Straße. Wir drehen uns quietschend um die eigene Achse und kommen letztlich zum Stillstand. Mit zwei Reifen stehen wir im seichten Ufer eines Flusslaufes.
Ich kann unser Glück kaum fassen. Wir haben uns nicht überschlagen. Ich atme tief durch und drehe mich zu Jörn. Er ist sichtlich geschockt, scheint aber unverletzt. Sieht aus, als wären wir noch einmal mit einem blauen Auge davon gekommen.
Zur Orientierung will ich mich umsehen und drehe mich nach links. In diesem Moment trifft mich ein Schlag mitten ins Gesicht. Als ich mit dem Kopf auf das Lenkrad aufschlage, sehe ich einen schwarz gekleideten Mann neben Jörn, der ihm einen Elektroschocker an den Hals hält und abdrückt. Jörn zuckt und bleibt leblos im Sitz hängen. Bevor ich reagieren kann, zerrt mich jemand aus dem Auto und schlägt mir in den Bauch. Ich sacke

zusammen und liege am Boden.
„Was soll ich jetzt mit ihm machen?“ fragt der Typ vor mir.
„Scheiße, ich hatte gehofft, sie sind nach dem Unfall bewusstlos. Ertränk ihn und lass ihn im Fluss treiben. Dann glaubt die Polizei er sei ohnmächtig aus dem Auto geschleudert worden.“, kommt die wenig beruhigende Antwort von irgendwo her.
Immerhin weiß ich was nun kommt. Das muss ich doch irgendwie zu meinem Vorteil nutzen können. Denk nach, Stefan, denk nach. Und vor allem: Denk schnell!
Der Kerl zieht mich ein paar Meter in den Fluss hinein. Ich spüre starke Strömung und überlege wie wahnsinnig, was ich tun kann. Auf dem Rücken liegend werde ich in eine tiefere Stelle im Fluss gezerrt. Gerade als ich von einem kräftigen Fuss auf der Brust unter Wasser gedrückt werde, kommt mir die Idee: Immer wenn im Film jemand ersäuft wird, kämpft das Opfer wie wild. Es kämpft immer heftiger, bis es am Ende stirbt und leblos unter Wasser bleibt. Ich habe mich immer schon gefragt, warum das Opfer nicht einfach nur so tut als wäre es tot, aufhört sich zu wehren und dann mit einem letzten Aufbäumen aller Kraftreserven den Überraschungsmoment nutzt und zum Gegenangriff übergeht. Ist es nicht erstaunlich, was einem in meiner Situation so alles durch den Kopf geht? Jetzt habe ich die einmalige Gelegenheit, meine Theorie zu testen. Also fange ich an, mich zu wehren. Erst halbherzig, dann heftiger. Verdammt, das kostet Kraft. Ich täusche Panik vor, und ehrlich gesagt, bekomme ich sie auch langsam. Meine Lunge ist trainiert und durch viele Stürze in hohen Wellen weiß ich, wie man sich unter Wasser verhält. Bekommt man wirklich Panik, ist es vorbei. Panik verbraucht Sauerstoff. Ein Luxus, den ich mir derzeit nicht leisten kann. Meine Reserven gehen schneller zur Neige als ich dachte. Zeit für den

dramatischen Showdown. Ich höre von jetzt auf gleich auf mich zu wehen, lasse meine Arme ins Wasser sinken und stoße ein paar Luftblasen aus.
Der Kerl auf meiner Brust drückt mich weiterhin mit gleichbleibendem Druck unter Wasser. Scheiße, warum rührt der sich nicht? Ich bin doch tot! Meine Lunge schreit nach Luft, ich bekomme schnell ansteigende Kopfschmerzen. Meine Augen rasen hin und her und ich presse die Lippen zusammen. Bloß nicht einatmen, Stefan, bloß nicht einatmen. Gott sei Dank ist es dunkel und der Angreifer kann meinen Gesichtsausdruck nicht sehen.
Plötzlich tritt er noch einmal kräftig auf meine Brust. Mein potentieller Mörder macht einen Schritt auf mir und geht. Der Fuß ist weg.
Ich bin frei!
Aber vorbei ist es noch nicht. Ich kämpfe gegen den inneren Drang sofort aufzuspringen und tief Luft zu holen. Ich muss abwarten, bis mein Kopf von allein auftaucht und ich die rettende Luft durch die Nase ziehen kann. Sonst ist alles umsonst. Durch meine Show mit den Blasen habe ich kaum noch Luft in der Lunge und tauche nur sehr langsam auf. Millimeter für Millimeter nähert sich meine Nase der Wasseroberfläche. Wegen der Dunkelheit kann ich nicht abschätzen, wie weit ich unter Wasser bin. Die leichte Strömung an meinen Wangen sagt mir, ich bewege mich nach oben. Meine Reserven sind aufgebraucht. Ich zähle bis drei, dann muss ich auftauchen, komme was da wolle.
Eins, Zwei, Dr... - Uff – Endlich an der Wasseroberfläche. Ich muss mich konzentrieren ruhig und leise durch die Nase zu atmen. Die Ohren noch unter Wasser, habe ich kein Ahnung wo sich unsere Angreifer befinden. Ich lasse mich eine Weile so treiben und spüre, wie ich hier und da

an Felsen anecke, bleibe aber nicht hängen. Die Strömung lässt nach. Entweder bin ich an der Mündung angekommen und treibe ins Meer, oder ich schwimme in einen ruhigeren kleinen Seitenarm. Eine Welle schwappt über mein Gesicht. Ich schmecke Salzwasser, also bin ich im Meer. Gerade, als ich es riskieren will, mich etwas umzugucken, schwappt eine weitere Welle in mein Gesicht. Voll in meine Nase. Ich verschlucke mich und schaffe es gerade noch, meinen Kopf unter Wasser zu pressen und meinen Hustenanfall, so gut es geht, unter Wasser auszuleben.

Mein Husten hören allenfalls ein paar Fische, aber wenn mich jetzt noch jemand beobachtet, dann war es das. Ich traue mich kaum, wieder aufzutauchen und versuche so vorsichtig und langsam wie möglich, meinen Kopf aus dem Wasser zu heben.

Etwa 100 Meter entfernt liegt ein Schnellboot an einem kleinen Steg. Ich sehe, wie Jörns lebloser Körper unsanft in das Boot gehievt wird und höre die Motoren starten. Einen Moment später röhren zwei leistungsstarke Aussenborder auf und das Schnellboot entfernt sich rasch von der Insel.

Verdammt nochmal, was zum Teufel war denn das?

Kapitel 3:

Unter Aufbietung all meiner Kräfte schwimme ich ans Ufer und klettere, mehr schlecht als recht, über die Felsen an Land. Auf allen Vieren komme ich an der kleinen Straße an, lege mich erstmal auf den Rücken und versuche zu verstehen, was gerade passiert ist.

Ich atme schwer, bin erschöpft und schlagartig völlig nüchtern. Ein paar Minuten bleibe ich so liegen und schaue in die Sterne. Sie leuchten, als wäre nichts gewesen. Als hätte nicht gerade jemand meinen besten Kumpel entführt und versucht mich umzubringen.

Jetzt - das Adrenalin flaut allmählich ab - erschrickt mich mein eigener Gedanke. Vor nicht mal fünf Minuten hat jemand versucht, mir das Leben zu nehmen!

Langsam berappele ich mich. Den Anblick der höhnisch funkelnden Sterne ertrage ich nicht länger, also drehe ich den Kopf zur Seite. Mein Blick fällt auf den ramponierten Jeep. Mal sehen: ein Spiegel fehlt, ein Reifen ist platt und heute mittag hatte er sicherlich ein paar Kratzer und Beulen weniger. Unter dem Auto ist es trocken. Öl, Sprit und Kühlwasser müssten demnach an Ort und Stelle sein. Die Karre ist also durchaus fahrbereit. Nach einem Reifenwechsel, versteht sich.

Doch bevor ich mich dem Reifen zuwende, gehe ich langsam zu dem kleinen Steg, an dem das Schnellboot lag. Große Hoffnung, einen Hinweis auf unsere Angreifer zu finden, habe ich nicht. Aber irgendwo muss ich ja ansetzen. Zum Glück ist die Nacht klar und der Halbmond leuchtet hell. Helfen tut das aber nicht. Ich finde nichts, rein gar nichts, was mir in irgendeiner Form weiterhelfen könnte. Nicht mal die Festmacher vom Boot. Nicht, dass ich wüsste, wie Tauwerk mich weiter bringen könnte, aber es wäre doch schön gewesen, irgendetwas zu finden.

Niedergeschlagen trotte ich zum Jeep und mache mich

ans Reifenwechseln. Ich und mein Jeep im Vollmond. Fast schon romantisch. Das Gute an der Arbeit ist: Sie lenkt ab und ich kann nachdenken, was ich als nächstes unternehme. Irgendwie gefällt mir die Idee, zur Polizei zu gehen, nicht. Die Story glaubt doch kein Mensch. In Gedanken höre ich den Polizisten schon sagen „Ja, Herr Heuser, natürlich glauben wir Ihnen. Selbstverständlich sind Sie von der Straße gedrängt worden und ganz gewiss haben maskierte Männer versucht, Sie zu töten und Ihren Freund gekidnappt. Könnten Sie kurz hier rein pusten?"

Auch wenn ich mich so nüchtern wie selten zuvor fühle, mein Blutalkoholwert dürfte noch recht beeindruckend sein.

Erstmal will ich weg und zwar so schnell wie möglich. Kommt jetzt ein Streifenwagen vorbei und sieht schwarze Reifenspuren auf der Straße, die direkt in frisch abgeknicktes Buschwerk an der Böschung führen, habe ich ein Problem. Ebenso, wenn sich unsere Angreifer dazu entschließen noch mal vorbei zu kommen. Der Wagen, der uns abgedrängt hat, muss noch irgendwo sein.

So, der Reifen ist gewechselt. Ich fahre los. Wenn man keinen Stress will, sollte man sich verhalten wie immer. Die erste Regel bei Trunkenheitsfahrten lautet: Achte darauf, dass alle Lichter funktionieren und fahre 10 Km/h zu schnell. Kein Mensch hält sich nachts an das Speedlimit, es sei denn, er hat etwas zu verbergen. Gib den Bullen keinen Grund, dich anzuhalten.

Also fahre ich ohne Licht auf die Straße, gebe Vollgas und biege sofort in einen Feldweg ab, der in ein Zuckerrohrfeld führt. Das entspricht nicht ganz der ersten Regel, aber haben Sie schon mal von einer Polizeistreife gehört, die nachts in Zuckerrohrfeldern patrouilliert? Ich

nicht.
Zuckerrohr ist herrlich. Es ist nicht nur schön anzusehen, sondern hat den Vorteil drei bis vier Meter hoch zu wachsen. Ein Auto verschwindet komplett im Feld, selbst mit eingeschalteten Licht bin ich von der Straße aus nicht zu sehen.
Unter anderen Umständen würde ich Vollgas geben, um die Kurven sliden und mich fühlen wie ein cooler Ralleyfahrer. Doch heute Nacht ist alles anders. Klar, ich rutsche mit Topspeed um die Kurven, aber irgendwie bereitet es mir keinen Spaß. Nach ein paar Minuten halte ich an und denke nach.
Jetzt fällt es mir auf: Einen Hinweis haben mir die Entführer doch gegeben. Das Motorboot fuhr geradeaus aufs Meer hinaus und bog dann rechts ab. Nicht nach links. Das ist interessant, denn links, also westlich von uns, liegt Kahului. Die einzige Stadt und damit der einzige richtige Hafen an der Nordküste. Rechts, also östlich von uns, ist erstmal gar nichts. Nach ca. 50 Kilometern kommt irgendwann Hana. Ein kleines Dorf, von dem die meisten Touristen denken, man müsse es mal gesehen haben. Was übrigens ein Irrglaube ist, Hana ist todlangweilig.
Aber vor Hana kommt lange Zeit nichts als Steilküste und kleine Buchten. Kein Hafen. Ein Schnellboot kann natürlich spielend 50 Kilometer zurücklegen und bis nach Hana fahren. Aber selbst wenn Hana einen Hafen hat, dürfte dieser sehr überschaubar sein.
Es ist vermutlich nicht schwer, sich dort umzuschauen und durch ein paar gezielte, unauffällige Fragen rauszufinden, wem welches PS-starke Schlauchboot gehört.
Bleiben noch die vielen Buchten zwischen hier und Hana als Unsicherheitsfaktor. Ein Boot kann in fast jeder Bucht festmachen oder ankern, ohne dass ich es von der

Straße sehe.
Kurz bevor ich herkam traf ich einen Bekannten in Kiel. Er kam gerade von Maui zurück und erzählte mir, sein Wagen sei auf hier geklaut worden und die Polizei sei keine große Hilfe gewesen. Da habe er am Strand gehört, ein Franzose habe einmal in dieser Situation ein Propellerflugzeug gechartert, um sein Auto aus der Luft zu suchen. Gerade als ich laut losprusten und ihn anschreien wollte: „HAHAHAHA, was für eine total bescheuerte Idee, wie kann ein einzelner Mensch nur so unglaublich dämlich sein??!!!“ teilte er mir mit, er sei am nächsten Tag zum Flugplatz gefahren und habe ein kleines Flugzeug gechartert. Unnötig, zu erwähnen, dass er sein Auto nicht gefunden hat.
Seine gestohlene Karre aus der Luft zu suchen, könnte man als Definition im Duden hinter das Wort „Dumm“ schreiben.
Aber ein Motorboot aus der Luft zu suchen... - Das ist brillant! Zum einen gibt es lange nicht so viele Motorboote wie Autos. Zum anderen stehen die wenigsten Motorboote in Garagen.
Wenn ein Boot in einer Bucht liegt, dann finde ich es am einfachsten mit dem Flugzeug. Abgesehen davon macht fliegen viel mehr Spaß als Auto fahren.
Sollte der Flug nichts bringen, kann ich mich immer noch hinters Steuer setzen.
Mit dem beruhigenden Gefühl, einen guten Plan zu haben, fahre ich durch die Felder nach Hause.

Au. Hossa, wo kommen denn diese Kopfschmerzen her? Muss am Sauerstoffmangel während des Ertrinkens gestern liegen.
Erstmal mit einem schönen Kaffee auf den Balkon und Rechner an. Im Internet suche ich nach einer Möglichkeit,

mich möglichst günstig und möglichst allein in die Luft zu schwingen. Entweder bin ich noch nicht fit, oder die Sache ist schwerer als gedacht. Jedenfalls finde ich erstmal nichts, außer einem Flug über den Mauna Kea und Kilauea auf Big Island. Der Rundflug ist sicher spektakulär, der Kilauea ist beinahe durchgehend aktiv und man kann Lava ins Meer fließen sehen. Allerdings hat die Maschine neun Sitzplätze und die Flugroute führt nicht an der Nordküste Mauis entlang. Die Chance, eine eigene Route fliegen zu können, ist mit acht anderen Passagieren wohl verschwindend gering.
Da fällt mir ein: Ich habe schon öfter einen roten Doppeldecker starten sehen. Irgendjemand sagte es sei ein Kunstflug-Rundflug. Das wäre genau das Richtige. Wenn ein Kunstflieger nicht flexibel ist, was die Route angeht, wer dann?
Also ab zum Flughafen. Ich fahre zum Heliport, gegenüber des normalen Terminals. Auf dieser Seite des Flughafens stehen Privatjets, Helikopter und Turboprop-Maschinen. Teils für Rundflüge, teils private Spielzeuge.
Am Tor behaupte ich, einen Rundflug bei einer der Helikoptergesellschaften gebucht zu haben und gelange problemlos auf das Gelände. Von der Terrorangst, die Amerika sonst so fest im Griff hat, hat man hier noch nichts gehört.
Der Heliport besteht aus sechs oder sieben aneinandergereihten Hangars. In jedem befindet sich eine Fluggesellschaft für Rundflüge. Ich betrete den Ersten und gehe mit meinem charmantesten Lächeln auf die Empfangsdame zu.
„Aloha, haben Sie auch Rundflüge in kleinen Flugzeugen im Angebot?“ frage ich.
Sie guckt mich kalt an und fragt mit hochnäsigen Unterton zurück: „Können Sie lesen? Was steht hier auf dem

Schild?“ Dabei zeigt sie auf das riesige, beleuchtete Firmenlogo hinter ihr. Darauf steht groß und breit „Blue Hawaiian Helicopters“.
Ich unternehme einen letzten Versuch, das Eis zu brechen und sage: „Blue Hawaiian Airtours, steht dort. Also, haben sie auch Airtours in kleinen Flugzeugen im Angebot?“
Jetzt überrascht Frau Tiefgekühlt mich. Ihre Gesichtszüge entgleisen kurz und sie dreht sich ruckartig um. Zieht sie wirklich in Betracht, sich all die Jahre mit dem falschen Firmennamen am Telefon gemeldet zu haben?
Als sie sich umdreht, hat sie sich wieder im Griff.
„Sehr witzig,“ findet sie: „Hören Sie, ich habe Besseres zu tun, als mich von Ihnen verarschen zu lassen. Was wollen Sie?“
Ich sehe mich kurz um. Abgesehen von Ihr und mir ist niemand im Raum. Fast hätte ich mich erkundigt, was genau sie denn Besseres zu tun habe, aber das führt zu nichts. Also lächle ich wieder freundlich und frage, ob sie denn jemanden kenne, der Rundflüge in Flugzeugen anbiete. Darauf hin gibt sie zu Protokoll, nicht die Auskunft zu sein und bietet mir das Telefonbuch an. Ich lehne freundlich ab, vielleicht treffe ich in einem der anderen Hangars ja einen kooperativeren Menschen als die alte Tiefkühlschachtel.
Also ab in den nächsten Tanga - ääh, Hangar. Das sieht doch schon besser aus. Eine hübsche Polynesierin, Anfang 20, erwartet mich hier. Sie ist gerade dabei, die Merchandise T-Shirts im Regal ordentlich zu sortieren. Als ich eintrete, unterbricht sie Ihre Arbeit und macht sich auf den Weg hinter den Tresen.
„Hier sieht man gleich, die nette Dame hat etwas Besseres zu tun, als sich von mir verarschen zu lassen. Das ist völlig klar. Aber die Tiefkühlschnepfe nebenan, die

hatte gar nichts Besseres zu tun. Die hat gelogen!" denke ich mir und grinse in mich hinein.
„Aloha. Der nächste Flug geht erst in eineinhalb Stunden. Sie sind etwas früh dran Herr....?" begrüßt sie mich.
Find ich klasse, wenn Frauen die Initiative ergreifen und auch mal den Mann ansprechen.
„Stefan" stelle ich mich vor, „ehrlich gesagt, habe ich keinen Flug gebucht. Ich habe ein etwas anderes Anliegen."
„Na, dann bin ich gespannt, ob ich Dir weiterhelfen kann. Ich bin Kiara." antwortet sie mit einem Augenaufschlag, der mich erstarren lässt. Flirtet sie etwa mit mir?
Da die Angestellten hier es hier offenbar sehr genau mit dem Firmennamen nehmen, gehe ich es diesmal anders an:
„Ich weiß, das hier ist „Sunshine HELICOPTERS", aber haben Sie auch kleine Flugzeuge für Rundflüge?"
Wenn sie mich weiterhin so anschaut, fange ich an zu schwitzen. Erstmal tut sie nichts, als mich anzuschauen, das aber sehr gut. Vielleicht überlegt sie, ob sie kürzlich noch ein kleines Flugzeug gesehen hat. Irgendwo in der hintersten Ecke des Hangars. Hinter den Getränkekisten und Ölfässern möglicherweise.
Sie antwortet lächelnd: „Nein, wir haben keine Flugzeuge. Als gute Angestellte sollte ich jetzt versuchen, dir einen Helikopterflug aufzuschwatzen. Aber da du selbst erkannt hast, dass du in einem H-E-L-I-K-O-P-T-E-R Laden nach einem Flugzeug fragst, gehe ich mal davon aus, du willst keinen Heliflug. Richtig?"
Hatte ich das Wort HELIKOPTER wirklich so übertrieben langsam und deutlich ausgesprochen wie sie jetzt?
„Richtig. Ich hätte gern ein Flugzeug. Ein möglichst Kleines, am besten nur der Pilot und ich." informiere ich sie.

„Dann habe ich genau das Richtige für dich. Warum willst du ein kleines Flugzeug?“ erkundigt sie sich.
Verdammt, ich habe mir keine plausible Geschichte zurecht gelegt. Ich kann ja schlecht sagen, dass ich ein Schnellboot suche, mit dem mein Kumpel entführt wurde.
„Ich spiele ein Spiel mit einem Freund. Er versteckt sich und gibt mir Hinweise. Ich muss ihn finden und die Vogelperspektive hilft mir möglicherweise weiter.“, verbiege ich die Wahrheit.
„Aha, eine Schnitzeljagd für Erwachsene also. Ihr sucht euch mit Flugzeugen. Was seid ihr, gelangweilte Millionäre?“ entfährt es ihrer spitzen Zunge.
„Ha, nein. Ziemlich genau das Gegenteil.“, entgegne ich. Über Langeweile oder zu viel Geld konnte ich nun wirklich nicht klagen. Die Antwort scheint ihr zu reichen.
Sie antwortet: „Mein Vater war Kunstflieger beim Militär und nennt einen alten Doppeldecker sein Eigen. Er dreht sicher eine Runde mit dir. Allerdings tut er sich schwer damit, geradeaus zu fliegen. Hast du einen robusten Magen, Stefan?“
Wieder dieser Augenaufschlag.
Kiara ruft ihren Vater an und macht uns Kaffee. Da sonst niemand hier ist, unterhalten wir uns, bis ihr Vater 20 Minuten später eintrifft. Dieser stellt sich als Bob vor und ist sichtlich erfreut, einen Grund zu haben, heute noch fliegen zu können. Er will lediglich den Sprit bezahlt haben und schätzt die Kosten auf unter 100 Dollar. Sehr gut.
Kurz darauf stehen wir vor einem knallroten Doppeldecker. Ein Cabrio, falls das bei Flugzeugen auch so heißt. Geiles Teil!
Bob erklärt mir begeistert sein Flugzeug. Es sei völlig übermotorisiert, hat zum Teil Hydraulikunterstützung an den Klappen und jede Menge andere Dinge, die ich mit

nicht merken kann oder erst gar nicht verstehe. Ich witzele etwas rum, stelle die Hydraulikunterstützung als Servolenkung da und frage, wo man die Unterbodenbeleuchtung einschaltet. Das kommt bei Bob eher mittelgut an, er liebt seinen Flieger. Zum Thema Servolenkung verspricht er, mir die Hydraulik zu demonstrieren und stellt es mir frei, mich dann noch mal dazu zu äußern. Klingt fast wie eine Drohung.

Wir steigen ein. Ich vorn, Bob hinten. Ich bekomme eine Fliegerkappe und Kopfhörer inkl. Micro auf den Kopf. Bob funkt mit dem Tower, kurz darauf rollen wir los.

Zwischen den Landungen einer dicken Boeing 757 von United Airlines und der klassischen 717 von Hawaiian Airlines, bekommen wir Starterlaubnis.

Wir sind noch nicht ganz auf die Startbahn eingebogen, da gibt Bob Vollgas. Mein Kopf fliegt nach hinten, ich werde derartig stark in den Sitz gepresst, es ist ein Wunder, dass Lunge und Herz nicht erschrocken ihre Arbeit einstellen. Eine solche Beschleunigung habe ich noch nie erlebt.

Gerade als ich den ersten Schreck überwinde, reißt Bob die Maschine hoch. In diesem Moment schrumpfe ich sicher ein paar Zentimeter. Wahnsinn. Ich bin überfordert. Rein rechnerisch ist es gar nicht möglich, nach so kurzem Anlauf überhaupt zu starten. Erst recht nicht in so steilem Winkel. Ich schaue auf die Flügel und frage mich, warum sie nicht abbrechen. Gerade als ich ein Machtwort mit Bob sprechen will, knallt mein Kopf mit Lichtgeschwindigkeit nach links. Nein ,Halt. Mein Kopf bleibt, wo er ist. Alles andere bewegt sich nach rechts. Es scheint, jemand hat den Propeller festgehalten und das Flugzeug dreht sich nun um ihn.

Nach eineinviertel Umdrehungen fängt Bob den Flieger auf. Die Flügel sind fast senkrecht und wir fliegen eine steile Rechtskurve. In meinen Kopfhörern ertönt Gelächter. Nach einer 360 Grad Drehung zieht Bob den Flieger langsam in die Waagerechte und wir fliegen geradeaus.

„Geil wa?!“ lacht Bob.

„Megageil!“ bestätige ich und freue mich, dass er mein Gesicht nicht sehen kann. Ich frage mich, wie lange mein Magen durchhält.

Bob erzählt noch etwas über das Flugzeug und die Vorteile von Doppeldeckern gegenüber Einzelflüglern. Doppeldecker sind wendiger und schneller, weil die Flügel kürzer sind. Außerdem kann man mit ihnen langsamer fliegen, denn die Flügel seien im Grunde überdimensioniert. Irgendwie ergibt das in meinen Kopf keinen Sinn, aber das kleine Flugzeug hat in der letzten Minute gleich mehrfach bewiesen, dass es nicht den handelsüblichen Gesetzen der Physik unterliegt. Der Flieger schafft knapp 500 Km/h. Um bei der Geschwindigkeit ein radikales Flugmanöver einzuleiten, braucht es die von mir zuvor ins Lächerliche gezogene „Servolenkung“. Ist klar.

Ich bitte Bob, von nun an ruhiger zu fliegen und packe die Landkarte aus, die Kiara mir gegeben hat.

Bob besteht darauf, mir am Ende des Fluges noch einige Kunststückchen zu präsentieren. Ich bin unsicher, ob ich mich freuen soll.

Wir fliegen die Küste entlang und sind fast über Paia. Bob hat sich bisher mit der etwas notdürftigen Erklärung, die ich auch Kiara gab, abspeisen lassen.

Wir fliegen über Maliko, hier fand der Überfall statt. Ab jetzt wird es interessant. Im Laufe der Jahrtausende haben sich unzählige kleine Flüsse in das Lavagestein der Insel gefressen. Überall, wo ein Fluss ins Meer mündet, hat sich eine Bucht gebildet. Ansonsten besteht

die Nordküste aus schroff abfallenden Steilküsten. Manchmal zehn Meter tief, manchmal 40 Meter.
Bei jeder Bucht mache ich mir Notizen über meine Beobachtungen. Ansonsten hätte ich keine Chance, jemals eine bestimmte Bucht von Land aus zu finden. Erste Landzunge: Kuhweide. Dritte Landzunge: Peahi (auch Jaws genannt, einer der bekanntesten Big-Wave-Spots unter Surfern und Wellenreitern). Sechste Landzunge: Telegraphenbäume. Achte Landzunge: frisch geerntetes Ananasfeld. Schnellboot - Fehlanzeige.
Bisher könnte ein Schiff ohnehin nirgendwo anlanden. Ankern macht keinen Sinn, jedenfalls nicht, wenn man an Land will.
Unter uns taucht das Wohngebiet für Superreiche auf. Hier stehen fette Villen auf riesigen Grundstücken. Der besondere Clou: Es gibt keine Straße. Die Häuser sind ausschließlich mit dem Helikopter zu erreichen. Dort residieren Superstars aus Hollywood, dicke Fische der Musikbranche oder Geschäftsleute, deren Konterfei schon einmal das Cover des Forbes Magazin schmückte.
Die meisten Anwesen scheinen verlassen. Verrückt, warum kaufen Menschen Luxusvillen für zig Millionen Dollar und lassen sie dann leer stehen? Und warum kann ich nicht kostenlos darin wohnen und sie im Gegenzug in Schuss halten? Schließlich muss doch jemand für einen vollen Kühlschrank sorgen und morgens das Laub aus dem Pool fischen.
Auf einer Klippe befindet sich ein Anwesen mit mehreren Häusern und einer Pool-Landschaft inkl. künstlichen Wasserfällen. Dieses scheint derzeit bewohnt zu sein. Jedenfalls steht ein Helikopter im Vorgarten. Es ist so einer, wie in der TV Serie Magnum von Tom Selleck´s Kumpel T.C. geflogen wird. So ein kleiner, wendiger. Ich glaube, es ist ein „Hughes 500“. Mann, den hätte ich

auch gerne. Ausserdem führen von dem Anwesen Treppen an den Klippen hinunter zu einem Anleger. Von einer Yacht oder gar einem Schnellboot aber keine Spur.
Als Markierung schreibe ich „Heli im Vorgarten“ auf meine Landkarte. Ab jetzt folgt eine Landzunge der anderen. In den dazwischenliegenden Buchten ist hier und da mal ein kleiner Strand, aber kein Anleger und auch keine Straße.
Bob und ich unterhalten uns. Ich bitte ihn, einmal um den Haleakala zu fliegen. Auf der Südseite gibt es zwar nichts als Lava, aber wenn man schon mal einen Rundflug macht, sollte man auch eine Runde fliegen.
Wir nähern uns Hana. Es wird wieder spannender. Wie erwartet, ist der Hafen sehr überschaubar. Eigentlich ist es gar kein Hafen. In der Hana Bay (vom gleichnamigen Rum würde ich übrigens abraten) ist lediglich ein kleiner Pier zu sehen, an dem kein einziges Schiff liegt. Ich hätte hier ein paar Motorboote von Tauchschulen oder private Schiffchen vor Anker vermutet. Aber nichts dergleichen. Nicht ein einziges schwimmendes Gefährt befindet sich hier. Nicht mal ein Ruderboot. Nada, Nöscht!
Zum Glück bin ich nicht mit dem Auto hergekommen. Hana liegt zwar nur 50 Kilometer von Kahului entfernt, aber man fährt drei bis vier Stunden. Zum einen, weil die Straße aus etwa 600 Kurven mit mindestens 50 Brücken besteht, zum anderen, weil viele der Brücken nur Platz für ein Auto bieten. Abgesehen davon tümmeln sich massenhaft Touristen auf der Straße, die an jeder Ecke ein Foto machen müssen und ständig Angst um ihre teuren Mietwagen haben.
Wir drehen eine Runde über Hana. Aber auch dadurch taucht kein Boot auf. Obwohl Bob hinter mir sitzt, bemerkt er meine Enttäuschung und fragt, ob ich ihm nicht langsam erzählen wolle, was ich wirklich suche. Ich hadere kurz mit mir. Langsam macht es mich verrückt, mit

niemanden reden zu können. Bob besitzt eine bessere Ortskenntnis als ich und aus irgendeinem Grunde vertraue ich ihm. Ein weiterer, nicht zu verachtender Vorteil: Er hat ein Flugzeug. Also hole ich tief Luft und erzähle ihm alles, was seit meiner Ankunft auf Maui passiert ist.

Ich bin nicht sicher, ob Bob mir glaubt. Vermutlich weiß er es selbst nicht. Nach meiner Geschichte ist er eine Weile still.

Dann sagt er nachdenklich: „Stefan, ich weiß noch nicht, wie und ob ich dir helfen kann. Aber ich habe gute Kontakte zum Militär. Einer meiner ältesten Freunde ist General David Miller. Er ist der Oberbefehlshaber der US Streitkräfte auf Hawaii."

„Du glaubst mir also?!" vergewisse ich mich.

„Stefan, diese Geschichte ist so abgefahren, das denkt sich niemand aus. Aber bevor der gute alte David etwas tun kann, brauchen wir mehr Informationen. Wir müssen herausfinden, was los ist. Denk noch mal genau nach. Mit wem hattet ihr Kontakt? Kann es sein, dass Jörn schon vor dem Aufenthalt hier in irgendetwas reingerutscht ist? Oder schlimmstenfalls: könnte es sich um eine Verwechslung handeln?"

Eine Verwechselung. Die Idee ist mir noch gar nicht gekommen. Natürlich, es muss eine Verwechselung sein. Jörn hat gar nichts damit zu tun!

Bob fährt fort. „Eine Verwechselung wäre der schlechteste Fall. Dann haben wir quasi keine Chance herauszufinden, wer ihn entführt hat. Bei einer Verwechselung gibt es keine Verbindung zwischen Täter und Opfer. Also ist es unmöglich, Hinweise zu finden, die zum Täter führen."

Klingt einleuchtend. Nein, eine Verwechselung kann gar nicht sein. Einen Jörn verwechselt doch keiner.

Ausgeschlossen. Jörn ist unwissend in irgendwas reingerutscht. Als Pilot hat er keine Geldsorgen und auch sonst ist er mit seinem Leben zufrieden. Warum sollte er wissentlich krumme Dinger drehen?
Ich einige mich mit mir selbst darauf, dass es so sein muss und wir daher bald einen Hinweis finden werden.
Den Gedanken noch nicht ganz zu Ende gedacht, erblicke ich ein Schnellboot. Ein schwarzes Schlauchboot, etwa zehn bis zwölf Meter lang, mit zwei fetten Aussenbordern. BINGO!
Durch die Unterhaltung mit Bob habe ich längere Zeit keine Aufzeichnungen in der Karte gemacht. Ich weiß nicht genau, wo uns befinden.
Gerade als ich Bob bitten will, tiefer zu gehen, erblicke ich ein zweites Schnellboot. Ein quasi baugleiches Modell. Verdammt, was ist denn jetzt los?! Etwas weiter entfernt nähert sich sogar noch ein drittes. Ich kann es noch nicht genau erkennen, aber auch das scheint ebenfalls in die Beschreibung zu passen. Erst nichts und jetzt ein ganzes Nest von Schnellbooten!
Verwirrt frage ich Bob, wo wir sind und mache ihn auf die Schnellboote aufmerksam.
„La Perouse Bay“, kommt es durch den Kopfhörer: „ein beliebter Ort zum Tauchen und Schnorcheln. Morgens kann man hier mit Delfinen schwimmen.“
Ach ja. Klar. Hab ich ja selbst schon gemacht. So weit sind wir schon? Ich frage Bob nach den Motorbooten.
„Wenn du so eins suchst, Stefan, dann haben wir ein Problem: Fast jedes Hotel nutzt diese Boote für Ausflüge. Die Touris stehen darauf, mit 700PS zum Schnorcheln rasen, um dann unter Wasser in aller Stille unberührte Natur zu erfahren. Bekloppt. Ausserdem arbeiten viele Tauschschulen mit diesen Booten. Selbst der Uni gehören welche. Schlauchboote sind schnell, robust und

universell einsetzbar. Davon gibt es sicher 30 Stück auf Maui.
Scheiße! Zum zweiten Mal in diesem Flugzeug denke ich, mein Herz setzt gleich aus. Mein einziger Anhaltspunkt ist quasi wertlos. All meine Hoffnungen, Jörn bald zu finden, zerplatzen wie ein Luftballon. Plötzlich bin ich unheimlich traurig. Ich könnte heulen, wäre ich nicht zugleich so wütend.
„Kopf hoch, mein Junge", meldet sich Bob: „Auch wenn uns das Schnellboot an sich nicht allzu viel weiterhilft: Der wichtigste Anhaltspunkt ist doch immer noch, dass das Boot Richtung Hana abbog und nicht Richtung Kahului."
Hm. Ja gut. Sicher. Stimmt schon. Aber wie hilft mir das jetzt?
Bob fährt fort: „Die meisten Boote liegen an der Süd- oder Westküste. Es macht keinen Sinn, nach Osten abzubiegen. Es sei denn, das ganze diente dazu, mögliche Zeugen zu verwirren. Oder sie sind gar nicht nach Maui gefahren, sondern vielleicht nach Big Island. Das ist die einzige Insel, die östlich von Maui liegt. Wir können gerne einen Abstecher über Big Island machen. Leider nicht mehr heute. Der Sprit reicht nicht mehr. Aber Morgen können wir rüber düsen."
Eins muss man Bob lassen: Er hat einen schnell arbeitenden analytischen Verstand. Einen schnellen Verstand und viel Spaß amFfliegen. Vielleicht war es wirklich gut, Bob ins Vertrauen zu ziehen.
Auf dem Rückweg zaubert Bob noch ein paar Kunstflugfiguren in den Himmel. Für mich fühlt es sich an wie gestern, als ich mit dem Jeep durch das Zuckerrohrfeld raste. Irgendwie kann ich mich nicht so recht begeistern. Bob scheint ebenfalls etwas lustlos. Ich denke er und seine Maschine sind zu wesentlich mehr fähig. Kurz darauf landen wir. Butterweich, wie ich

hinzufügen möchte. An dieser Landung hätte jeder Pauschaltourist seine helle Freude gehabt. Vermutlich hätten einige noch am Gepäckband Beifall geklatscht.
Ich frage mich, was so ein Klatsch-Tourist eigentlich macht, wenn die Landung schief geht. Ruft er dann kurz vor dem Tod durch Verbrennen noch „BUH“?
Wir tanken den Flieger auf. Ich zahle. Bob will noch mit mir beratschlagen, was als nächstes zu tun ist. Mir ist aber nach Ruhe. Ich muss erstmal verarbeiten was sich in den letzten zwei Stunden ergeben hat. Also danke ich Bob für seine Hilfe, erkläre ihm, dass ich etwas allein sein muss und verspreche, ihn morgen anzurufen.
Auf dem Weg nach Hause verlangt der Jeep nach seinem Recht. Die Tankleuchte blinkt auf. Na super, zwei mal tanken in weniger als 20 Minuten. In Paia halte ich am Minute Stop. Eine geile Tanke, hier gibt es alles was man braucht: Sprit, Bier, Softdrinks, Flip-Flops, Strandhandtücher, Schnorchelsets, Sandwiches, Doughnuts, Sushi, warme Lunchboxes mit Frittiertem, Pflegeartikel für Mann und Frau, eine reichhaltige Kaffeebar und eigentlich alles weitere, was einem gerade fehlt.
Ich stehe so rum und warte bis der Tank voll ist, als plötzlich Jemand neben mir auftaucht. Ein etwas heruntergekommener, älterer Mann mit langen Haaren haut mich an und bittet um 20 Cent. Genau die würden ihm fehlen, um sich einen Kaffee leisten zu können. Normalerweise gebe ich Pennern nichts. Keine Ahnung warum, eigentlich bin ich ein sehr sozialer Mensch. Doch der Schnorrer neben mir sieht eigentlich ganz nett aus. Was soll´s, soll der Kerl doch seinen Kaffee haben, dann hat wenigstens einer von uns einen guten Tag heute. Ich hole mein Portmonee raus und suche nach Kleingeld. Ach, immer diese Kleingeldscheiße, die macht mich ja in

Deutschland schon verrückt. Warum gibt es keinen Ein-Euro-Schein? Dann könnte man immer aufrunden und sagen „Passt schon". Zack Bumms, hätte man nie Kleingeld in der Tasche. Eigentlich müsste man dann nicht mal Kleingeld prägen. Das würde doch enorme Kosten sparen. Angeblich ist bei manchen Münzen das Material teurer,als der Geldwert, den sie repräsentiert. Das muss man sich mal vorstellen!
Nach dieser Gedankenkette fällt mir ein, dass es in den USA sehr wohl einen Ein-Dollar-Schein gibt. Überglücklich über meinen eigenen Intellekt klappe ich das randvolle Kleingeldfach zu und fische eine Ein-Dollar-Note aus der Geldbörse.
Der Penner schlurft wortlos in den Minute Stopp. Ich ärgere mich, das Arschloch hat nicht mal „Danke" gesagt. So was kotzt mich an.
Klack. Tank ist voll. Ich schüttle die letzten Tropfen aus der Zapfpistole und hänge die sie wieder ein. Ein bisschen erinnert mich der letzte Arbeitsschritt beim Tanken an den letzten Akt beim Urinieren. Dass das Teil auch noch „Zapfpistole" heißt, setzt der ganzen Sache die Krone auf. Ich muss etwas grinsen. Als ich mich umdrehe um zu zahlen, renne ich doch glatt in den undankbaren Penner hinein. Er guckt mich leicht verdaddert an, vermutlich hat er lange keinen Menschen mehr gesehen, der sich so schnell bewegt hat, wie ich gerade. Im Hippie-Leben geht es bekanntlich tiefenentspannt zu. Ich bin überrascht und bevor ich reagieren kann, sagt er:
„Danke, Mann. Du bist ein guter Mensch."
Zeitgleich greift er in seine Hosentasche und zieht eine Handvoll Gras raus. Er drückt es mir in die Hand und schlurft mit einem Kaffee in der Hand seiner Wege.
Beeindruckend. In Deutschland wiegen die

Kleinkriminellen das Gras bis aufs Gramm genau ab und verpacken es in kleine Tütchen. Dann machen sie einen auf dicken Dealer und fühlen sich geil. Wirklich cool war aber das hier gerade. Gras einfach offen in der Hosentasche, das ist lässig!
Ich tue es ihm gleich und verstaue das Grünzeug in der Tasche. Im Minute Stopp zahle ich nicht nur den Sprit, sondern nutze noch etwas mehr des breiten Sortiments. An der Kasse verschwinden ein Thunfischsandwich, eine Lunchbox, etwas Sushi, ein zwölfer-Pack Bier und Zigarettenblättchen in meiner Papiertüte. Bei der Menge Gras in meiner Hosentasche kann ich getrost auf Tabak verzichten.
Zu Hause parke ich mit gezogener Handbremse ein. Das Kunstfliegen färbt wohl ab. Irgendwas poltert durch die abrupte Bewegung gegen meinen Fuss. Ein iPhone. Seltsam, meins schalte ich nach der Landung auf Maui doch immer aus und vergrabe es im Schrank. Ich starre das Ding an. Es kann eigentlich nur Jörns sein. Mein Herz rast. Auf einem iPhone sind nicht nur alle Anrufe und Kontakte, nein, auf dem Telefon sind auch die letzten Emails, SMS, Termine und ein paar besuchte Webseiten gespeichert. Wenn Jörn krumme Dinger dreht, sollte sich hier ein Hinweis finden.
Aufgeregt renne ich mit dem Smartphone und meinen Einkäufen hoch auf den Balkon.
Ich hole meinen Rechner zu Recherchezwecken und eine Kühlbox voller Eis. Warmes Bier erfrischt nicht und ein guter Detektiv sollte immer frisch sein.
Das Telefon ist zwar eingeschaltet, aber passwortgeschützt. Kein Problem für mich. Jörn hat am 03.03. Geburtstag und steht irgendwie auf das Datum. Ich gebe 0303 ein. Falsch. Egal, dann eben seine andere Lieblingsnummer. Ich tippe 3333 und bin drin. Mit zittrigen

Fingern klicke ich mich durch das Telefon. Bei den Anrufen sagt mir kein Name was. Alle gewählten Nummern beginnen mit +65. Die Vorwahl von Singapore, wie mir mein Mac Book verrät. Nicht weiter verwunderlich, schließlich wohnt er dort.
Im Internetbrowser ist lediglich die interne Seite mit den Flügen von Singapore Airlines geöffnet. Das war wohl vor seinem Abflug.
Im Mailprogramm finde ich Emails von zwei jungen Damen, Spam, ein paar Nachrichten von mir und die Versandbetätigung eines Onlineshops für Schuhe.
Letzte Chance: Der Kalender. Ich öffne ihn. Offenbar hat Jörn das noch nie gemacht. Der Kalender ist komplett leer.
Das war´s. Die nächste Sackgasse auf der Suche nach Jörn.
Würde jemand mein iPhone durchsuchen, könnte er ein ziemlich genaues Bewegungsprofil von mir erstellen und wüsste mehr oder weniger alles, was ich tue. Ohne Kalender und Email bin ich im Alltag hilflos.
Meine Laune sinkt auf einen Tiefpunkt. Ich weiß nicht mehr weiter. Ich finde einfach keinen Anhaltspunkt und kann mir überhaupt keinen Reim auf das machen, was passiert ist. Alles deutet auf eine Verwechslung hin. Aber das darf nicht sein. Wie Bob schon richtig sagte, haben wir bei einer Verwechslung quasi keine Chance, ihn zu finden.
Ich will nicht mehr. Ich kann nicht mehr. Ich bin mit meinem sprichwörtlichen Latein am Ende. Aufgeben geht aber nicht, ich bin Jörns einzige Chance.
Ein Bekannter erzählte mal, er würde immer kiffen, wenn er für eine Klausur lernen müsse oder sich auf eine Prüfung vorbereite. Er sehe nach Marihuana-Genuß plötzlich glasklar und könnte sich super auf ein Thema

konzentrieren. Ich halte das zwar für total bekloppt, aber was habe ich schon zu verlieren? Außerdem bekommt man von Kiffen keinen Kater. Morgen wäre ich also fit und auch wenn mich kein Geistesblitz trifft, würde ich zumindest ein paar Stunden dieser grausamen Realität entfliehen, in der ich mich derzeit befinde.
Beim Drehen stelle ich mich ungeschickt an. Den letzten Joint habe ich vor etwa zehn Jahren gebaut. Und nicht mal damals war ich gut darin. Nach ein paar Versuchen habe ich eine krumme, keinesfalls gleichmäßig dicke Tüte in der Hand. Egal, das Ding soll schließlich wirken und keinen Schönheitspreis gewinnen.
Ich rauche schnell auf, huste hin und wieder und spüle den ekelhaften Geschmack mit leckerem, kaltem Bier runter.
Die zweite Tüte gelingt mir deutlich besser. Ich bestaune mein Werk, denke mir „schön, schön, das Auge raucht mit!“ und zünde an.
Die erhoffte Wirkung setzt schnell ein. Meine Gedanken driften ab. Ich denke über Drogen nach. Wie viel Umsatz wird wohl allein in Deutschland mit Drogen gemacht? Hunderte von Millionen, oder gar Milliarden? Wie dumm die Bundesregierung doch ist. Wären Drogen legal, würde Deutschland allein an der Mehrwertsteuer ein Fünftel des gesamten Umsatzes bekommen. Legal würden Dealer ihren Gewinn versteuern. Auch das geht dem Fiskus derzeit durch die Lappen. Und nicht zu vergessen - die Folgegeschäfte. Schwarz verdientes Geld kann fast nur schwarz ausgegeben werden. Würde ein Dealer zum Porsche-Händler gehen und den neuen 911er bar bezahlen, obwohl er offiziell Harz-vier-Empfänger ist, säße er im Bau, noch bevor er den ersten Gang eingelegt hätte.
Wären Drogen legal, würde die Bundesregierung so

unglaublich schnell volle Kassen haben und zwar, ohne dass sich etwas ändert. Drogen werden eh konsumiert. Legal hätte die Regierung mehr Kontrolle über die sie. Merkwürdig, es gibt nichts, was gegen die Legalisierung von Drogen spricht und dennoch sind sie verboten.
Wäre ich Bundeskanzler, würde ich sofort alle Drogen legalisieren. Weiterhin würde ich jede Art von sportlicher Aktivität kostenlos zur Verfügung stellen. Wäre jeder Fitnessclub, jeder Tennisplatz und jeder Fussballverein für jeden Deutschen kostenlos, würde viel mehr Sport getrieben. Das Ergebnis wären dramatische Einsparungen im Gesundheitsreich. Die Leute wären fitter und gesünder.
Ausserdem kann es nicht angehen, dass jede vierte Ehe geschieden wird. Ich würde durchsetzen, dass nur ein Ehepartner arbeiten darf. Egal ob Mann oder Frau, einer muss zuhause bleiben und sich um die Familie kümmern. Heutzutage will jeder Karriere machen und sich selbst verwirklichen. Dabei kommt die Familie unter die Räder. Würde nur einer arbeiten, hätten wir im Nullkommanichts keine Arbeitslosigkeit mehr. Das Lohnniveau könnte angehoben werden, dann reicht ein Gehalt pro Familie. Außerdem könnte der, der nicht arbeitet, das Geld ausgeben. Arbeiten beide, hat man ja gar keine Zeit zum Shoppen. Das Geld wäre sofort wieder im Umlauf und würde nicht auf Sparkonten verstauben. Das bremst die Inflation und die Wirtschaft schießt durch die Decke!
Nach nur zwei bis drei Jahren als Bundeskanzler hätte ich Deutschland nicht nur von allen Schulden befreit, sondern ein dickes Plus auf dem Konto der Republik.
Dann würde ich Yuan kaufen. Chinesische Yuan. Die Chinesen besitzen jetzt schon mehr US-Dollar als die USA. China produziert quasi alle Güter auf der Welt. Damit kann China die Preise diktieren und die USA in den

Ruin treiben. Machen wir uns nichts vor: China ist heute schon die größte Wirtschaftsmacht der Welt. Der Tag wird kommen, an dem der U- Dollar als Weltwährung abgelöst wird.
Und zwar nicht durch den Euro. Europa ist viel zu sozial und innerlich zerstritten, um die Weltherrschaft an sich zu reissen.
China wird die Welt regieren.
Und dann kommt´s. Dann habe ich mehr Yuan gekauft als China hat! Ha, dann ist Deutschland ganz oben. Honig wird in unseren Flüssen fließen und die Wolken werden aus Zuckerwatte bestehen.
Ich bin zufrieden. In nur 30 Minuten habe ich mit einer einfachen vier-Punkte-Agenda alle Probleme Deutschlands gelöst und mein Heimatland in eine Vormachtstellung gebracht.
Ach, ein wichtiger Punkt muss noch ergänzt werden: Ich schaffe natürlich das Kleingeld ab!

„HEY!!! Aufwachen!"
Jemand rüttelt an meinen Beinen. Verschlafen sehe ich mich um. Es ist schon hell und ich liege auf dem Balkon. Neben mir ein Aschenbecher voller Stummel, die Kühlbox ist, bis auf geschmolzene Eiswürfel, leer und auf dem Balkon rollen geöffnete Bierflaschen rum. Wer hat denn die alle getrunken? Nach außen hin sieht es vermutlich nicht so aus, als wäre ich in Sorge um meinen besten Freund und verzweifelt auf der Suche nach ihm.
Ich schüttle mich einmal und schaue wer mich gerade geweckt hat.
Vor mir stehe eine hübsche junge Frau. Die blonden Haare zusammengebunden, macht sie eine sehr gute Figur in Bikini Top, Hot Pants und Flip-Flops. Es ist Christine.

Kapitel 4:

„War gar nicht einfach, Dich zu finden,“ beginnt Christine das Gespräch.

Mir fällt keine geistreiche Antwort ein. Also warte ich. Sie guckt mich an und sieht sich auf dem Balkon um, äußert sich aber nicht zu dem Chaos.

„Bist du nur gekommen, um mir das zu sagen?!“ frage ich.

„Nein. Ist Jörn bei dir?“

„Jörn...“ sage ich nachdenklich. Weiß sie etwa was?! „Jörn ist nicht hier.“

„Du, das mag jetzt vielleicht komisch klingen, aber: Ist er OK?“

Alles klar, sie ist im Bilde. Ich bin nicht bereit, diese Unterhaltung zwischen leeren Bierflaschen auf einem Balkon liegend, zu führen.

„Komm wir gehen rein, ich mach uns Kaffee. Warum meinst du, ihm könnte etwas passiert sein?“

„Sag mir erst, ob es so ist. Könnte sein, dass ich dich ungewollt in etwas hereinziehe, wenn ich erkläre, warum ich nach Jörn frage.“

„Das hast du schon...“ antworte ich und schlurfe vor Christine ins Wohnzimmer.

Sie ahnt etwas und ist offensichtlich besorgt, sonst wäre sie nicht gekommen. Während ich Kaffee koche, umreisse ich kurz die Geschehnisse nach der Party. Sie scheint schockiert über die Brutalität unserer Angreifer, aber nicht überrascht wegen des Angriffes generell.

Jetzt ist sie dran. Ich bin gespannt, was sie zu erzählen hat. Sie nimmt ihren Kaffee mit Milch und wir setzen uns auf den Balkon. Die Bierflaschen lasse ich schnell in der Kühlbox verschwinden. Die Flaschen, die aufgerauchten Joints im Aschenbecher und der Haufen Gras daneben bleiben von Christine ebenso unkommentiert wie mein

Tiefschlaf auf dem Balkon. Das ist schon mal ein Pluspunkt. Viele Frauen hätten mit Sicherheit deine dummer Bemerkung gemacht. Ich hasse es, wenn Frauen sich über solche Belanglosigkeiten aufregen.

„Vor zwei Wochen habe ich mit meinem Freund Schluss gemacht. Es war nichts wirklich Ernstes. Wir sind für ein paar Wochen zusammen ausgegangen. Er hatte nicht viel Zeit, daher haben wir uns nicht allzu oft gesehen. Sein Name ist Mark. Er ist der Gentleman in Person. Immer aufmerksam, immer höflich, immer ein kleines Geschenk für mich und die Dinner-Rechnungen gingen immer auf ihn."

„Aber nach und nach nahm die Aufmerksamkeit ab und du warst enttäuscht, weil er nur ein ganz normaler Mann war. Klassiker" rate ich.

„Nein, eigentlich nicht. Ich fing langsam an, mich ernsthaft in ihn zu verlieben. Daher wurde ich neugieriger. Ich wollte wissen, womit er all das Geld verdient, mit dem er um sich warf. Und ob er nur vorübergehend auf den Inseln ist, oder ob ich mich auf eine gemeinsame Zukunft mit Familie und allem drum und dran freuen kann. Wenn ich ihn nach seinem Job fragte, kamen immer Ausflüchte. Wir waren nie bei ihm zu Hause Wenn wir uns trafen, gingen wir auswärts essen, oder er kam zu mir. Er sagte, er lebe in einer Villa, die aber nicht ihm gehöre. Daher wolle er mich nicht mit dorthin nehmen. Als ich einmal fragte, ob das so mit uns weitergehen solle, antwortete er, er würde sich in Haiku ein Haus mieten, damit wir ein gemeinsames Reich haben. Ich fand das alles sehr dubios und bekam langsam Bedenken. Ich war dabei, mich in einen Mann zu verlieben, der ständig große Mengen Bargeld mit sich führte, mich nichts über seinen Job wissen ließ und angeblich in einer Villa wohnte, die ihm nicht gehörte. Wenn sein Handy klingelte, ging er aus dem Zimmer oder ein paar Meter weg. Einmal hörte ich, dass er von der Abkürzung „AGM-65G“ sprach. Am nächsten Tag habe ich das gegoogelt. Weißt du, was eine „AGM-65G“ ist, Stefan?“

Nein, das weiß ich nicht. Aber sie lässt mir auch gar keine Zeit, zu antworten. Nach einem Schluck Kaffee fährt sie fort:

„Das ist eine Rakete. Eine Luft-Boden Rakete, abgefeuert von einem Bomber oder einer F16 um lasergesteuert Ziele am Boden mit 136 Kg Sprengstoff zu pulverisieren. Panzerbrechend, natürlich. Als ich das herausfand, wurde es mir zu viel. Ich zog mich ein paar Tage zurück und reagierte nicht auf seine Anrufe. Irgendwie passte jetzt alles zusammen. Mark ist Waffenhändler, da bin ich mir ziemlich sicher. Nach ein paar Tagen rief ich ihn an und fragte ihn nach seinem Job. Ich drohte Schluss zu machen, wenn er mir nicht die Wahrheit sage. Als er rumdruckste, sprach ich ihn auf die Rakete an. Nach einem Moment erklärte er, er arbeite für eine Firma, die für die US Armee Minenfelder räume und Blindgänger entsorge. Das ging mir zu weit. Minenfelder auf Maui, oder was?! Wäre er wenigstens ehrlich gewesen! Dann hätte ich mich vielleicht dazu entscheiden können als Gangsterbraut in Saus und Braus zu leben. Aber er zog es vor, mich weiter anzulügen. Das war zu viel. Ich behauptete, einen neuen Freund zu haben und sagte, er solle mich in Ruhe lassen.“

Nachdenklich pausiert sie in ihrer Geschichte. Ich nutze die Zeit für eine Zwischenfrage: „Du meinst also wirklich, dein Ex dreht aus Eifersucht durch und killt und entführt Leute?“

„Nein, das wäre wohl zu viel der Ehre. So umwerfend bin ich auch wieder nicht. Ich sagte ihm, ich hätte meinen neuen Freund alles über seine von mir vermuteten,

kriminellen Machenschaften erzählt und, dass er sofort zur Polizei ginge, wenn mir etwas passieren sollte.
Nach der Party vorgestern bekam ich eine SMS, als ich nach Hause fuhr. Den Absender kenne ich nicht. Sie wurde wohl aus dem Internet geschickt. Es stand nur drin „Hau ab, deinen neuen Typen hat er schon!"
Ich bin sofort von der Straße runter und habe mich im Regenwald versteckt. Ich wollte Jörn warnen, aber wusste nicht wie. Ich habe nicht mal eine Telefonnummer von ihm. Gestern habe ich am Strand von einem Pärchen aus der Schweiz erfahren, wo du wohnst. Es war nicht leicht, ich muss aufpassen, nicht gesehen zu werden. Jetzt, nach Jörn´s Entführung, steht fest, sie sind auch hinter mir her."
„Aber warum genau? Was weißt du wirklich? Kannst du Mark überhaupt gefährlich werden?"
„Nein", seufzt Christine: „Das ist ja das Problem. Ich weiß gar nichts und der arme Jörn weiß noch weniger. Ich habe ihm nichts von Mark erzählt. Ich weiß nicht einmal, wo Mark wohnt. Aber ich habe Jörn in ernsthafte Schwierigkeiten gebracht. Stefan, mein Gott, wenn Sie versucht haben, dich umzubringen, was machen die dann mit Jörn?"
Auf die Frage gibt es wohl nur eine Antwort, aber die spreche ich lieber nicht aus.
Wir unterhalten uns noch fast zwei Stunden. Das Resultat ist enttäuschend. Christine ist von starken Schuldgefühlen geplagt und redet zwischendurch völligen Unsinn. Total durch den Wind, die Gute.
Mein Telefon klingelt und Bob fragt, wann unser Ausflug nach Big Island startet. Ich hatte das komplett vergessen. Er und der Flieger sind startklar. Ich sage, ich bin in zwanzig Minuten bei ihm und lege auf.
„Christine, du musst den Kopf unten halten. Versteck dich

wieder im Dschungel. Aber irgendwie müssen wir Kontakt zueinander halten. Kann ich dich irgendwie erreichen?"
„Ich habe mein normales Handy ins Meer geworfen und mir eine Prepaid Karte geholt. Die Nummer haben nur wenige Freunde, warte ich gebe sie dir...."
„Nein", sage ich, „schmeiß das Handy auch ins Meer. Hole dir noch ein Neues mit Prepaid Karte. Die Nummer gibst du niemanden, und zwar gar niemanden, auch nicht mir! Du kannst Freunde anrufen, aber nur mit unterdrückter Nummer. Sage keiner Menschenseele, wo du dich aufhältst. Sobald Mark deine Nummer hat, kann er dein Handy orten. Das kann man heutzutage ganz einfach im Internet. Ruf mich heute Abend an. Dann sage ich dir, ob ich noch mehr rausgefunden habe. Ich denke mal, Mark weiß nicht, wer ich bin. Bei dem Überall auf uns war ich nur „Beifang". Es war dunkel und vermutlich hat mich niemand eines zweiten Blickes gewürdigt. Vorsichtshalber werde ich den Jeep hinterm Haus parken und ab jetzt Toyota fahren."
Wir verabschieden uns und kurz darauf treffe ich Bob und Kiara vor dem startklaren Flieger.
„Schickes Auto!" grüßt mich Bob.
Ich werfe einen Blick auf meinen rostigen Toyota und erwidere: „Hab ich dir mitgebracht, ist fast so alt wie du und hat eine hervorragende Servolenkung."
Bob versteht die Anspielung auf seinen Flieger und antwortet „Das kann ich nicht annehmen. Außer meiner Tochter hier habe ich nichts als Gegenleistung anzubieten. Und bei der funktionierte die Lenkung noch nie. Die macht, was sie will!"
„Gut, leg den Flieger oben drauf und der Wagen gehört dir. Aber ich muss dich warnen, das Radio geht nicht."
Kiara mischt sich ein: „Die unlenkbare Tochter verlässt jetzt den Bazar. Ich hoffe, euer Flug ist sinnvoller als eure

Unterhaltung, denn sonst bleibt die Seite für den heutigen Tag in den Geschichtsbüchern leer. Guten Flug, ihr Kamelhändler."

Nach ein paar chauvinistischen Äußerungen über das lose Mundwerk der heutigen Jugend rollen wir in Richtung Startbahn.

Der Start erfolgt genau wie gestern: vom Rollfeld quasi senkrecht in die Luft, eineinviertel Drehung über die Längsachse nach rechts hinein in eine radikale Kurve, die heute aber erst nach eineinhalb Runden, statt nach einer endet. Gestern flogen wir an der Nordseite entlang, heute nehmen wir Kurs auf die Südküste, um dann Richtung Südosten nach Big Island zu fliegen.

Kurz bevor wir Kihei überfliegen kommt erst Kahoolawe, dann Lanai in Sicht. Beides sehr ungewöhnliche Inseln: James Dole, der Chef des gleichnamigen Ananaskonzerns, kaufte Lanai 1922 für 1,1 Millionen Dollar. Kurz darauf war Lanai die größte Ananasplantage der Welt. Heute ist ein Fünftel der Insel mit Ananas bepflanzt, es gibt zwei oder drei Luxus-Golfhotels und große Rinderfarmen. Ein großer Teil der Insel ist sich selbst überlassen und nur mit dem Helikopter oder zu Fuß erreichbar.

Im Jahre 2012 kaufte Oracle-Chef Larry Ellison die Insel. Der Preis ist nicht bekannt, dürfte aber mindestens im dreistelligen Millionenbereich gelegen haben.

Eine eigene Hawaii-Insel. Sehr nett, ob Herr Ellison weibliche Nachfahren in meinem Alter hat?

Kahoolawe dürfte die unbeliebteste Hawaii-Insel sein. Vielleicht sogar die unbeliebteste der Welt. Der höchste Punkt liegt lediglich 450 Meter über dem Meeresspiegel, nicht hoch genug, um Passatwolken einzufangen. Abgesehen davon zieht fast nie eine Wolke über Kahoolawe, denn sie regnen bereits auf Maui ab und lösen sich auf. Daher gab es nie viel Süßwasser und nur steppenartige Vegetation auf dem Eiland. Im 18. Jahrhundert wurde aus der Insel eine Strafkolonie. Viele Sträflinge verdursteten leider, weshalb einige Gefangene, von Hunger und Durst getrieben, versuchten 12 Kilometer durch das Meer nach Maui zu schwimmen.

Ende des 18. Jahrhunderts pachtete ein Viehzuchtunternehmen die Insel. Das fehlende Frischwasser blieb ein Problem. Die Rinder weideten die gesamte Insel kahl und das Gras wuchs nicht schnell genug nach. Anfang des 19. Jahrhunderts hatte die Rinderzucht, nach zeitweise starken Regenfällen, sogar Erfolg. Aber die Dürre kehrte zurück und 1941 verpachtete der Rinderzüchter die Insel an das US Militär. Nach dem Angriff auf Pearl Harbor durch japanische Kampfflieger wurde Hawaii zum strategisch wichtigsten Punkt im Pazifikkrieg. Das Militär erklärte das Kriegsrecht für die Hawaii-Inseln und übernahm die Kontrolle über Kahoolawe.

Überweidet, trocken und für nutzlos befunden, machte die amerikanische Streitmacht eine überdimensionale Zielscheibe aus der kleinen hawaiianischen Insel. Der Erfolg im Pazifikkrieg hing größtenteils von der Treffsicherheit der großen Bordgeschütze auf Kriegsschiffen und der Präzision von abgeworfenen Fliegerbomben ab. Kahoolawe wurde mit Zielattrappen übersät und die Marine feuerte aus allen Rohren auf die arme Insel.

Das ist doch unfair, von acht Hawaii-Inseln gehört eine einem Ananaskönig und eine andere wird vom Militär zerschossen. Was ist mit mir? Wo ist meine Insel?

Nach dem Krieg blieb Kahoolawe in Besitz des Militärs, welches die Insel fröhlich weiter zerschoss. Man weiß ja nie, wann man mal eine unbewohnte feindliche Insel angreifen muss und da ist es gut, in Form zu bleiben.

Ausserdem wurden auf Kahoolawe neue Sprengstoffe, Bomben und Raketen getestet und Soldaten ausgebildet. In den 70ern verschaffte sich eine Gruppierung zum Schutz von Kahoolawe Gehör und reichte eine Klage beim Bundesgerichtshof ein. In den 90ern war es dann vorbei mit dem Bombenwetter auf Kahoolawe. Eigentlich sollte die Insel bis 2003 von allen Blindgängern gereinigt sein und renaturiert werden. Ob das tatsächlich passiert ist, entzieht sich meiner Kenntnis. Grund genug, Bob zu fragen.

„Hey Bob, was ist eigentlich mit Kahoolawe? Ist das Militär noch dort?" frage ich über den Bordfunk.

„Eine verdammte Schande ist das! Die sollten die Insel schon seit fast acht Jahren aufgeräumt haben. Sie sind aber immer noch dabei und es ist kein Ende abzusehen. Entweder waren wesentlich mehr Blindgänger dort als gedacht, oder das Abrüstungsunternehmen verzögert absichtlich, um sich die Taschen voll zu machen!"

MANN BIN ICH DUMM!!! NATÜRLICH!!!

„Bob, Bob, BOB! Flieg über Kahoolawe. Sofort! Ich will die gesamte Küste sehen!" brülle ich wie ein Bekloppter ins Mikrofon.

„Schrei noch einmal so ins Headset und ich fliege über Kopf, bis du rausfällst! Was ist denn los? Ich kann nicht über Kahoolawe fliegen. Das ist Sperrgebiet."

Plötzlich passt alles zusammen. Von dem Ort, des Überfalls, müsste der Seeweg nach Kahoolawe etwas kürzer oder genauso lang sein, wie der Weg östlich um Maui. Selbst wenn es etwas länger ist, kann man auf dieser Route so gut wie sicher sein, nicht gesehen zu werden. Würde man um die West Maui Mountains fahren, führe man an Kahului, Kaanapali, Lahaina und Lanai vorbei. Will man unbeobachtet bleiben, macht es in jedem Fall Sinn, Maui auf der Ostseite zu umrunden. Man muss

nur an Hana vorbei und dort ist, wie bereits erwähnt, der Hund begraben.
Deshalb ist das Schnellboot nach rechts abgebogen und deshalb konnten wir es an Mauis Nordküste nicht finden. Mark hat Christine gar nicht belogen. Er arbeitet wirklich für ein Abrüstungsunternehmen. Er hatte nie viel Zeit für sie, weil er auf Kahoolawe stationiert ist. Deshalb auch das Schnellboot. Hätte man Jörn auf Maui behalten wollen, wäre ein Auto ja wohl ausreichend gewesen.
In aller Schnelle unterrichte ich Bob von Christines Besuch und meiner neuesten Erkenntnis. Er ist nicht so euphorisch wie ich und traut der ganzen Sache noch nicht so recht, schlägt aber vor, in einigem Abstand an Kahoolawe vorbei zu fliegen. Es spricht schließlich nichts dagegen, auf dem Weg nach Big Island südlich an Kahoolawe vorbeizufliegen und auf dem Rückflug an der Nordküste entlang zu fliegen.
Kahoolawe ist erwartungsgemäß dürr. So stelle ich mir die Steppe in Afrika vor, nur ist es hier felsiger. Die Insel hat dem starken Wind nicht viel entgegen zu setzen. Es ist keine nennenswerte Pflanzendecke vorhanden, der Wind trifft ungebremst auf den Boden und erodiert ihn. Guter Boden sammelt sich lediglich in Furchen und Gräben, wo kleine Büsche und Gras wachsen. Ansonsten ist die Insel rau und karg. Eine unwirtliche Steilküste, unterbrochen von wenigen kleinen Buchten mit Stränden, bildet den Westteil der Insel.
Insgesamt macht die Insel einen eher ausladenden Eindruck. Nach Süden hin wird das Relief flacher. Der höchste Punkt befindet sich auf der Nordseite.
Hier wird es interessanter. Das Gelände geht öfter in einen Strand über. Am südlichsten Zipfel kann ich ein paar Gebäude und die bisher einzige Straße der Insel ausmachen. Es wird wohl so eine Art Kaserne sein.

Leider sind wir recht weit weg. Aber ich bin mir sicher, in dem türkisblauen Wasser vor dem Strand der Kaserne liegt kein schwarzes Schlauchboot. Ein Hafen oder eine Kaimauer ist nicht zu sehen. Meine Euphorie schwindet langsam.

Nun nehmen wir Kurs auf Big Island, um den Schein zu wahren, nur zufällig an Kahoolawe vorbeizufliegen. Die Küste Big Islands interessiert mich nicht mehr. Vermutlich verfügt hier ebenfalls jedes Hotel und jede Tauchschule über ein Schlauchboot, auf das meine Beschreibung passt.

Ich bitte Bob, den Kilauea zu überfliegen. Der Vulkan ist seit fast 30 Jahren ununterbrochen aktiv. Bisher kenne ich flüssige Lava nur aus dem Fernsehen. Wann hat man schon mal die Gelegenheit, einen Vulkanausbruch zu beobachten? In dem Nationalpark auf dem Kilauea kann man sich relativ frei bewegen. Ich bin erstaunt, Menschen nur wenige Meter neben den Lavaflüssen zu sehen. Touristen, die sich vor den glühenden Strömen fotografieren.

Manchmal verstehe ich die Amerikaner nicht. Auf der einen Seite sind es die Sicherheitsfanatiker vor dem Herren. Alles ist bis auf´s Kleinste geregelt. Ich bin mal aus einem Club geflogen, weil ich neben der Tanzfläche stehend, im Takt der Musik mitgewippt habe. Mit den Worten „Tanzen ist abseits der Tanzfläche verboten!“, wurde ich von einem Türsteher gepackt und unsanft nach draußen befördert.

In manchen Clubs werden Gehwege mit Sicherheitsband abgetrennt. In diesen „Wegen“ darf man nicht stehen bleiben. Selbst wenn man einen Bekannten trifft, muss man sofort weiter gehen. Alles im Sinne der Sicherheit, von wegen Panikprävention und Fluchtwege und so. Ich hab mal nachgefragt was das soll, und bekam als Antwort

„Federal Law" - Bundesgesetz.
Das Bundesgesetz regelt also, dass ich in einem Club nicht stehen bleiben darf, aber einen halben Meter neben einem 1.000 Grad heißen Lavafluss Purzelbäume schlagen kann. Das erklär mir mal einer!
Die Lava fließt vom Berg an mehreren Stellen ins Meer, wo sie unter einer eindrucksvollen Säule aus Wasserdampf im kühlen Nass verschwindet. Das wird im Dunklen der Hammer sein! Ich muss unbedingt einmal nachts mit einem Boot herkommen. Wahnsinn!
Wir drehen um und machen uns auf den Rückweg. Kahoolawe kommt näher und ich kann die einzige Straße erkennen, die von der Kaserne beginnend, auf der Ostseite der Insel verläuft. Ein paar Minuten später sehe ich, wo sie endet: Es sieht aus wie eine Bunkeranlage, direkt neben einem großer Krater. Ob er von Sprengstofftests herrührt oder natürlichen Ursprungs ist, lässt sich von hier nicht sagen. Insgesamt ist aus dieser Entfernung nicht viel zu erkennen. Wirklich belebt scheinen Kaserne und Bunkeranlage nicht zu sein. Abgesehen von der geteerten Straße führen ein paar Feldwege vom Bunker in verschiedene Richtungen. Ein Offroadparadies!
Etwa in der Mitte der Insel erregt etwas meine Aufmerksamkeit. In einer abgeschiedenen Bucht scheint etwas oben auf der Steilküste zu stehen. Es sieht aus wie ein kleiner Lastenkran. Der Feldweg zwischen Kran und Bunker scheint vergleichsweise viel befahren zu sein. Einen Moment später können wir in die kleine Buch unterhalb des Kranes sehen. Mein Herz setzt kurz aus, ich kann es nicht fassen.
Unterhalb des Kranes liegen zwei schwarze Schlauchboote, ca. 12 Meter lang, mit fetten Aussenbordern. Beide Boote sind an einem 20 Meter

langen und fünf Meter breiten Schwimmponton festgemacht. Der Ponton ist direkt unter dem Kran verankert. Mit dem Kran können Lasten oder Menschen auf die schwimmende Plattform transportiert werden.
Bob ist ebenfalls erstaunt „Warum betreiben die hier so einen Aufwand, wenn man fünf Kilometer weiter südlich an der Kaserne problemlos mit Booten anlanden kann?“
Gute Frage. Leider können wir nicht näher ran und uns auch nicht weiter umgucken. Mit einem komischen Gefühl im Magen fliegen wir zurück nach Maui und landen 20 Minuten später.
Beim Aussteigen fragt Bob, was ich von der ganzen Sache halte.
„Da stimmt was nicht auf der Insel. Irgendwas ist faul. Ein Kran, den keiner braucht, in einer Bucht mit verstecken Schnellbooten. Ich bin mir sicher, die haben was mit Jörns Verschwinden zu tun. Bob, ich werde der Sache auf den Grund gehen. Ich muss nach Kahoolawe.“

Kapitel 5:

Mein Entschluss steht fest. Ich will nach Kahoolawe und weiß auch schon wie. Bob kann mich nicht hinfliegen. Abgesehen von der Tatsache, dass es militärisches Sperrgebiet ist, gibt es auf der Insel keinen Flughafen. Ich könnte natürlich in sicherer Höhe aus dem Doppeldecker springen und mit dem Fallschirm auf der Insel einschweben. Das wäre schon cool, aber ich bin noch nie Fallschirm gesprungen und irgendwie ist mir das auch zu James-Bond-lastig. Na gut, eigentlich verwerfe ich den Gedanken hauptsächlich, weil es relativ schwer ist, mit dem Fallschirm nachher wieder zurück nach Maui zu kommen.

Ein perfektes Transportmittel habe ich schon im Kopf. Jetzt heißt es: Vorbereitungen für meine Mission angehen. Erstmal Internetrecherche: Google Earth bringt kaum neue Erkenntnisse, schließlich habe ich die Insel mit eigenen Augen gesehen. Die Bucht, in der die Schnellboote liegen, heißt „Kamohio Bay". Vermutlich stehen auf Kahoolawe keine Wegweiser, daher ist das eigentlich auch egal.

Von Maui nach Kahoolawe sind es knapp 12 Kilometer. Auf halber Strecke liegt Molokini, ein Vulkankrater, der nur wenige Meter über die Wasseroberfläche ragt. Es scheint, als habe Molokini schnell die Lust am Leben über Wasser verloren. Die kleine Insel hörte kurzerhand auf zu wachsen und begnügt sich fortan mit dem Dasein eines kleinen, unbewohnten Halbkreises auf der Landkarte.

Ansonsten finde ich im Internet eigentlich nichts, was mir bei meiner Ein-Mann-Invasion weiterhelfen könnte. Ich hatte gehofft, Auskunft darüber zu erhalten, ob noch Soldaten auf der Insel stationiert sind und falls ja, wie viele. Interessant wäre auch, zu wissen, wie viele

Personen von der Abrüstungsfirma vor Ort sind. Leider finde ich keinerlei Anhaltspunkte über die Anzahl der „Einwohner" Kahoolawes. Mein Ausflug wird also ein ziemlicher Blindflug werden!
Den Rest des Abends überlege ich, was ich mitnehmen sollte und mache eine Liste von Ausrüstungsgegenständen, die ich als nützlich erachte. Gegen 23 Uhr ziehe ich es in Betracht mir noch ein Tüte zu drehen. Natürlich nur, um leichter einschlafen zu können. Allerdings habe ich mir heute morgen nicht die Mühe gemacht, das Gras wegzupacken und so macht der Wind mich zum Abstinenzler.

Den Großteil der Nacht liege ich wach, denke nach und male mir verschiedene Szenarien aus. Um 6:30Uhr beschließe ich aufzustehen. Das Umherwälzen auf dem Bett führt eh zu nichts. Vielleicht kann ich ja später ein Mittagsschläfchen halten. Um acht Uhr betrete ich den Wall Mart, die erste Station meiner heutigen Shopping-Tour. Ich gehe schnurstracks in die Sportabteilung und sehe mich bei den Angelausrüstungen um. Warum Angler Tarnkleidung tragen bleibt mir ein Rätsel, aber heute kommt mir dieser Zustand zugute. Ich packe Hose, Shirt und Hemd in Wüstentarnoptik in den Wagen, dazu noch eine ordentliche Taschenlampe der Traditionsmarke „Maglite". Diese eignet sich nicht nur hervorragend zum Leuchten, sondern gibt auch einen prima Schlagstock ab. Als nächstes findet ein robustes Outdoormesser den Weg in meinen Einkaufswagen. Das reicht für´s Erste. Ich möchte an der Kasse nicht auffallen, indem ich massenhaft Waffen und Tarnklamotten kaufe. Auf dem Weg zum Ausgang fällt mir noch ein Klappspaten quasi vor die Füße. Man weiß ja nie, so ein Spaten ist schon praktisch. Also mitgenommen. Ich zahle und fahre zu

Sports Authority.
Zum Glück gibt es mehrere Läden, in denen ich mich unauffällig eindecken kann. Hier mime ich einen interessierten Sportschützen und lasse mich etwas beraten. Verrückt, ich könnte problemlos eine kleinkalibrige Schusswaffe kaufen. Da ist sie wieder, die mir unverständliche Doppelmoral Amerikas. Ich darf am Strand kein Bier bei Sonnenuntergang trinken, aber wenn ich mit einer halbautomatischen Waffe durch die Gegend renne, ist das OK.
Ich habe aber keine Erfahrung mit Schusswaffen, abgesehen davon sind laute Schüsse nicht das, was ich bei meiner Mission brauche. Also schauen wir uns ein paar Sportbogen an, der Verkäufer und ich. Bogenschießen. Hab´ ich das letzte Mal vor ungefähr 20 Jahren gemacht, im Teenageralter, mit selbstgebastelten Bögen im Wald. Das hat mir große Freude bereitet, aber mit meiner Treffsicherheit war es nicht weit her. Der Verkäufer will mir keinen Probeschuss im Laden erlauben, der Spießer. Mein Blick fällt auf eine Armbrust. Das ist doch was! Klein, handlich, leicht zu bedienen und an der Armbrust war ich ein Meister. Damals im Wald.
Die Armbrust ist gekauft, dazu ausreichend Pfeile und ein langes Seil. So, genug für einen Laden. Auf zur Kasse und weiter in den K-Mart.
Hier schaue ich mich zuerst bei den Harpunen um. Die Pfeile, oder wie auch immer man das bei einer Harpune nennt, sind zu schwer. Unterwasser „fliegen“ die sicher ganz gut, aber an Land sind sie nur für sehr kurze Entfernungen brauchbar. Da ich nicht gedenke, in einen Unterwasserkampf verwickelt zu werden, lasse ich sie im Regal stehen.
Die nötigsten Utensilien müsste ich jetzt zusammenhaben, ich sehe mich noch mal um und lasse

mich inspirieren. Ach klar, ein Fernglas ist immer gut. Ich komme ins Grübeln: Warum nennt man ein Fernglas eigentlich auch „Feldstecher“? Weil mein Blick damit sehr weit „ins Feld stechen“ kann? Und was, wenn ich nicht auf ein Feld, sondern auf das Meer gucke? Ist es dann ein „Seestecher“? Ach, ist doch völlig egal, wie das Teil heißt. Ich entscheide mich für ein mittelgroßes Modell. Warum, weiß ich nicht, einfach so ein Bauchgefühl.
Mal sehen, was könnte noch fehlen? Sollte ich bei Jörns Befreiung eine oder mehrere Wachen ausschalten müssen, wäre es sinnvoll, das möglichst leise zu tun. Aber würde ich wirklich aus der Ferne mit der Armbrust auf einen Menschen schießen mit der Absicht, ihn umzubringen? Wahrscheinlich nicht.
Ich brauche noch etwas anderes, aber was?! Wie macht man einen Gegner möglichst geräuscharm kampfunfähig? Ich könnte natürlich mit der Armbrust ins Bein schießen. Vermutlich würde der Getroffene dann aber lauthals rumschreien oder gar zurück schießen. Keine gute Idee!
Der Bösewicht muss nicht nur kampfunfähig sein, sondern auch still, und das, ohne gleich zu sterben.
Spontan fällt mir Spocks Würgegriff aus Raumschiff Enterprise ein. Oder ich nehme etwas Hartes mit. Einen Baseballschläger, beispielsweise. In der Sportabteilung schaue ich mir einige Modelle an. Doch ich habe Zweifel. In Filmen ist das immer einfach. Da zieht der Eine dem Anderen ordentlich eins über die Rübe und der fällt um. Irgendwann später wacht er auf und hat nichts weiter als leichte Kopfschmerzen. Aber ist die Realität auch so? Ich könnte mir vorstellen, es ist ziemlich leicht, jemanden mit so einem Baseballprügel versehentlich schwer zu verletzen. Oder- noch schlimmer: Ich schleiche mich an, verpasse dem Rüpel einen und der fällt gar nicht um,

sondern haut mir eine. Auch nicht gut.
Hm. Frauen haben beim Joggen im dunklen Wald oft Pfefferspray dabei. Warum joggen die eigentlich in dunklen Wäldern? Egal, wir haben früher in der Schule manchmal mit so was rumgespielt. Mit etwas Pech gerät man aber selbst in die Gaswolke und selbst wenn nicht, schreit das Opfer sicherlich, wenn die Augen brennen und es zeitgleich attackiert wird. Hm.
Ein Blasrohr mit Giftpfeilen vielleicht? Schwierig zu besorgen. Hm.
Von hinten mit einem Seil erwürgen. Aber dann ist er gleich wieder tot. Hm.
Ah. Klar, die Entführer haben mir doch vorgemacht, wie es geht! Jörn wurde mit einem Elektroschocker ausgeschaltet. Das ist es. Ich kaufe gleich mehrere. Wer weiß, wie lange so ein Akku hält und wie oft ich ihn einsetzen muss. Ausserdem wähle ich noch eine wasserdichte Verpackung für mein iPhone und eine Leuchtpistole. Sollte ich in Bedrängnis geraten, kann ich damit auf mich aufmerksam machen.
Fehlt nur noch mein Fortbewegungsmittel. Ich fahre zum Kanaha Kai, einem sympathischen Surf Shop, und miete zwei SUP Boards inklusive Paddel. „SUP“ steht für „Stand Up Paddle“. Im Grunde handelt es sich dabei um ein großes Wellenreitbrett, auf dem man, aufrecht stehend, mit einem Paddel in den Händen umherpaddelt. Man kann damit die Küste entlang oder über einen See paddeln, aber auch Wellen abreiten.
Ein SUP ist ideal für meine Zwecke. Einen Stehpaddler ist von Land aus kaum zu sehen, schon nach wenigen hundert Metern verschmilzt er mit dem Ozean. Ohne Motor verrät mich logischerweise kein Motorlärm und das Brett lässt sich an Land leicht verstecken. Entspannt paddelnd schafft man ca. sieben Kilometer pro Stunde.

OK, das könnte ein Nachteil sein, wenn ein Schnellboot mit 450 PS hinter einem her ist.
Jetzt ist die Ausrüstung für meinen Ausflug vollständig. Ich fahre in einen Supermarkt und hole mir ein leckeres Mittagessen von der wirklich hervorragenden Frischetheke. Heute kann ich nichts mehr für Jörn tun. Daher esse ich am Strand und verbringe den Rest des Nachmittages mit windsurfen.
Abends ruft Christine mit unterdrückter Nummer an. Braves Mädchen! Ich verrate ihr nichts von meinen Vorhaben. Eigentlich vertraue ich ihr ja, aber ich will jedes Risiko ausschließen und habe überhaupt keine Lust auf ein Empfangskomitee auf Kahoolawe.

Erstaunlicherweise schlafe ich tief und fest und wache erst gegen zehn Uhr am nächsten Morgen auf. Schon im Moment des Aufwachens stehe ich unter Strom. So fühle ich mich sonst nur, wenn ich bei wirklich hohen Wellen windsurfen gehe. Ich weiß, dass ich heute noch etwas Gefährliches machen werde und habe bereits einen erhöhten Adrenalinwert. Es ist nicht wirklich Angst, ich würde es sogar eher als so was wie „Vorfreude“ bezeichnen. Beim Surfen kann ich das ja verstehen. Ich fliege um die halbe Welt, um in sechs Meter hohen Wellen zu surfen. Warum ich mich aber jetzt gerade so fühle, weiß ich nicht. Vielleicht weil endlich etwas passiert, ich einer konkreten Spur nachgehe und nicht mehr komplett blind im Dunklen rumstochere.
Ich belade das Auto und starte den Motor. Auf dem Weg zur Südküste kaufe ich mir ein leckeres Frühstück und jede Menge Konserven. Das hatte ich gestern ganz vergessen, ich muss ja auf Kahoolawe etwas essen und trinken.
Eine Stunde später parke ich in La Perouse Bay. Von hier

sind es etwa zehn Kilometer nach Molokini. Das ist nicht der kürzeste Weg, aber sollten Jörn und ich auf dem Rückweg Verfolger haben, suchen die sicherlich zwischen Kahoolawe und Maui nach uns. Ganz bestimmt auch in Molokini bzw. auf dem Seeweg zwischen Maui, Molokini und Kahoolawe. Sollte meine Mission tatsächlich erfolgreich sein, plane ich eine etwas andere Route für den Rückweg.

Meine Ausrüstung habe ich in einem Rucksack verpackt und diesen in einen wasserdichten Sack aus LKW Plane gesteckt. In die Plane packe ich ein paar Steine. Sollte ich bereits auf dem Hinweg erwischt werden, schmeiße ich einfach alles ins Wasser. Die Steine ziehen den Rucksack in die unendlichen Tiefen des Meeres und ich kann immer noch einen auf dummen Touristen machen, der nichts von einem militärischen Sperrgebiet weiß, und einfach mal zu einer anderen Insel rüber paddeln will.

Den Rucksack zurre ich auf dem zweiten Brett fest, welches ich wiederum an meinem Brett anbinde. Mit diesem bizarren Schleppverband starte ich meine Reise ins Ungewisse.

Nach eineinhalb Stunden nähere ich mich der Ostküste Molokinis, der Rückseite der Insel. Es ist 14:30 Uhr und ich werde eine Weile auf der Innenseite Molokinis rasten. Die Bucht ist geschützt und man treibt nicht mit der Strömung davon. Ich habe Schnorchel-Sachen dabei. An der Wasseroberfläche treibend kann man sich herrlich entspannen.

Die Sonne geht um halb sieben unter. Von Molokini nach Kahoolawe müsste man es in einer knappen Stunde schaffen. Allerdings plane ich in der Kanapou Bay anlanden, bis dorthin sollten es gute zwei Stunden sein. Abgesehen von einer Verschnaufpause will ich die Zeit in Molokini nutzen, um Kahoolawe zu beobachten. Ich muss

wissen, ob das Militär oder sonst wer mit Booten um die Insel patrouilliert. Das würde mein Vorhaben erschweren, da man man auf einem SUP nicht wirklich schnell ist.
Hier, auf der Rückseite Molokinis gibt es angeblich eine große Hai Population, die sich großer Beliebtheit unter Tauchern erfreut. Heute ist aber kein Boot mit Haitouristen vor Ort. Ich freue mich auf eine entspannte Pause auf der Innenseite der Insel.
Als ich um die Ecke paddle, eröffnet sich mir der Blick in den sichelförmigen Krater. Mich trifft mich fast der Schlag. Keine Spur von Ruhe oder verlassener-Insel-Romantik. In der Bucht tummeln sich mindestens ein Dutzend Ausflugsboote. Offenbar verfrachten diese tagtäglich tonnenweise Touristen hierher, um sie dann, mit Schnorchelmasken versehen, im Molokini Krater zu verklappen. Ich könnte von hier aus trockenen Fusses über die weißen, glänzenden Leiber der Touries bis an Land gehen. Vorausgesetzt ich rutschte nicht in den Lachen aus Sonnenöl aus oder verfange mich in Rückenhaaren.
Erschrocken setze ich mich auf mein Brett und schaue mir das Treiben an. Von wegen „glasklares Wasser". Schlimmer kann der Golf von Mexiko nach dem Untergang der „Deepwater Horzion" kaum ausgesehen haben. An meinen Beinen und auf dem Brett hat sich bereits ein öliger Schmierfilm gebildet. Bei der Brühe an der Oberfläche bekommt jedenfalls kein Fisch Sonnenbrand.
Ich beobachte, wie sich ein korpulenter Mann an Bord eines Schiffes mit reichlich Sonnencreme am gesamten, massigen Körper einschmiert. Nach getaner Arbeit setzt er fröhlich eine Taucherbrille auf, stopft sich den Schnorchel ins Gesicht und hüpft ins Wasser. Na prima, da kann er die Sonnencreme auch gleich ins Wasser

spritzen und einfach so hinein springen. Auf dem Rückweg wird es an Bord mit Sicherheit einen erkennbaren Zusammenhang zwischen Intensität des Sonnenbrandes und Intelligenz des Verbrannten geben.
Wo ich nun schon hier bin, kann ich auch mal einen Blick unter Wasser wagen. Mal sehen, ob sich der 100 Dollar Trip für die Tagesausflügler wenigstens lohnt. Mit Maske und Schnochel tauche ich ab.
Ja, doch, ich muss schon sagen: Molokinis Unterwasserwelt ist die Reise wert. Zwar gibt es auch einige Plätze auf Maui, an denen es ähnlich bunt und vielfältig unter Wasser zugeht, aber zu solch einem Tagesausflug zählt das Abenteuer „Seereise". Daher ist der Ausflug sicher etwas, wovon man zu Hause erzählen wird.
Die Fische beeindrucken mich nicht lange, also fange ich an, die Menschen zu beobachten. Leider sind nur sehr wenige sehenswerte Exemplare dabei. Nach einer Weile fällt mir auf, dass sich alle Menschen gleich unbeschwert im Wasser bewegen, egal ob alt oder jung, dick oder dünn. Jeder schwebt entspannt an der Oberfläche und genießt die Aussicht.
Da kommt mir die Idee. Nicht nur eine Idee, nein: DIE Idee! Sobald ich meine Reise nach Kahoolawe überlebt habe, muss ich meinen Bankberater anrufen und einen Termin machen. Gerade eben ist mir das genialste Geschäftsmodell überhaupt in den Kopf geschossen! Im Fernsehen sieht man doch ständig Menschen, die sich so fett gefressen haben, dass sie sich nicht mehr bewegen können. Bei jedem Schritt und jeder Treppenstufe ächzen und stöhnen sie. Man müsste einfach nur deren Häuser dicht machen und bis kurz unter die Decke mit Wasser füllen. Dann könnten sie ganz entspannt in ihrem Haus umherschweben. Alles wäre mit einem Schlag ganz

einfach. Kein Geschnaufe, Geächze und Gestöhne mehr bei jeder Bewegung! Das gibt eine ganz neue Lebensqualität.
Auf dem Boden müsste nur noch ein wasserdichter Fernseher liegen, der eine Endlosschleife Barbara Salesch sendet, und schon ist der Fettsack an der Decke überglücklich. Oberhalb des Fernsehers, also da wo der Kopf des Dicken schwebt, kommt eine Klappe in die Decke. Eine Futterluke. Von hier aus kann der Zivi Erdnussflips in den Schnorchel werfen, damit Dickerchen nicht verhungert. Ich bin mir sicher, mit etwas Willenskraft kann man auch ein leckeres Heißwürstchen durch den Schnorchel saugen!
Perfekt. In einer Bank arbeiten meist konservative Spielverderber mit der unglaublichen Gabe, bei innovativen Ideen nichts als Probleme zu sehen. Ich höre meinen neunmalklugen Bankberater schon sagen: „Herr Heuser, grundsätzlich ist die Idee nicht schlecht. Aber die Kosten für die Wassererwärmung machen Ihr Modell unrentabel. Und was machen Sie, wenn der „Patient“ mal auf´s Klo muss?“.
Jaha, jetzt kommt erst der komplett wahnsinnige Clou an der Sache: Mit den immensen Ausscheidungen meines schwebenden Barbara Salesch Fans betreiben wir eine kleine Biogas Anlage. Der Strom wird verkauft und mit der Abwärme beheizen wir das Wasser. Deshalb stopfen wir auch Erdnussflips und Würstchen in den Schnorchel und nicht Salatblätter oder Tomaten. Viel Körpermasse geht mit großen Ausscheidungen einher, daher können wir es uns nicht leisten, dass der „Patient“ abnimmt.
Das Abdichten des Hauses zahlt die Krankenkasse. Immerhin werden im Wasser die Gelenke entlastet und nutzen kaum noch ab. Die Kosten für Zivi, Würstchen und Erdnussflips decken wir über den Stromverkauf.

Bis hierher ist das Ganze ein wirtschaftliches Perpetuum Mobile. Alle Kosten tragen sich selbst. Ganz uneigennützig ist mein Plan jedoch nicht: Ich verdiene durch Eintrittsgelder von Schaulustigen, die durch die Fenster gucken wollen, und natürlich den Lizenzrechten. Das Schwebehaus wird natürlich weltweit Anklang finden. Es ist schon verrückt, wie viele gute Ideen ich hier habe.

Während meiner Beobachtungen unter Wasser schwimme ich quer durch die Bucht und platziere mich anschließend am Südende des Kraters. Von hier habe ich einen guten Blick auf Kahoolawe. In den nächsten zwei Stunden döse ich auf dem Brett und gleite dann und wann mal ins Wasser. Man könnte sagen, ich genieße die Ruhe vor dem Sturm. Die Insel lasse ich nicht aus den Augen. Wie erhofft, erblicke ich kein einziges Motorboot auf Patrouillienfahrt.

Etwa eine halbe Stunde vor Sonnenuntergang werde ich aktiv. Zunächst paddle ich in Richtung Maui zurück, um keine Aufmerksamkeit zu erregen. Im Krater befinden sich noch drei Boote, auf denen nach Sonnenuntergang ein romantisches Candlelight-Dinner stattfindet. Es muss ja nicht sein, dass ein übermotivierter Kapitän durch die Welt funkt, ein Stand Up Paddler mache sich gerade auf den Weg ins militärische Sperrgebiet.

Kaum bin ich von den Felsen Molokinis verdeckt, ändere ich den Kurs und steuere erstmal auf Oahu zu. Ich wähle absichtlich nicht den kürzesten Weg nach Kahoolawe. Natürlich ist es für einen Paddler sicherer, sich nah an Inseln zu halten. Würde ich allerdings auf direktem Wege nach Kahoolawe paddeln, müsste ich noch eine knappe Stunde dort an der Küste entlang schippern. Das Risiko, dabei entdeckt zu werden, ist mir zu groß.

Die Gefahr, von einer Meeresströmung erfasst, auf den

offenen Pazifik getrieben und nie wieder gesehen zu werden, schätze ich als überschaubar ein. Ich paddle langsam und ruhig. Dieses Tempo kann ich stundenlang halten, ohne müde zu werden und eilig habe ich es ohnehin nicht.

Zwei Stunden später ist es stockdunkel. Ich befinde mich ein gutes Stück nordöstlich von Kahoolawe. Da die Insel quasi keine Einwohner und damit auch keine beleuchteten Siedlungen hat, ist sie so gut wie unsichtbar. Ich kann nicht mal genau sagen, wo die Insel anfängt oder aufhört. Als alter Segler hab ich mir natürlich gestern schon Gedanken über das Problem der Navigation gemacht.

Ich biege rechts ab und paddle nach Süden. Bei Google Earth habe ich mir die Lage der Inseln genau eingeprägt. Hinter Kahoolawe leuchten die Lichter von Lahaina auf Maui. Sobald die Lichter von Kaholawe verdeckt werden, muss ich erneut rechts abbiegen und direkt auf Kahoolawe zupaddeln.

Tauchen die Lichter Lahainas unterwegs wieder auf, muss ich weiter nach links. Sehe ich eine Weile keine Lichter, sollte ich einen Schlenker nach rechts machen bis ich die Lichter wieder sehe. Genau so funktionieren Leuchttürme.

Befindet man sich auf einer SeeschifffahrtStraße und sieht weißes Blinklicht, fährt man genau auf den Leuchtturm zu. Erscheint das Licht rot, befindet man sich zu weit links (rot = backbord = links) und muss nach rechts korrigieren, leuchtet es grün, muss man weiter nach links.

In den Luxus unterschiedlicher Farben zur Orientierungshilfe komme ich heute Nacht nicht. Aber bleibe ich in dem Bereich, in dem die Lichter gerade verschwinden, sollte ich genau an einer Steilküste im

äussersten Osten Kahoolawes ankommen.
Gegen 22 Uhr erscheinen aus dem Nichts die Konturen Kahoolawes. Volltreffer! Ein paar Minuten später stehe ich auf meinem Paddelbrett direkt vor einer fast senkrecht ins Meer fallenden Felsküste.
Auf dem Meer fühlte ich mich sicher und war guter Dinge. Jetzt ist mir mulmig, es ist unheimlich allein im Dunkel vor dieser Insel. Ich befinde mich im Sperrgebiet, weiß nicht, ob ich bereits beobachtet werde und bin in Begriff, eine Insel zu betreten, auf der tonnenweise Blindgänger liegen. Als würde das allein nicht reichen, befindet sich hier eine unbekannte Anzahl von Menschen, die bereits einmal versucht haben, mich umzubringen. Ein unbestimmtes Gefühl sagt mir, sie werden es wieder probieren, wenn ich ihnen die Chance dazu gebe. Die Tatsache, dass ich anstelle der Ausbildung an der Waffe Zivildienst geleistet habe, ist jetzt auch nicht gerade beruhigend.
Langsam paddle ich weiter, bis sich die Kanapou Bay vor mir öffnet. Der Strand ist lang und schmal, genau, wie ich es mir dank Google Earth vorstellt habe. Das Hinterland sieht im schummrigen Licht des Halbmondes allerdings wesentlich unwegsamer und auch steiler aus als gedacht. Von hier sind es Luftlinie nur dreieinhalb Kilometer bis zur Bunkeranlage.
Mein Board bremst abrupt ab, als die Brettnase auf den festen Sand des Strandes aufläuft. Ich steige in das knöcheltiefe Wasser und sage leise zu mir selbst: „Dann sieh mal zu, dass du auch wieder lebend von der Insel runterkommst...“

Kapitel 6:

Der Strand ist wie jeder andere, dennoch fühlt es sich an, als liefe ich über rohe Eier. Ständig spuken mir all die Blindgänger durch den Kopf, die nur darauf warten, endlich explodieren zu können. Ich hoffe, das legt sich. Schließlich werde ich eine Weile bleiben.

Rasch ziehe ich die Bretter über den Sand zu den Büschen, die den Strand säumen. Hier gehe ich erst einmal in Deckung und lausche. Scheinbar ist meine Anwesenheit bisher unentdeckt geblieben. Ich ziehe die Tarnkleidung an und mache den Rucksack reisefertig. Als Nächstes baue ich den Klappspaten zusammen und fange an, eine Grube für die SUP Boards zu graben. So richtig will es nicht gelingen. Die Vegetation besteht ausschließlich aus Flachwurzlern. Nach wenigen Zentimetern treffe ich auf eine undurchdringbare Schicht dichtverflochtener Wurzeln. Mir bleibt keine andere Wahl, als so lange Sand auf die Boards zu schippen, bis sie verschwunden sind. Einem oberflächlichen Blick von der Steilküste oder einem vorbeifahrenden Motorboot hält das Versteck stand.

Meine Abenteuer-Trekking-Tour kann los gehen. Von der Kanapou Bay führen zwei ausgetrocknete Flussläufe durch die Schlucht nach oben. Das hat gleich mehrere Vorteile: ein Flussbett hat eine moderate Steigung und in einer Schlucht falle ich weniger auf als auf flachem Land. Ich folge dem, von mir aus gesehen, rechten Flusslauf. Laut Google Earth hat dieser die tiefere Schlucht in den Fels gefressen. Außerdem führt er mich ziemlich nah an die Bunkeranlage.

Um keine Aufmerksamkeit zu erregen, bewege ich mich langsam und vorsichtig. Ich hoffe, der ausgetrocknete Fluss hat keine allzu hohen Wasserfälle. Im Dunklen klettern muss jetzt nicht sein. Vor Jahren war ich in den

Alpen snowboarden und folgte einem Flussbett abseits der Piste. Der Tiefschnee war super und ich war stolz auf meine Idee, im Flusslauf zu fahren, da ich davon ausging, hier sicher zu sein. Dummerweise hatte eben dieser Fluss einen Wasserfall. Als ich dies bemerkte, war es bereits zu spät. Bremsen ging nicht mehr. Ich konnte nur noch seitwärts am Felsen runterspringen und hoffen, im steilen Seitenhang zu laden, um dort zum Stillstand zu kommen. Nach einer Zwischenlandung in einer Tanne kam es dann auch tatsächlich so.
Heute Abend habe ich Glück und eine Kletterpartie bleibt mir erspart. Gegen Mitternacht erreiche ich den Punkt, an dem das Flussbett im kargen Flachland ausläuft. Die Bunkeranlage befindet sich etwa 1,3 Kilometer nordwestlich von mir. Nachdem ich den halben Tag auf dem SUP verbracht habe und gerade zwei Stunden im Dunklen die Insel erklommen habe, ist mir nicht nach einer Befreiungsaktion. Am liebsten würde ich jetzt schlafen. Sobald Jörn frei ist, müssen wir die Insel schleunigst verlassen. Das wird heute nichts mehr! Abgesehen davon weiß ich nicht, in welcher Verfassung ich Jörn antreffen werde. Wenn ich ihn, auf dem Brett liegend, ziehen muss, dann Prost Mahlzeit!
Bevor ich mich aufs Ohr haue, will ich mehr über die Bunkeranlage rausfinden. Außerhalb des Flussbettes ist es absolut flach. Hier ist wirklich rein gar nichts, was mir Deckung geben könnte. Aufrecht gehend falle ich auf wie ein Elefant im Hasenkäfig. Mir bleibt nichts anderes übrig, als mich auf allen Vieren fortzubewegen. Das wird recht schnell anstrengend, und einen Geschwindigkeitsrekord breche ich definitiv nicht. Der Himmel ist ausnahmsweise bewölkt. Ich gehe dazu über, gebückt zu gehen, sobald sich eine Wolke vor den Mond schiebt.
Wurden auf der Insel wohl auch Minen getestet? Uh,

schnell an was Anderes denken, es ist so schon gruselig genug.
Nach einer Weile sehe ich Licht. Der Bunker ist also nicht verlassen. Das ist schon mal gut. Sollte Jörn auf der Insel sein, dann vermutlich im Bunker. Vermutlich wird Bunker lediglich von der Abrüstungsfirma genutzt. Sollte sich noch Personal der NAVY hier befinden, dann wohl eher in den Gebäuden an der Südküste. Ich unterstelle einfach mal, die Armee hat nichts mit Jörns Entführung zu tun. Marc Andrews muss sein Entführungsopfer also vor den Soldaten verstecken. Was wäre da besser geeignet als ein alter Bunker?
Ich falle zurück in die gute, alte Käfertechnik und krieche auf allen Vieren zunächst im Halbkreis um die Anlage. Von hier sieht alles friedlich aus. Ich kann keine Wachen ausmachen. Genau genommen besteht auch kein Anlass zu übertriebener Vorsicht. Der Bunker befindet sich auf einer unbewohnten Insel, noch dazu mitten im Sperrgebiet. Wäre ich hier der Chef, würde ich nicht mit Eindringlingen rechnen. Was das angeht, ticken Marc und ich scheinbar gleich. Selbst nach einer Stunde genauster Observation entdecke ich keine Wachen oder Patrouillen.
Der Bunker sieht aus wie ein großes Haus mit Flachdach, nur eben mit dickeren Wänden und ohne Fenster. Bei Bombenexplosionen sind nicht vorhandene Fenster sicher von Vorteil. Will man jedoch mal einen Blick ins Innere werfen, ist das echt doof. Irgendwie muss ich rausfinden, wie viele Menschen sich im Inneren befinden. Vielleicht hört man ja was durch die Tür. Ich robbe langsam über den Schotterparkplatz auf das Gebäude zu.
Auf halben Wege fliegt plötzlich die Tür auf. Augenblicklich erstarre ich und bleibe regungslos liegen. Verdammt, ich bin aber auch dumm. Warum habe ich

mich nicht von der Seite angeschlichen? Mit dem Gesicht im Dreck halte ich die Luft an und warte. Der Lichtkegel durch die offene Tür erlischt wieder. Immerhin, im Dunklen bin ich einigermaßen gut getarnt. Ich höre Schritte und wage es aufzublicken. Sollte ich entdeckt werden, will ich mich wenigstens zur Wehr setzen.
Ein Mann steht vor dem Bunker und zündet sich eine Zigarette an. Er inhaliert den Rauch und bläst ihn in den Nachthimmel. Einen Augenblick steht er da und schaut in die Sterne. Dann setzt er sich in Bewegung, Gott sei Dank, nicht in meine Richtung. Er schlendert auf ein paar Felsen neben dem Bunker zu. Dort setzt er sich hin und schaut aufs Meer. Leider liege ich genau zwischen ihm und dem Meer. Klar, in meinem Tarnoutfit bin ich fast unsichtbar. Aber selbst wenn ich wie ein Stein aussehe, wundert der Typ sich nicht, dass da mitten auf dem Parkplatz etwas liegt?
Ich wage es nicht, mich zu bewegen. Die einzige Möglichkeit wäre, langsam zur Seite zu rollen. Aber mit Rucksack auf dem Rücken rollt es sich schlecht. Also spiele ich Stein und hoffe auf weiterhin auf die Ignoranz des Rauchers gegenüber seiner Umwelt.
Puh, bin ich müde. Bloß nicht einschlafen, Stefan. Das wäre schon ein groteskes Bild: Ich penne ein, der Raucher bemerkt mich nicht und morgen früh liege ich in Tarnkleidung inklusive Rucksack, friedlich schlafend, direkt vorm Bunker. Wahnsinn.
Oh nee, jetzt raucht der noch eine! Das gibt es doch nicht. Süchtiges Schwein!
Also noch eine Runde gegen die Müdigkeit ankämpfen und hoffen, nicht bemerkt zu werden.
Nachdem er seine Sucht endlich befriedigt hat, tritt er die Kippe aus und geht, ohne sich umzusehen, zurück in den Bunker. Als er die Tür öffnet, erhebt im Innern jemand die

Stimme zum Gruße. Einen kurzen Moment liege ich wieder im Licht, werde aber nicht entdeckt.
Glück gehabt! Am Ende hatte die Sache noch etwas Gutes. Von innen kam nur eine Stimme, und der Raucher war draußen allein. Ich kann also davon ausgehen, dass sich im Bunker zwei Personen befinden. Das ist doch schon mal was.
Ich habe absolut kein Interesse daran, erwischt zu werden oder noch mal in eine ähnliche Situation zu kommen. Daher beschließe ich, im Inneren der Insel das Weite zu suchen. Mein Ziel ist der Gipfel des Vulkans. Von hier habe ich einen guten Überblick und, wie mein rauchender Freund mir eben demonstriert hat: Die Leute blicken immer aufs Meer. Niemand dreht dem Meer den Rücken zu und schaut auf einen kargen Berg. Auf dem Gipfel bin ich in jedem Fall sicherer als am Strand. Außerdem rechnet ohnehin niemand mit einem nächtlichen Besucher. Wenn überhaupt, werde ich zufällig oder aus Dummheit, wie gerade eben beinahe, erwischt. Außer den beiden Jungs im Bunker gibt es keine Wachen. Da das Gebäude keine Fenster hat und von innen kein Laut nach aussen dringt, stehe ich einfach auf und gehe.
Natürlich lasse ich die Tür nicht aus den Augen, immer bereit, mich im Falle des Falles sofort hinfallen zu lassen, um meine Rolle als Stein erneut mit an Perfektion grenzender Sicherheit zu vollführen. Glücklicherweise kommt heute niemand mehr in den Genuss meiner schauspielerischen Leistungen und ich erreiche mein Ziel ohne besondere Vorkommnisse.
Etwas unterhalb des Gipfels sehe ich mich nach einem geeigneten Quartier für die restliche Nacht um. In einem Graben werde ich fündig. Der mittlerweile ausgetrocknete Fluss hat sich in einer Kurve unter das Gestein

gefressen. Von dem Überhang versteckt bin ich gut geschützt, und einigermaßen bequem ist es obendrein. Ich glaube zwar nicht an Regen, fühle mich aber besser in der Gewissheit, nicht gesehen werden zu können.
Gute Nacht.

Als ich aufwache ist es hell, ziemlich hell sogar. Anhand des Sonnenstandes würde ich die Uhrzeit auf Punkt zehn Uhr schätzen. Ich hätte nicht gedacht, so lange schlafen zu können. Andererseits bin ich gestern mindestens einen doppelten Marathon gepaddelt, stundenlang auf allen vieren gekrabbelt und habe einen Berg erklommen. Gut, das Gebirgsmassiv ist nur 450 Meter hoch, aber ich war echt platt. Trotz des harten Untergrundes fühle ich mich ausgeruht und erholt.
Zeit, die Insel zu erkunden.
Ich esse Bohnen aus der Dose und packe meine Sachen zusammen. Vorsichtig stecke ich meine Kopf aus dem Versteck und sehe mich um. Die Luft ist rein, also krieche ich unter dem Vorsprung hervor, stelle mich aufrecht hin, schließe die Augen und strecke mich erst einmal.
Plötzlich ertönt aus dem Nichts ein ohrenbetäubendes Tosen und Schlagen. Meine Ohren schmerzen und machen dicht. Ich höre keine Töne mehr, nur noch ein lautes Rauschen und es fühlt sich an, als hielte ich meine Ohren genau in den Abluftstrahl eines Überschalljets. Der Krach wurde nicht langsam lauter oder kündigte sich sonst irgendwie an, er war von jetzt auf gleich einfach da. Erschrocken reiße ich die Augen auf und sehe wenige Meter vor mir einen Helikopter im Tiefflug auf mich zu rasen. Genau genommen rast er nicht auf mich zu, sondern ist schon über mich hinweg, bevor ich überhaupt realisiere, was los ist. Vor Schreck falle ich rücklings in das Bachbett, in dem ich genächtigt habe.

Boom, es gibt doch wirklich nichts Schöneres, als aus einem Moment der Ruhe und Entspannung herausgerissen werden, um Sekundenbruchteile später mit dem Hinterkopf auf einen Stein aufzuschlagen, von dem Mordsschreck in allen Gliedern völlig abgesehen!
Panisch drehe ich mich um und suche den Hubschrauber. Bin ich entdeckt worden und beginnt nun die Hetzjagd?
Der Helikopter fliegt unbeeindruckt weiter geradeaus. Schwein gehabt!
Während ich schlief, ist auf der Insel eine rege Betriebsamkeit erwacht. An der Nordostflanke entdecke ich drei Teams, die sich in Jeeps oder auf Quads fortbewegen und sich derzeit neben ihren Fahrzeugen am Boden zu schaffen machen. Der Helikopter fliegt eine steile Kurve über eins der Teams und bleibt nach einem radikalen Sinkflug wenige Meter über Ihnen in der Luft stehen. Jedes Team besteht aus zwei Personen, beide sind in dicke Bleimäntel gehüllt und haben Helme auf, genauso wie die Sprengstoffexperten, die herrenlose Gepäckstücke an Flughäfen untersuchen. Hier werden also tatsächlich Bomben entschärft.
Vom Hubschrauber wird ein Seil herabgelassen. Einer der Bleimäntel nimmt es entgegen und befestigt es an einem Gegenstand. Kurz darauf steigt der Heli langsam und hebt eine fette Fliegerbombe mit sich in die Höhe. Jetzt fliegt der Pilot ruhig und vorsichtig, der alte Proll!
Die Bleimäntel verstauen noch etwas auf einem Quad und ziehen anschliessend ihre Kluft aus. Ich würde mal tippen, die Bodenteams spüren Bomben auf und entfernen die Zünder. Da auf dem unwegsamen Gelände keine LKWs fahren können, bewegen sich die Teams auf Quads oder Jeeps. Sobald eine Bombe entschärft und transportbereit ist, wird der Heli gerufen. Voilá, fertig ist

die Abrüstungsfirma!
Ich hätte gewettet, der Heli fliegt zum Bunker. Aber diesmal liege ich falsch. Erst weit hinter der Bunkeranlage geht der Heli langsam runter. Und zwar dort, wo ich aus Bobs Doppeldecker den Kran an der Bucht gesehen habe. An der Puukoae Bay, in der auch die Schnellboote an dem Schwimmponton liegen.
Hier legt der Pilot die Bombe sanft ab, kappt das Seil und beschleunigt aus einer Kurve heraus wie ein Wahnsinniger zurück in Richtung Bodenteam. Ich kann es ihm nicht verübeln, ich hätte einen ähnlichen Flugstil - also - wenn ich fliegen könnte.
Macht sicher Spaß mit einem Helikopter machen zu können, was man will, ohne nervige Touristen an Bord oder eine Flugsicherung, die einen zur Raison bringt. Wären hier Bäume, die Wipfel würden alle in den Kufen des Helis hängen, so tief, wie er jetzt fliegt. Ich muss schon sagen: Fliegen kann der Junge!
Und schon steht der Heli über dem nächsten Bodenteam. Diesmal dauert alles etwas länger. Als er wieder an Höhe gewinnt, hat er einen langen, weißen Stab im Schlepptau. Das ist definitiv keine alte Fliegerbombe. Herrje, hier liegen tatsächlich Raketen rum!
Die Rakete wird nicht bis zur Puukoae Bay chauffiert, sondern bereits am Bunker abgeladen. Offenbar dauert es eine Weile bis zum nächsten Abholauftrag, denn der Heli landet erstmal und stellt den Motor aus.
Ich krame meinen Feldstecher hervor, um mir die Geschehnisse am Bunker genauer anzusehen. Natürlich benutze ich das Fernglas nur im Schatten. Ich habe zu viele Filme gesehen, in denen der Beobachter sich durch eine Reflexion der Sonne in seinem Weitguckglas verraten hat. Ich glaube den Unsinn zwar nicht, denn man muss schon verdammtes Pech haben, wenn man

mit einer Uhrglas großen Reflexion genau in das Auge des kilometerweit entfernten Gegners trifft. Aber Sonne gibt es hier jede Menge und ich will kein Risiko eingehen. Ausserdem passiert es in Filmen ja ständig...

Der Pilot macht Pause, während sich andere Menschen mit der Rakete beschäftigen. Sie wird auf einen Hänger verladen und in den Bunker gezogen.

Als ich gedankenverloren durchs Fernglas schaue und darüber nachgrübele, warum die Bombe an der Bucht und die Rakete am Bunker abgeladen wird, sehe ich etwas, das mein Herz einen Schlag aussetzen lässt.

Mitten auf dem Schotterparkplatz vor dem Bunker schlendert Jörn umher, einfach so. Er ist weder gefesselt noch geknebelt oder halbtot geschlagen. Im Gegenteil: Er scheint ganz entspannt das gute Wetter zu genießen. Wahnsinn, was ist denn jetzt los?

Angestrengt starre ich durch die Linsen und kann nicht glauben, was mein Sehnerv an das Gehirn meldet.

Ein bewaffneter Mann in Camouflage geht auf Jörn zu. Die beiden unterhalten sich kurz, der Tarnfarbene zieht eine Packung Zigaretten aus der Tasche und bietet Jörn eine an. Zu meinem Erstaunen nimmt er doch glatt eine Fluppe und sie schmöken gemeinsam. Jörn raucht doch gar nicht! Das geht nicht in meinen Kopf: Vor drei Tagen wurden wir brutal überfallen. Jemand versuchte, mich umzubringen, Jörn wurde entführt und jetzt steht er hier, erfreut sich bester Gesundheit und plaudert bei einer gemeinsamen Zippe mit einem seiner Entführer.

Ich muss mich erst einmal sammeln und lege das Fernglas zur Seite. Das kann doch alles nicht sein!

Nach ein paar Minuten greife ich wieder zum Feldstecher und sehe mich weiter um. Auf dem Parkplatz steht ein LKW mit offener Ladefläche und ein Jeep, beide in Tarnfarben. Bis auf Jörn und seinen Begleiter sehe ich niemanden. Allerdings waren vorhin zwei bis drei Leute mit der angelieferten Rakete beschäftigt und vermutlich sind noch weitere zwei bis drei Arbeiter für die Blindgänger zuständig, hinzu kommen mindestens zwei Wachen, die heute Nacht im Bunker waren, die Bodenteams und der Helikopterpilot. Das macht insgesamt fünfzehn Personen, plus ein paar im Sinn. Bis auf Weiteres gehe ich erstmal von 20 – 25 bewaffneten Gegnern aus. Verdammt, kann mal jemand Rambo holen?

Ich schaue mir die Bodenteams noch einmal genauer an. Die Typen sind zwar bewaffnet, sehen aber nicht gerade nach routinierten Elitesoldaten aus. Eher wie Techniker, die noch nie eine Waffe abgefeuert haben. Das ist schon mal beruhigend.

Auf dem Schotterparkplatz beim Bunker tut sich etwas. Abgesehen von meinen rauchenden Freunden befinden sich nun noch zwei Männer auf dem Platz. Sie laufen von einem Nebengebäude zum LKW. Auch die beiden sehen nicht nach Soldaten aus. Sie haben nicht einmal Tarnkleidung an. Jetzt fällt mir ein nicht unwichtiges Detail auf: Bis auf Jörn ist jeder hier bewaffnet. Ich muss zugeben: Als ich Jörn offensichtlich unversehrt und frei auf dem Parkplatz erblickte, hatte ich eine Sekunde lang Zweifel, ob er wirklich entführt wurde oder nicht irgendwie mit den Burschen unter einer Decke steckt. Doch dann hinge an seinem Gürtel wohl ebenfalls eine halbautomatische Pistole.

Von diesem Teil der Insel habe ich genug gesehen. Bevor es losgeht, sollte ich noch mehr über die Kaserne an der Südküste herausfinden. Solange der Helikopter am Boden ist, kann ich mich relativ gefahrlos bewegen. Ich lasse alles, bis auf einen Elektroschocker und das Fernglas, hier und bewege mich vorsichtig über den

Bergkamm auf die andere Seite. Auf der Westseite des Berges suche ich mit dem Fernglas diese Seite der Insel ab. Ich habe Glück: keine Spur von weiteren Bodenteams oder sonst jemanden, der mich entdecken könnte. Also bleibe ich auf dem Weg nach Süden auf der Westseite, schaue aber ab und zu über den Bergkamm, ob der Heli noch am Bunker steht.
Die windgeschützte Westseite der Insel ist etwas freundlicher als der Osten. Der Boden ist großflächig mit Gras bewachsen, und es gibt ein paar alte Holzhäuser. Vermutlich sind es Schutzhütten oder Strohspeicher aus der Zeit, als hier noch Viehwirtschaft betrieben wurde. Sollte ich noch eine Nacht bleiben müssen, könnte ich es mir so richtig bequem machen. Für eine Nacht in einer alten Hütte mit einem Bett aus Heu zahlen die Leute in den Alpen richtig viel Geld.
Nach einer guten Stunde höre ich plötzlich den Helikopter. Verdammt, ich habe schon eine ganze Weile nicht mehr nach ihm gesehen. Da gerade weder eine Holzhütte noch ein Graben in der Nähe sind, bleibt mir nichts anderes übrig, als mich in das tiefe Gras fallen zu lassen.
Der Pilot hat zu seinem sportlichen Flugstil zurückgefunden und schießt nur wenige Meter über dem Bergkamm an mir vorbei. Jemand, der so fliegt, hat glücklicherweise keine Zeit, die Aussicht zu genießen. Daher bleibe ich erneut unentdeckt, bin aber allmählich sehr unzufrieden mit mir. Seit gestern Abend hat mich bereits drei Mal mein Glück gerettet. Glückssträhnen reißen irgendwann. Ich muss unbedingt vorsichtiger werden!
Der Hubschrauber landet an der Kaserne. Durch den Feldstecher sehe ich einen Mann einsteigen und schon geht es wieder in die Luft. Diesmal habe ich genug Zeit,

mir einen passenden Unterschlupf zu suchen. Der Heli nimmt Kurs auf Maui. Feierabend für heute.
In der Kaserne ist nicht viel los. Vor der Tür parken ein paar Pick-ups, ein weiterer LKW und zwei Jeeps. Insgesamt besteht die Kaserne aus ca. 20 Baracken, einem Hubschrauberlandeplatz, einem Stromgenerator und, etwas weiter entfernt: einem Treibstofflager.
Am Strand stehen ein paar halbe Ölfässer, die zu Grills umgebaut wurden und Liegestühle. Die Anlage ist keinesfalls bis an ihre Kapazitätsgrenze bewohnt, mindestens zwei Drittel stehen leer.
„Stromgenerator und Treibstofflager," denke ich: „Rambo würde sich jetzt aus einem Blindgänger und seiner Armbanduhr ein Bombe bauen und beides in die Luft jagen." Leider trage ich keine Uhr, also fällt das aus.
Der Gedanke heitert mich dennoch auf. Ich muss an Rambo vier oder fünf denken, in dem er Gefangene aus einem Lager befreit. Seine Instruktionen an das Team sind „We go fast in, make a clean kill and go fast out". Nach dieser präzisen Einsatzbesprechung geht jeder seiner Wege und weiß sekundengenau, wann er was zu tun hat. Einfach schnell rein, sauberer Zugriff und schnell wieder raus. Gut, dann kann ja nichts mehr schief gehen. Vielleicht sollte ich es auch so machen.
Das ist wirklich ein Phänomen in Hollywood, gerne auch bei Verabredungen in Teenie-Filmen. Die spielen sich ungefähr so ab:
Junge: „Gehst du Freitag mit mir zum Konzert?"
Mädchen (muss erstmal rausfinden, worum es geht): „Ist das ein Date?"
Junge (grinst verlegen): „Ja, ich denke schon."
Mädchen (grinst jetzt auch): „Dann freu ich mich."
Junge (lächelt breit und zeigt Zähne): „Schön, dann bis Freitag." Beide gehen.

Wann und wo sie sich treffen ist völlig unklar. Aber natürlich sind am Freitag beide pünktlich, und es wird ein super Abend. Wie bei Rambo. Einfach rein, Job machen und raus. Wer wann was zu tun hat oder von wo eingreift, ist völlig egal.
Ich beobachte die Kaserne noch eine Weile und zähle insgesamt sechs Personen. Da die Jungs nicht viel zu tun haben, gammeln sie größtenteils am Strand rum oder laufen auf dem Gelände umher. Ein paar Freaks hängen sicher vorm Rechner oder an der Playstation. Also befinden sich wohl so um die fünfzehn Personen in der Kaserne. Pessimistisch gerechnet befinden somit circa. vierzig Männer auf der Insel. Ich sollte in jedem Fall schnell sein mit meiner Befreiungsaktion und samt Jörn verschwinden, bevor allen auffällt, was los ist.
Eigentlich wollte ich heute Nacht die Kaserne beobachten. Aber da wusste ich noch nichts von dem Helikopter. Der ist gar nicht gut für meinen Fluchtplan. Schnellboote kann ich möglicherweise austricksen, aber ein Heli ist echt blöd. Der kann sehr schnell sehr große Flächen absuchen.
Vielleicht ist es sinnvoll, heute Nacht zuzuschlagen. Der Heli ist nach Maui abgedampft. Wer weiß, ob der normalerweise nicht hier übernachtet.
Auf dem Rückweg zum meinem Basislager forme ich meinen Plan. Eigentlich ist es ja ganz einfach: schnell rein, mit Jörn raus, und nichts wie weg.
Nach der Hälfte des Weges entdecke ich eine Kolonne auf der einzigen Straße: Der LKW, gefolgt von sechs Quads. Ich lege mich ins Gras und hole erneut mein Fernglas raus. Das Ding hat sich in jedem Fall bezahlt gemacht! Im LKW sitzen vorn zwei Personen und auf der Ladefläche sieben, macht zusammen mit den Quadfahrern fünfzehn. Demnach habe ich mich entweder

etwas verschätzt, oder es sind mehr als zwei Personen am Bunker geblieben. Mir bleibt nichts anderes übrig, als den Bunker in der Abendsonne zu beobachten und es gegebenenfalls darauf ankommen zu lassen.
Die Sonne steht schon tief, als ich wieder am Gipfel ankomme. Mir bleibt nicht viel Zeit, Sonnenuntergänge gehen auf Hawaii schnell. Ich öffne eine Dose leckerer Bohnen und gehe in Lauerstellung. Vor dem Bunker steht nur der eine Jeep, ansonsten regt sich nichts. Keine weiteren Anhaltspunkte, wie viele Menschen sich im Bunker befinden. Seis drum, im letzten Tageslicht überprüfe ich meine Ausrüstung und mache mich fertig.
Mit geladener Armbrust in der Hand, Messer am Unterschenkel und startklaren Elektroschockern in allen Aussentaschen mache ich mich zwei Stunden später auf den Weg in Richtung Bunker.
Der Mond leuchtet mir erneut den Weg. Ich bin nicht übermäßig vorsichtig, selbst wenn sich ein Raucher auf dem Parkplatz aufhält, schaut er auf das Wasser. Kein Mensch guckt zu einen Berg, wenn er auf Wasser gucken kann. Außerdem müsste man schon sehr genau hinsehen, um mich in der Dunkelheit zu erkennen. Da hier niemand mit einem Angriff rechnet, wird keiner übermäßig wachsam sein.
Erst kurz vor meinem Ziel werde ich vorsichtiger, gehe gebückt und versuche möglichst leise zu sein. Ich nähere mich von der Nordwest-Seite und komme genau hinter dem Felsbrocken raus, auf dem die Wache gestern saß und geraucht hat. Vorsichtig luge ich am Felsen vorbei und überblicke den Parkplatz und die angrenzenden Gebäude. Nichts zu sehen und nichts zu hören. Es ist als wäre ich der einzige Mensch weit und breit.
Ich überlege, den Jeep zu manipulieren, um zu verhindern, dass jemand zur Kaserne rast und Alarm

schlägt, bevor wir weg sind. Andererseits kann es gut sein, dass ich den Wagen selbst brauche oder erwischt werde, während ich mir an der Karre zu schaffen mache. Nein, nein, heute Nacht gehe ich kein Risiko ein. Wenn mir das alles nicht gefällt oder sich keine Gelegenheit bietet, gehe ich zurück in meine Felsspalte und warte noch einen Tag. Genügend Bohnen habe ich jedenfalls.
Jetzt heißt es warten. Also setze ich mich, angelehnt an den Fels, und gucke in die Sterne. Auf meinem Balkon auf Maui verbringe ich den Abend gerne so. Hier auf Kaaholawe fehlt mir irgendwie ein guter Wein, und so richtig entspannen kann ich auch nicht. Ich rutsche von einer Arschbacke auf die andere. Nach einer Weile denke ich, mein Atem ist so laut, dass man ihn sogar im Bunker hören müsste. Langsam werde ich paranoid.
Gerade als ich beginne, die ganze Aktion zu überdenken, wird die Tür geöffnet und ein Mann tritt mit kräftigen Schritten auf den Parkplatz.
Mein Herz setzt einen Moment aus, ich winkle langsam die Beine an, um zu checken, ob sie eingeschlafen sind. Es scheint aber, als könne ich mich über einsatzbereite Beine freuen.
Ich höre ein Feuerzeug und ein lautstarkes Ausatmen, gefolgt von einem: „Ahhhhh".
Nach zwei Zügen kommen Schritte auf mich zu. Der Raucher folgt einem festen Handlungsmuster: Vor die Tür, Fluppe an, Körper strecken und dann auf dem Fels gemütlich schmöken. Genau wie ich es erhofft hatte.
Unter seinen Stiefeln knirscht laut der Kies. Das ist genau die akustische Deckung, die ich brauche, um vom Sitzen in die Hocke zu springen. Gebückt lehne ich am Fels, die linke Schulter an den kalten Stein gepresst. Jede Faser meines Körpers ist gespannt. Ich habe nur einen Versuch - „Vermassle das nicht!" Von „Adrenalinspiegel" kann

keine Rede mehr sein, „Adrenalinpegel“ trifft es besser. Ein Rheinhochwasser ist nichts dagegen!
Der Raucher setzt sich auf den Stein. Er blickt auf das Meer und raucht und raucht und sieht aufs Meer. Nichts ahnend sitzt er nur einen halben Meter über mir. Einzig und allein meine Angst hält mich ab, etwas zu tun. Ich halte den Atem an und schließe die Augen.
Als die Luft knapp wird, reiße ich die Augen auf und schieße hoch. Die rechte Hand umklammert einen Elektroschocker, den ich dem überraschten Raucher an den Hals schlage und abdrücke. Möglicherweise schreie ich dabei, ich weiß es nicht mehr. Ich sehe den blauen Blitz des Elektroschockers noch, als der Kerl schon neben seiner Fluppe am Boden liegt. Ich muss einen Moment weggetreten sein, ich habe nicht registriert, wann und wie er gefallen ist. Den E-Schocker halte ich immer noch da, wo eben noch sein Hals war und habe ihn nach wie vor gedrückt.
In meiner linken Hand befindet sich sicherheitshalber noch einer. Allerdings war ich mir bei meinen Überlegungen nicht sicher, was passiert, wenn man einem Menschen zwei Schocker gleichzeitig an den Körper presst.
Gott sei Dank, habe ich den anderen Schocker in der Aufregung nicht gedrückt und mich selbst geschockt. Das wärs gewesen!
Jetzt schnell die Kabelbinder aus der Tasche und... -Verdammt! Die Kabelbinder! Die Kabelbinder!! Ich habe die Kabelbinder vergessen. So ein Mist, wie soll ich ihn jetzt fesseln?
Ich durchsuche den Typen, er hat leider keine Handschellen dabei. Dafür hängt ein Schnellfeuergewehr um seine Schulter. Aber ich kann ihn ja schlecht erschießen. Das wäre viel zu laut, und auch nicht

sonderlich nett.
Jörn war nach dem Elektroschock eine Weile bewusstlos. Es bleibt mir nichts anderes übrig, als meinen Plan fortzuführen und zu hoffen, dass der Geschockte lange genug außer Gefecht ist. Wenn alles gut geht, brauche ich nicht viel Zeit. Ihr wisst ja: Schnell rein, Jörn holen, schnell raus.
Um die nichtrauchende Wache im Bunker kurz zu täuschen, bedarf es nicht viel. Der Raucher trägt Tarnkleidung, genau wie ich. Ich borge mir seine Kappe und die Wumme. Wie man mit Waffen umgeht habe ich, wie bereits erwähnt, beim Zivildienst leider nicht gelernt. Aber ich habe genügend Filme gesehen, um zu wissen, dass eine Waffe entsichert werden muss, wenn sie schießen soll. Also suche ich den Metallnuppsi und lege ihn um. Mir wäre wohler zumute, könnte ich einen Probeschuss machen. Aber das wird wohl nichts. Ich muss mich darauf verlassen, dass die Waffe tatsächlich losgeht, wenn ich den Abzug betätige.
Die Kappe tief ins Gesicht gezogen gehe ich zur Tür, atme ein und öffne sie.
Das Licht blendet meine an die Dunkelheit gewöhnten Augen. Ich sehe mich schnell um und entdecke - dem Himmel sei Dank - nur einen Wachmann. Er schaut kurz auf und murrt: „Du solltest mit dem Rauchen aufhören. Das bringt dich noch um, Josh.“
Tarnanzug und Kappe halten dem kurzen Blick stand und der Typ steckt die Nase wieder in das vor ihm liegende Buch. Seine Maschinenpistole liegt neben ihm auf dem Tisch. Langsam bewege ich mich auf ihn zu, mein Finger krümmt sich um den Abzug. Rein zufällig gehe ich nahe am Tisch vorbei. Mit einer schnellen Bewegung packe ich seine Waffe und schleudere sie von ihm weg. Gleichzeitig richte ich meine auf ihn.

Verwundert schaut er mich an.
„Keine Sorge, Josh raucht nicht mehr.“ sage ich und sehe mich nach etwas um, womit ich ihn fesseln kann. Verdammter Dreck, wie konnte ich nur die Kabelbinder vergessen?
Die nichtrauchende Wache steht langsam auf.
„Sitzen bleiben!“ befehle ich.
Interessiert ihn absolut nicht. Mit versteinerter Miene guckt er mir in die Augen und steht auf.
„Setz dich sofort wieder hin, sonst knallt´s!“ rate ich ihm mit ruhiger, aber etwas lauterer Stimme.
Langsam macht er einen Schritt auf mich zu, guckt mir weiterhin direkt in die Augen und sagt: „Du legst nicht einfach Leute um. Ich sehe es in deinen Augen. Du erschießt mich nicht, wehrlos wie ich bin.“
Zur optischen Untermalung seiner Worte deutet er erhobene Hände an.
Ach, die Nummer zieht er ab. Na, schauen wir mal, wie das ausgeht.
„Kollege“, sage ich: „Das ist ne´ echt beschissene Idee. Ich bin keiner von denen, der sich einfach so das Gewehr aus der Hand nehmen lässt.“
„Ach ist das so?“ antwortet er ruhig: „Ich glaube dir nicht. Du bist kein Killer.“
Allmählich kommt er näher, noch ein oder zwei kleine Schritte und er könnte meine, beziehungsweise seine Waffe greifen.
Er hat natürlich Recht, ich erschieße doch nicht einfach jemanden, der unbewaffnet zwei Meter vor mir steht. Ich bin ja nicht irre. Als ich mal mit Kumpels auf Entenjagd war, taten mir sogar die Enten leid.
Ich halte den Blick in seine Augen.
„Leider hast du recht,“ sage ich betroffen: „ich knalle nicht einfach so Leute ab“, und lasse das Gewehr langsam

sinken. Um auch einmal eine von meinen Aussagen mit etwas Gestik zu versehen, nicke ich bei meinen Worten und senke den Kopf.
Jetzt ist der Moment gekommen, in dem ich wirklich Glück brauche. Mein rechter Zeigefinger krümmt sich und noch bevor der Schall unsere Ohren erreicht, kracht eine Kugel aus meiner Wumme direkt in sein Bein. Korrektur: nicht eine Kugel durchbohrt mit dreieinhalbfacher Schallgeschwindigkeit sein Bein, nein, gleich mehrere. Beim Entsichern hab ich wohl versehentlich auf Dauerfeuer gestellt.
Tut mir fast etwas leid, der Kerl. Nun hat er mindestens fünf Projektile im Bein und liegt schockiert am Boden.
Selbst schuld, was spielt er solche Spiele mit mir? Denkt der wirklich, ich wäre so bekloppt und lasse mir nach etwas Psychogelaber einfach so die Waffe aus der Hand nehmen?

Jörn starrt mich entgeistert an. Ich nehme die Kappe ab und frage Ihn, ob alles in Ordnung ist.
„Junge, du hast Nerven. Stürmst hier rein, ballerst Joe um und fragst, ob alles in OK ist!“, erwidert er.
Leicht irritiert von seiner Reaktion suche ich nach einer Antwort. Doch bevor ich eine finde, springt Jörn auf.
„Natürlich ist alles in Ordnung!“ schreit er „Wie zur Hölle hast du mich gefunden? Ich dachte, ich verrecke hier!“. Schon ist er bei mir und umarmt mich. Unsere Wiedersehensfreude wird jedoch jäh durch ein herzzerreißendes Stöhnen und Wimmern von Joe unterbrochen.
Ich starre Jörn an: „Was machen wir jetzt mit dem? Für meinen Plan muss deine Flucht bis morgen früh unbemerkt bleiben. Wir können ihn schlecht so liegen lassen“

Jörn: „Du scheinst keine Arterie getroffen zu haben, er blutet nicht allzu stark. Allerdings sollen wir das Bein abbinden. Hast du Kabelbinder?"
„Ach komm, Kabelbinder. Also wirklich. Jeder weiß, dass man verletzte Gliedmaßen mit einem Gürtel abbindet!"
Auf der Stelle macht Jörn sich an Joes Hose zu schaffen, legt kurz darauf den Gürtel um das verletzte Bein und zieht zu.
„Das wäre schon mal geschafft", kommentiere ich: „Haben die hier irgendwo einen Erste Hilfe Koffer?"
Direkt neben der Tür hängt einer. Wir schneiden Joes Hosenbein ab und kippen die komplette Flasche Desinfektionsmittel auf seine Wunden.
Ich suche etwas gegen die Schmerzen, finde aber nichts. Jörn hat wohl die gleiche Idee und zaubert eine Flasche Wodka aus einem Schrank. Während er beginnt, Joe den Wodka einzuflößen, sehe ich mich um. Bis hierher war die Sache ganz gut geplant. Ab jetzt muss improvisiert werden.
Auf einem Schreibtisch steht ein Funkgerät. Ich nehme meine Waffe und ziele darauf. Kurz bevor ich abdrücke, besinne ich mich und sichere mein Maschinengewehr wieder.
In einem Bunker zu schießen ist vielleicht keine so gute Idee. Ich habe keine Lust, von einem Querschläger, der von Wand oder Boden abprallt, verletzt zu werden. Also nehme ich einen Eisenstuhl und schlage damit auf das Funkgerät, bis es kaputt ist.
„Wir müssen verhindern, dass die Kaserne oder gar der Hubschrauber auf Maui mitkriegen, was hier los ist. Haben die hier noch mehr Funkgeräte?"
Jörn: „Eigentlich hat hier jeder eine mobile Funke. Allerdings hast du die beiden von den Jungs hier zusammen mit dem Tischgerät zerschlagen."

„Gut. Sag mal, kann dein Freund Joe eigentlich Deutsch?“
„Nein, das glaube ich nicht.“
„Alles klar“ antworte ich und versuche keinerlei Wörter zu benutzen, die Joe dennoch verstehen könnte: „Ich bin mit zwei Stehruderbrettern hier. Wir brauchen einen gehörigen Vorsprung, sonst packen sie uns unterwegs. Wir müssen zum Strand und dann nichts wie runter von der Insel.“
„Alles klar. Was hast du eigentlich mit Mike gemacht?“
„Falls das die andere Wache ist, dann liegt er draussen, Elektrogeschockt.“
„Gefesselt?“
„Äh nein. Mist, den hab ich bei dem ganzen Trouble hier drin ganz vergessen.“ Ich renne raus und sehe mich hektisch um. Verdammt, Mike ist samt Jeep verschwunden. So ein Mist, warum habe ich den Jeep nicht kaputt gemacht?
„Warum hast du ihn nicht gefesselt??“ fragt Jörn fassungslos.
„Weil ich die verdammten Kabelbinder vergessen habe, deshalb! Sag mir lieber, was wir jetzt machen. In zehn Minuten wissen hier alle Bescheid. Das ist nicht gerade der Vorsprung, den ich mir erhofft hatte, um entspannt von der Insel zu paddeln!“
„In der Garage stehen ein paar Quads und in der Bucht dahinten liegen Schnellboote. Das ist unsere einzige Chance.“
Wir rennen in die Garage, hier stehen fünf Quads, die Schlüssel stecken. Ich schwinge mich auf eines und starte den Motor. Plötzlich steht Jörn neben mir, in der Hand eine Eisenstange. Er sieht mir in die Augen, grinst und holt aus.
Ich habe keine Zeit mehr, mir Gedanken zu machen, ob

Jörn doch mit den Verbrechern gemeinsame Sache macht. Ich habe nicht mal Zeit, mich zu ducken. Jörn schlägt zu, es kracht und wird dunkel.
„Die Dinger haben keinen Lichtschalter. Wenn wir nicht schon aus kilometerweiter Entfernung eine super Zielscheibe abgeben wollen, müssen wir die Scheinwerfer zerschlagen.“ ruft Jörn mir über den Motorenlärm zu.
Da kommt mir eine Idee: „Fahren die Quads auch im Standgas?“
Jörn: „Ich denke schon, warum?“
„Wir lassen zwei Quads mit Licht im Standgas in eine andere Richtung fahren als wir selbst unterwegs sind. Selbst wenn sie umkippen, leuchten sie noch. Das sollte unsere Verfolger ablenken.“
Gesagt, getan. Eine Minute später fahren zwei wunderbar beleuchtete, wenn auch unbemannte Quads bergauf, während wir uns im Dunkeln in Richtung Schnellboote aufmachen.
Wir müssen uns beeilen. In einiger Entfernung sehe ich die Scheinwerfer mehrerer Fahrzeuge, die auf dem Weg zu uns sind. Wir geben Gas. Aber es ist stockfinster und niemanden ist geholfen, wenn sich jetzt einer von uns überschlägt.
Aus dem Pulk der Scheinwerfer, die uns verfolgen, lösen sich zwei heraus und biegen von der Straße ab. Sie folgen den unbemannten Quads. Sehr gut, der Plan geht auf. Dummerweise spalten sich noch ein paar Lichter ab und kommen auf uns zu. Unsere Verfolger teilen sich auf. Ein Team ist unterwegs, die Schnellboote zu kontrollieren, eins fährt zum Bunker und zwei Fahrzeuge folgen den herrenlosen Quads. Gar nicht so dumm, die Burschen! Leider.
Wir sind fast angekommen. Sollten wir ein Boot schnell

kurzschließen können, müssten wir rechtzeitig außer Schussweite sein.
Als wir am Kran oberhalb der Bucht ankommen, stellt sich die Frage nicht, ob wir ihn als Fahrstuhl missbrauchen. Wir springen. Die Klippe ist ca. 20 Meter hoch. Das allein ist nicht ganz ohne, auch wenn wir schon aus Spaß von ähnlichen Felsen gesprungen sind. Heute ist es dunkel, wir wissen nicht, ob unter uns gefährliche Felsvorsprünge sind, oder ob wir freie Bahn ins Wasser haben. Uns bleibt keine Wahl, wir drücken uns kräftig ab und springen weit nach vorn in die Dunkelheit. Unter mir taucht plötzlich die Reflexion des Mondes an der Wasseroberfläche auf. Erleichtert halte ich die Luft an und mache mich bereit für den Aufschlag. Immerhin ist jetzt klar, ich werde im Wasser landen, und eine Zwischenlandung auf einem Felsen bleibt mir erspart.
Ich weiß nicht, wie tief das Wasser ist, also strecke ich unter Wasser sofort alle Viere von mir, um möglichst schnell abzubremsen. Nach dem Auftauchen sehe ich Jörn unversehrt neben mir, und zusammen schwimmen wir zum äusseren Schnellboot.
„Versuche du dieses kurzzuschließen, ich versuche mein Glück bei dem anderen. Wer zuerst den Motor an hat, darf lenken!“
Jörn macht sich sofort am Zündschloss zu schaffen, während ich über den Schwimmponton auf das andere Boot klettere. Noch bevor ich richtig an Bord bin, höre ich die starken Außenborder von Jörns Boot aufheulen. Verwundert drehe ich mich um. Wie hat er das denn so schnell geschafft?!
Egal, Hauptsache der Motor läuft. Schnell ziehe ich mein Messer aus dem Schaft an meiner Wade und durchtrenne die Benzinleitung der Aussenborder meines Bootes. So ein Fehler wie mit dem Jeep vor dem Bunker

passiert mir nicht noch mal!
Ich springe auf den Schwimmponton, zerschneide die Festmacher mit dem Messer und hechte auf den Bug von Jörns Boot.
„Vollgas!“ schreie ich, und Jörn drückt die Gashebel bis zum Anschlag aufs Armaturenbrett.
Wahnsinn, wenn fast 500 PS voll aufdrehen. Würde ich nicht auf dem Boden liegen, wäre ich sicher hinten über Bord geflogen. Jörn sitzt auf einem Stuhl mit Rücklehne, in die er sichtbar hineingepresst wird.
„Wie hast du den Motor so schnell anbekommen?“ frage ich.
„Schlüssel steckte!“
Klar, bevor ständig jemand den Schlüssel sucht, kann man ihn besser stecken lassen. Macht durchaus Sinn auf einer Insel wie Kahoolawe.
Wir fahren mit Vollgas aus der Bucht heraus .Plötzlich entdecke ich ein helles Flackern an Land, fast schon dünnes Feuer.
Die Motoren übertönen alles, aber trotzdem ist klar: jemand schießt auf uns. Einer der Verfolger hat sich auf den Felsen der benachbarten Bucht positioniert. Wir verlassen gerade unsere schützende Bucht, rasen auf das offene Meer und damit genau in seine Schussbahn.
Ich liege vorne im Boot, mein Blick zur Insel gewandt. Jörn schaut geradeaus aufs Meer und hat den Beschuss noch nicht bemerkt. Dort, wo die Kugeln aufs Wasser treffen, steigen kleine Fontänen auf. Die Einschläge kommen rapide näher.
Schnell springe ich über das Steuerpult auf Jörn. Wir fallen auf den Boden und rutschen nach hinten, wo wir unsanft an den Motoren zum Liegen kommen. Genau, wo ich hin wollte.
„Bist du bescheuert?“ schreit Jörn mich an.

„Halt still! Die schießen auf uns! Hier sind wir sicher. Durch die massiven Motorblöcke kommt keine Kugel!"
Bei Geradeaus-Fahrt geben wir ein leichtes Ziel ab. Ich höre die Einschläge der Kugeln, aber die Motoren laufen weiter. Da wir uns mit knapp 100 Km/h vom Schützen entfernen, verlieren die Kugeln schnell an Kraft und nach kurzer Zeit wird unser Boot nicht mehr getroffen. Dennoch bleiben wir noch eine Weile liegen, um sicher zu gehen.
Ich stehe als Erster auf und checke das Boot. Die Motoren laufen, und solange der Tank nicht getroffen ist, bleibt das auch so. Das Steuerpult hat was abbekommen, ein paar Anzeigen sind kaputt, und der Sitz, auf dem Jörn saß, ist durchlöchert.
„Das war mindestens das zweite Mal, dass du mein Leben in den letzten Minuten gerettet hast!", sagt Jörn, als er neben mir aufsteht und den Schaden begutachtet.
„Freu´ dich nicht zu früh", entgegne ich resigniert und deute mit der Hand auf einige Einschusslöcher im Luftschlauch unseres Bootes.
„Wir werden absaufen.", stelle ich fest.
Jörn sieht sich den Schlauch an und überlegt eine Weile, ehe er die Gashebel wieder ganz runter drückt. Durch das Schlagen der Wellen sind sie ein wenig hochgerutscht. Wir beschleunigen leicht. Erstaunt beobachte ich, wie Jörn den Trimm der Motoren verändert.
„Was machst du da?" frage ich.
„Man kann den Neigungswinkel der Motoren variieren. So kann man regulieren, ob ein Boot ganz flach auf dem Wasser liegt oder hauptsächlich auf dem Heck fährt."
„Stimmt", entgegne ich „auf diese Weise trimmt man das Boot beispielsweise für mehr oder weniger Wellengang, oder kann das Heck absichtlich ins Wasser drücken, um

mehr Heckwelle zu erzeugen. Darüber freut sich beispielsweise ein Wasserskiläufer, der von dem Boot gezogen wird. Aber was bringt uns das jetzt?"
„Ich habe das Boot für glattes Wasser getrimmt. Es liegt jetzt so flach auf der Oberfläche, wie es nur geht. Ich hoffe, dass wir bei Topspeed auch ohne Luft im Schlauch auskommen."
Gar keine schlechte Idee! Bei voller Fahrt ist fast nur der Hartplastikrumpf im Wasser. Da das Boot gleitet, hat es so wenig Tiefgang, sodass der Luftschlauch das Wasser kaum berührt.
Der Plan könnte aufgehen. In ein paar Minuten werden wir es wissen.
Der Luftdruck im Schlauch nimmt rapide ab. Mittlerweile lässt sich das Gummi eindrücken wie bei einem platten Fahrradreifen.
Ich gehe nach vorne, um mit meinem Gewicht den Bug runterzudrücken. Je flacher das Boot auf dem Wasser liegt desto besser.
Bisher läuft es gut. Solange die Motoren durchhalten und wir keine engen Kurven fahren, haben wir eine reelle Chance, nicht zu sinken.
„Fahren wir eigentlich nach Big Island?" reißt Jörn mich aus meinen Gedanken.
„Nö, nach La Perouse. Da steht das Auto."
„Ach, dann nimm Kurs auf Maui."
„Warte!"
Aus meinem Rucksack schnappe ich mir die Signalpistole und schieße eine Leuchtpatrone in die Luft.
„Bist du bescheuert?" fährt Jörn mich an, während die Patrone der Luft explodiert und uns und unsere Umgebung in ein helles, rotes Licht taucht.
„Hubschrauber", sage ich.
„Was?"

„Die haben noch einen Hubschrauber. Der kann jeden Moment aus Maui einschweben und uns suchen."
„Ach, und damit er es nicht so schwer hat, ballerst du mit der Leuchtpistole rum, oder was?"
„Nein, noch ist der Heli nicht in Sicht. Der Pilot wird vermutlich per Funk informiert, dass wir in einem beschädigten Schnellboot geradewegs in Richtung Big Island verschwunden sind. Wenn er von Maui nach Big Island fliegt, kommt er genau auf uns zu. Dank der Leuchtpistole gehen die Jungs auf Kahoolawe hoffentlich davon aus, dass wir uns wegen der Treffer in Seenot befinden. Wäre ich der Helikopterpilot und wüsste das Boot, nach dem ich suche, kann sich nicht fortbewegen, dann würde ich zum Hafen fliegen und von dort aus auf direktem Wege in Richtung des Notsignales. Wenn er einer geraden Linie folgt, findet er uns viel schneller, als wenn er auf gut Glück in einem Zick-Zack-Kurs nach Big Island fliegt, um zu suchen.
Sollte er so denken wie ich, haben wir Zeit gewonnen. Erst fliegt er nach Kahoolawe und von dort aus nach Big Island. Wir drehen jetzt ab und schon kreuzen sich unsere Wege nicht mehr"
„Dann bete, dass er so tickt wie du!" sagt Jörn und dreht in einem langen Bogen nach Maui ab.
„...und, dass er tief fliegt und der Mond nicht allzu hell scheint."
Die starken Motoren wühlen das Meer auf und wir ziehen eine lange Spur aufgeschäumtes, weißleuchtendes Wasser hinter uns her. Da wir aber sinken, sobald wir langsamer fahren, bleibt uns nichts übrig, als weiter zu rasen und das Beste zu hoffen.
Ein Teil der Hoffnung stirbt schon eine Minute später, als über Maui der Suchscheinwerfer eines Helikopters auftaucht. Im Moment sieht es so aus, als fliege der Heli

von Maui nach Kahoolawe. Bisher hat er noch nicht Kurs auf Big Island und damit auf uns genommen.
Jetzt können wir absolut nichts mehr machen. Wir sind dem Schicksal auf Gedeih und Verderb ausgeliefert.
Gebannt halten wir den Atem an und beobachten den hellen Punkt am Nachthimmel. Jörn macht einen Schlenker und fährt direkt auf Maui zu. So gelangen wir zwar nicht nach La Perouse, aber vielleicht fallen wir so dicht an der Insel weniger auf.
Auf der Südseite des Haleakala, wo wir uns befinden, gibt es weder Dörfer noch Häfen, nur Lavawüste. Die Straße führt nicht an der Küste entlang, und es würde keinen Sinn machen, hier anzulanden. Aber so nahe an der Insel sieht unser weißer Schweif möglicherweise aus wie die Küstenlinie, an der kleine Wellen brechen. Außerdem entfernen wir uns von dem Helikopter. Es ist ein Spiel mit ungewissem Ausgang. Wir fahren einen Umweg, der Zeit kostet, aber vielleicht einen Pluspunkt bei der Tarnung bringt. Bald werden wir wissen, ob unsere Taktik ist aufgeht.
Wie gehofft, fliegt der Heli bis zu der Bucht, aus der wir losgefahren sind. Hier geht er kurz runter, vielleicht um jemanden an Bord zu nehmen oder sich genaue Informationen zu besorgen.
Jetzt steigt er wieder auf und fliegt in die Richtung, in die wir gefahren sind. Gott sei Dank! Der Pilot fliegt sehr tief. Er will lieber schnell sein, als sich aus einer größeren Flughöhe einen besseren Überblick zu verschaffen. Es scheint, als funktioniere mein Ablenkungsmanöver mit der Leuchtpistole.
Der Hubschrauber fliegt ca. zwei Kilometer links von uns in die entgegengesetzte Richtung. Als wir fast nebeneinander sind, reißt die Wolkendecke plötzlich auf und ein schöner Halbmond wirft einen hellen, silbernen

Streifen auf die Wasseroberfläche. Der weiße Wasserschweif hinter unserem Boot müsste jetzt leicht erkennbar sein, auch aus zwei Kilometern Entfernung.
„Verdammt, in zehn Minuten sind wir in Sicherheit. Hätte sich der Scheiß-Mond nicht noch so lange zurückhalten können?“ flucht Jörn.
Mein Körper pumpt literweise Adrenalin ins Blut. Erstaunlich, dass ich überhaupt noch was produzieren kann nach den Mengen, die ich in den letzten zwei Tagen durchgezogen habe.
Der Heli fliegt unbeirrt weiter geradeaus. Langsam entspannen sich meine Muskeln und ich traue mich wieder zu atmen. Ich schaue Jörn an. Der starrt auf den Heli, der sich jetzt auf gleicher Höhe befindet.
Ein paar Sekunden später ist er vorbei. Helikopter haben keine Rückspiegel. Es scheint, als wären wir mit einem blauen Auge davon gekommen.
„Ich glaube, wir haben Glück“ sage ich.
„Lass uns erst mit den Korken knallen, wenn wir tatsächlich an Land sind!“ mahnt Jörn.
Knappe zehn Minuten später haben wir La Perouse erreicht. Der Heli fliegt ziemlich genau auf halber Strecke zwischen Kahoolawe und Big Island weite Kreise und gewinnt an Höhe. Mein Plan hat funktioniert. Sie suchen ein sinkendes Boot!
„Mach den Motor aus,“ rufe ich: „Wir können nicht mit 100 Sachen anlanden, und hier ist alles voller Felsen. Wir schwimmen den Rest.“
Jörn zieht die Gashebel zurück. Wir verlieren an Geschwindigkeit. Tatsächlich sinkt das Heck bald weit ein, Wasser läuft ins Boot. Jörn schaltet die Motoren aus und wir springen über Bord. An dieser Stelle fällt der Meeresboden steil ab. Es wird sehr schnell sehr tief. Das Boot hat uns das Leben gerettet. Bald wird es als

künstliches Riff für viele kleine Meeresbewohner ein neues Zuhause sein.
Normalerweise schwimme ich nachts nicht gerne. Dunkles Wasser ist unheimlich. Haie jagen nachts und ich fühle mich klein und wehrlos im schwarzen Wasser.
Noch 500 Meter, dann sind wir in Sicherheit. Die Glückshormone lassen keinen flauen Magen zu. Heute Nacht schwimme ich gerne!
Mein Toyota steht da, wo ich ihn abgestellt habe und startet ohne Probleme. Ein Hoch auf die japanische Ingenieurskunst! Obwohl der Heli weit draußen seine Kreise zieht, fahren wir ohne Licht bis zur Hauptstraße.
Geschafft, wir haben es tatsächlich geschafft!

Kapitel 7:

„Jetzt ein kaltes Bier, das wäre was!“ stellt Jörn fest.

Es ist Mitternacht. Auf dem Mokulele Highway zwischen Kihei und Kahului sind wir das einzige Fahrzeug. Ich bremse und fahre rechts ran.

„Das mir das nicht früher eingefallen ist! Im Kofferraum, steht ´ne Kühlbox mit Bier.“

Jörn bringt gleich die ganze Kühlbox mit nach vorne. „Damit wir nicht so oft anhalten müssen“, sagt er grinsend. Das Bier ist nicht wirklich kalt, aber auch nicht warm. Aber mit Abstand das leckerste Bier meines Lebens!

„Was machen wir jetzt?“ fragt Jörn nach dem zweiten Bier.

„Absolut keine Ahnung! Ich hatte nur bis nach Kahoolawe geplant. Ich wusste ja nicht mal, ob du wirklich da bist. Lass uns nach Hause und eine Nacht drüber schlafen.“

„Nach Hause halte ich für keine gute Idee. Wir sollten erstmal untertauchen. Diese Leute von Kahoolawe sind sehr mächtig und ziemlich gefährlich.“

In Kahului angekommen steht unser Entschluss fest. Im Hawaii Liquor Superstore kaufen wir einen Zwölferpack Bier, eine Flasche Havanna Club und Cola. Danach steuern wir alle Geldautomaten an, die wir finden können und heben beide jeweils den Maximalbetrag mit unseren Kredit- und EC-Karten ab. Ausserdem holen wir unsere Reisepässe aus den Wohnungen.

Eine halbe Stunde später kurven wir mit mehr als 5000 Dollar in der Tasche durch den Mc Drive. Wirklich eine praktische Sache, wenn man Hunger hat und es schnell gehen soll. Kurz darauf sind wir mit vollem Magen auf dem Weg nach Lahaina.

Der Küstenstreifen vor dem Ort nennt sich „Thousand Peaks“. Hier reihen sich auf fünf Kilometern gute

Wellenreitspots und Beach Parks aneinander. Nicht nur Surfer zieht es her. Viele Einheimische übernachten hier, um zu angeln. Zwischen deren Autos fällt ein heruntergekommener Kombi, vor dem zwei Typen mit Bier sitzen, nicht weiter auf.

Wir setzen uns in den warmen Sand, etwas abseits der Fischer, und schauen auf´s Meer. Vor uns liegt Lanai, links davon, aber ausser Sichtweite, befindet sich Kahoolawe.

„Erzähl“ sage ich.

„Nach dem Überfall bin ich in dem Schnellboot aufgewacht, mit dem wir heute geflohen sind. Die Typen an Bord waren maskiert und sagten kein Wort. Als sie merkten, dass ich wach war, elektroschockten sie mich erneut.

Wie du ja jetzt auch weißt, bleibt man davon nicht besonders lange im Land der Träume. Das nächste Mal wachte ich im Bunker auf. Ich wusste nicht, wo ich bin. Meine Hände waren gefesselt, meine Augen verbunden. Irgendwann kam ein Typ zu mir und stellte sich als Marc Andrews vor. Das war mir unheimlich. Wenn Entführer sich vorstellen, lassen sie ihre Opfer normalerweise nicht lebend davonkommen.“

Er fragte, ob ich ihn kenne. Nachdem ich verneinte, stellte er Fragen über Christine. Im Grunde schien er nett und höflich. Also wollte ich erst einmal wissen, was überhaupt los ist. Daraufhin schlug er mir in den Magen und machte deutlich, dass er die Fragen stelle.

Er unterstellte mir eine Beziehung zu Christine. Ich klärte ihn auf, dass ich sie erst am Tag der Party kennengelernt habe. Daraufhin besuchte seine Faust ein zweites Mal meine Magenkuhle. Ich sagte ihm, er solle jemanden zu mir nach Hause schicken und in meinen Reisepass gucken. Da könne er sehen, dass ich erst einen Tag vor

der Party eingereist und vorher längere Zeit nicht auf Hawaii gewesen bin.
Daraufhin verließ er den Bunker. Er kehrte aber schnell zurück. Zu schnell. In der Zeit kann niemand in meinem Zimmer gewesen sein, um einen Blick in meinen Pass zu werfen. Aber irgendwie wusste er, dass ich nicht gelogen hatte.
Er entschuldigte sich bei mir und sagte so etwas wie: „In jedem Krieg sterben Unschuldige“. Ich dachte, ich kann abziehen. Aber er behielt mich da. Langsam begriff ich, dass das mit dem Sterben nicht nur eine Redensart war. Ich sollte tatsächlich aus dem Weg geräumt werden“.
„Das erstaunt mich nicht. Während du gekidnappt wurdest, versuchten sie mich zu ertränken...“
„Zufällig hörte ich ein Gespräch zwischen Andrews und einer Wache. Andrews sagte, der Frachter sei in Shanghai in See gestochen und wäre in ein paar Tagen hier. Er wolle mich auf diesen Frachter bringen. Er meinte, ein toter deutscher Tourist sorge auf Hawaii für viel Aufsehen und genaue Untersuchungen. Aber wenn ich auf halben Wege zwischen Hawaii und Südamerika über Bord ginge, würde meine Leiche niemals gefunden und kein Hahn krähe nach mir.“
„Ein Frachter, sagst du? Wo soll denn hier ein Frachter anlegen? Wohl kaum in einem der großen Häfen. Wie wollte er dich dahin bringen?“
„Tja“ sagt Jörn: „Das werde ich wohl nicht mehr erfahren. Hättest du mich nicht gerettet, dürfte ich mich bald von dieser schönen Welt verabschieden.“
„Warum die Vorsichtsmaßnahmen? Warum haben wir die Pässe und viel Bargeld geholt und schlafen am Strand?“, frage ich.
„Dieser Andrews hat kurz gefunkt und wusste Minuten später, wann ich eingereist bin. Die haben Zugriff auf die

Datenbank der Einwanderungsbehörde. Anders ist das nicht zu erklären. Ich garantiere dir: Wenn die darauf zugreifen können, ist es auch kein Problem für sie, unsere Kreditkarten überprüfen zu lassen. Da wir nicht in einem Hotel wohnen, tauchen wir in keinem Verzeichnis auf. Aber die Typen sind gut. Es ist nur eine Frage der Zeit bis sie wissen, wo wir wohnen."

„So schwer ist das nicht, Christine hat mich auch gefunden."

„Christine war bei dir? Hat sie doch etwas damit zu tun? Andrews entführt und tötet nicht aus Eifersucht andere Leute. Er ist nicht der Typ dafür."

„Christine glaubt, er handele mit Waffen. Als sie mit ihm zusammen war, hörte sie ihn am Telefon über Raketen reden. Nach der Trennung erfand sie zu ihrem Schutz einen neuen Freund und behauptete, ihm alles über Andrews erzählt zu haben. Sollte ihr etwas passieren, gehe ihr neuer Macker zu den Bullen. Offenbar ließ Andrews Christine überwachen. Als du und sie auf der Party quasi zu einem Menschen verschmolzen seid, ging er davon aus: Du bist ihr Neuer. Jetzt passt alles ins Bild. Nur wissen wir noch nicht, worum es eigentlich geht und was das für ein Frachter ist, auf dem du deine letzte Fahrt antreten solltest."

„Also hat Christine mich als lebenden Schutzschild missbraucht."

„Das glaube ich nicht," sage ich. „Ihr war nicht bewusst, wozu Andrews fähig ist. Der Abend mir dir passierte einfach. Sie hat nicht nachgedacht. Sie hätte nicht zu mir kommen müssen, es war sogar gefährlich für sie. Ohne Christine wäre ich nie auf die Idee gekommen, dich auf Kahoolawe zu suchen. Hätte sie mir keine Tipps gegeben, wärst du bald für immer mit einem Frachter zwischen Hawaii und Südamerika verschwunden."

Den restlichen Abend erzähle ich Jörn von meinen Versuchen, ihn zu finden, von Bob und Kiara und allem, was ich auf Kahoolawe gesehen habe.
Irgendwann schlafen wir am Strand ein. Mein Körper ist nach den Anstrengungen des Tages ohnehin müde und das Bier hat mein Gehirn runtergefahren. Ich schlafe tief und träume wild. Eigentlich träume ich fast immer wild.
Heute Nacht bin ich an Bord eines Jumbo Jets, der von Terroristen gekapert wird. Nach einigen Kampfhandlungen sind die Piloten und alle Flugzeugentführer, bis auf einen, tot. Der letzte Entführer verliert das Bewusstsein, nachdem er über einen meiner Füße stolpert und meinen anderen Fuß schwungvoll ins Gesicht bekommt.
Ich eile ins Cockpit und funke S.O.S. Nach einer Weile antwortet ein anderes Flugzeug. Der Pilot erklärt mir, wie das Steuerpult vor mir aufgebaut ist und was ich tun muss. Kurz darauf befinde ich mich mit einer voll besetzten Boeing 747 im Anflug auf einen Flughafen. Gerade als die Maschine auf der Landbahn eher aufschlägt als aufsetzt, würgt mich jemand von hinten. Der letzte Terrorist rächt sich für meinen Fußabdruck auf seiner Stirn. Unter meinem Sitz bekomme ich einen kleinen Feuerlöscher zu fassen, den ich ihm beherzt in die Fresse haue.
Jetzt ist Ruhe, der Kerl liegt erneut bewusstlos im Flur. Allerdings kam ich während des Angriffes nicht dazu zu bremsen und bin obendrein von der Bahn abgekommen. Wir rasen nahezu ungebremst auf das Terminal zu. Ich haue den Umkehrschub rein und gebe Vollgas. Die Turbinen heulen auf und alles was nicht niet- und nagelfest ist, fliegt nach vorn. Obwohl ich zusätzlich mit aller Kraft auf der Bremse der Räder stehe, kommen wir nicht mehr rechtzeitig zum Stillstand. Die Nase des Jets

kracht klirrend durch die Glasfassade des Terminals. Erst als die Tragflächen ebenfalls gegen das Gebäude prallen, kommt der Jumbo mit einen Ruck zum Stehen. Die Polizei stürmt das Flugzeug, und der Spuk ist vorbei.
Ich wache auf und brauche einen Moment bis ich weiß, wo ich bin. Grinsend denke ich: „Herrlich, wer so träumt wie ich, braucht nie ins Kino“ und schlafe wieder ein.
Wir wachen früh auf, gehen schwimmen und fahren nach Lahaina. Nach einem ausgiebigen Frühstück checken wir unter falschem Namen in ein Hotel ein und zahlen das Zimmer bar und im Voraus.
Auf dem Balkon genießen wir die Anonymität einer großen Hotelanlage. Für mich ist es rätselhaft, wie man hier Urlaub machen kann. Viele kommen hierher, pferchen sich freiwillig in einem hässlichen Hochhaus zusammen, mit Tausenden fremder Menschen und liegen zwei Wochen am Pool. Von der wunderbaren Insel sehen sie nichts, außer vielleicht mal einige Sehenswürdigkeiten bei einer Inselrundfahrt im klimatisierten Reisebus. Seis drum, es hat auch seine guten Seiten: So bleiben zumindest die schönen Strände leer, und der Großteil der Insel bleibt unberührt vom Massentourismus.
„Was machen wir jetzt?“, will Jörn wissen.
„Wenn ich das nur wüsste! Am liebsten würde ich alles auf sich beruhen lassen und weiter Urlaub machen. Die Typen von Kahoolawe sind aber brandgefährlich und wir wissen genug, um sie richtig anzupissen. Die können es sich nicht erlauben, uns einfach so ziehen zu lassen.“
„Sehe ich auch so. Wir sollten zur Polizei.“
„Ach weißt du“, entgegne ich: „Die Polizei auf Maui schickt fünf Einsatzwagen mit Blaulicht zu einer Ruhestörung, wenn eine Handvoll Teenager im Garten grillt. Vielleicht tue ich ihnen unrecht, aber ich glaube, die Sache ist eine Nummer zu groß für die. Selbst wenn sie

sich Hilfe aus Honolulu holen, was können wir schon beweisen? Wir können aussagen und durch unsere Ortskenntnis beweisen, dass wir schon mal auf Kahoolawe waren. Andrews und seine Leute werden alles abstreiten und dann steht Aussage gegen Aussage. Und zwar die Aussage von zwei ausländischen Touristen gegen die Aussage von zwanzig US Militärs."

„Stimmt! Mit etwas Pech werden wir noch wegen unerlaubten Eindringens in militärisches Sperrgebiet oder gar Diebstahl verknackt. Immerhin fehlt denen jetzt ein Schnellboot."

„Wir brauchen Beweise", überlege ich: „Ein Freund von Bob ist ein hohes Tier beim Militär. Sobald wir wissen, was hier gespielt wird und Beweise haben, können wir uns mit ihm treffen und auspacken. Nur, wo setzen wir an?"

„Hm. Wir könnten Kahoolawe observieren und versuchen, mehr über den Frachter herauszufinden."

„Wie willst du Kahoolawe beobachten? Wieder hinpaddeln und ein paar Tage mit einem Fernglas auf dem Berg sitzen?" frage ich.

„Nein, auf die Insel bringen mich erstmal keine zehn Pferde mehr. Wir könnten Kahoolawe vom Haleakala aus im Auge behalten. Entweder von ganz oben, vom Krater, aus Kula oder von der Straße nach Hana."

„Super! So machen wir´s. Besorge dir jeden Tag einen anderen Mietwagen unter falschem Namen. Bleibe nie zu lange am selben Ort, fahre den ganzen Tag auf dem Haleakala rum und checke, was auf Kahoolawe vor sich geht. Kauf´ dir vielleicht noch eine Videokamera mit starkem Zoom. Behalte in jedem Fall die Bucht im Auge, in der die Schnellboote liegen. Ich will wissen, was passiert, wenn der sagenumwobene Frachter in ein paar Tagen kommt und wo er festmacht."

„Immer ruhig mit den jungen Pferden! Klingt nach einem guten Anfang. Aber was machst du dabei?"
„Ich kümmere mich um den zweiten Teil deines Vorschlages."
„Bitte was?" fragt Jörn.
„Ich brauche deinen Reisepass und deinen Ausweis von Singapore Airlines."
„Du willst meinen Pass und die Pilotenlizenz? Bist du wahnsinnig? Wozu?"
„Jörn, mein Freund, ich fliege nach Shanghai und versuche dort, etwas über den bewussten Frachter zu herauszubekommen. Da Andrews sehen kann, wer auf die Inseln einreist, kann er vielleicht auch kontrollieren, wer sie verlässt. Wenn er die Möglichkeit dazu hat, wird er die Passagierlisten der Airlines nach deinem Namen scannen. Ich sorge dafür, dass du drauf stehst. Damit bist du hier aus der Schusslinie. Auf Maui sucht dann niemand mehr nach dir.
Mal sehen, ob ich den Jungs nicht sogar eine Falle stellen kann. Es ist Zeit, den Spieß umzudrehen und selbst ein paar Spielregeln zu bestimmen."
Die nächsten drei Stunden stecken wir unsere Köpfe zusammen und schmieden einen Plan. Nachmittags kaufen wir ein: zwei HD Videokameras mit 50x optischen Zoom, ein wasserdichtes Case, zwei passende Stative, einige Ersatzakkus und sechs Prepaid-Handys.
Nach getaner Arbeit gehen wir im Launiupoko Beach Park wellenreiten. Die Wellen sind nicht sonderlich groß, brechen aber sauber. Während ich auf Wellen warte, mit anderen Surfern Smalltalk betreibe und ab und an eine Welle abreite, vergesse ich alles um mich herum. Wir bleiben bis zum Sonnenuntergang im Wasser. Kurz darauf sitzen wir mit einem Aloha-Bier in der Dämmerung am Strand. Ein „Aloha-Bier" ist das eine Bier im

Sonnenuntergang. Es ist lediglich der Entspannung zugedacht und kein Mittel, sich zu betrinken. Ich schaue auf den Pazifik, und für ein paar Momente bin ich völlig entspannt.
Am nächsten Tag fahre ich nach Paia und buche auf Jörns Namen einen Flug nach Shanghai samt Hotelzimmer, inclusive Shuttle Service vom Flughafen. Beides zahle ich mit Jörns Kreditkarte. Abgesehen vom angeschossenen Joe weiß von unseren Gegenspielern niemand, wie ich aussehe, also kann ich mich auf Maui frei bewegen. Jörn muss schon vorsichtiger sein, nach ihm suchen sie bestimmt.
Auf dem Weg zum Auto fällt mir eine wirklich hübsche Bedienung in einem Shop für Sonnenbrillen auf. Ich halte an und schaue eine Weile durch das Schaufenster. Wenn ich es mir recht überlege: Eigentlich brauche ich eine neue Sonnenbrille!
Also begebe ich mich in den Laden und schaue mich etwas um. Da ich der einzige Kunde bin, kommen wir schnell ins Gespräch.
Auf meine krumme Nase passt eigentlich keine Brille so richtig. Wenn das Glas auf der rechten Seite schon die Wange berührt, steht es links noch zwei Zentimeter ab. Ich habe eben kein Brillengesicht, das war schon immer so. Als ich vor dem Urlaub in meiner Heimatstadt Kiel eine Sonnenbrille kaufen wollte, schickte mich der Verkäufer nach einer knappen Stunde mit den Worten: „Herr Heuser, ich breche das jetzt ab. Das wird einfach nichts“ aus dem Laden.
Diese Anekdote gebe ich natürlich zum besten und fordere die hübsche Bedienung damit heraus: Findet sie in einer halben Stunde eine Brille, die mir steht, kaufe ich sie!
Sie gibt sich wirklich Mühe, probiert verschiedene

Modelle, verbiegt hier einen Bügel, dort einen Nasensteg und setzt auch weibliche Reize im Verkaufsgespräch ein. Nach zwanzig Minuten liegen drei Brillen auf dem Tresen, die zumindest nicht total Scheiße an mir aussehen.
„Wette gewonnen würde, ich sagen."
„Sehr schön, welche Brille nehmen Sie?"
„Da ich fast nie passende Brillen finde, nehme ich doch gleich alle drei!"
Freudestrahlend geht sie zur Kasse: „Sie haben einen exklusiven Geschmack. Zusammen macht das 1.564 Dollar, aber machen wir doch 1.500,- draus."
„Ach was, keine Umstände wegen des Preises.", sage ich gönnerhaft und halte ihr lächelnd Jörns Kreditkarte hin.
Für unseren Plan ist es nicht zwingend notwendig, seine Karte mehrfach einzusetzen, aber schaden kann es auch nicht. Und wenn ihm eine der Brillen steht, schenke ich sie ihm.
Draußen interessiert es mich doch, welche Brille wie viel gekostet hat. Ich hole den Kassenbon aus der Tüte und sehe nach. Abgesehen vom Preis steht oben, mit Kugelschreiber geschrieben „575-4932", die Telefonnummer der hübschen Verkäuferin. Ich werde nicht anrufen, aber es ist doch schön, mal wieder erfolgreich geflirtet zu haben.
Gut gelaunt setze ich eine der Sonnenbrillen auf und fahre über die Baldwin Avenue nach Makawao. Hier habe ich mal ein halbes Jahr gewohnt und der General Store ist ein Mekka für jemanden wie mich.
Mittlerweile ist es fast mehr ein Take-Away-Restaurant als ein Supermarkt. Es gibt warmes und kaltes Essen. Sandwiches in allen Variationen, Sushi, Thailändisch, Chinesisch, Italienisch, Mexikanisch und noch viele leckere Dinge die ich weder einem Land, noch einem Kontinent zuordnen kann. Ein Paradies!

Ich kaufe etwas Lasagne, Sushi, Sashimi, Chicken Wings, Schoko-Doughnuts und einen Sechserpack kalte Cola.
Eine Viertelstunde später fahre ich durch Kula. Hier geht die Straße zum Haleakala Krater ab. Ich biege nicht ab, sondern fahre weiter auf dem Kula Highway geradeaus. Bleibe ich auf dieser Straße, lande ich irgendwann in Hana. Dieser Weg ist nur für Allradfahrzeuge zugelassen. Warum das so ist, bleibt mir ein Rätsel. Ich habe dic Strecke schon vor 15 Jahren mit einem alten Mietwagen ausprobiert und hatte keinerlei Probleme.
Kula liegt 1.000 Meter über dem Meeresspiegel und bietet einen traumhaften Blick über Maui, rechts die Nordküste, links die Südküste.
Zwei Meilen hinter dem Dorf parke ich auf dem Schotterstreifen neben der Straße und wähle mit meinem Prepaid Handy die Nummer von Jörns Prepaid Handy.
„Mein Name ist Bond, James Bond!“
„Mensch, bist du schlagfertig.“ sage ich.
„Prepaid Karte und nur ein Mensch auf der Welt kennt meine Nummer. Kommst du dir nicht vor wie ein Geheimagent?“ fragt Jörn.
„Wenn dich das so fasziniert, können wir uns ab jetzt in jedem Urlaub Prepaid Handys kaufen. Wo bist du?“
„Etwas hinter Kula an so einem Aussichtsparkplatz. Der Blick ist in der Tat sehr schön“
„Alles klar, bin gleich da.“ Ich lege auf und starte den Motor. Zwei Minuten später bin ich am Parkplatz. Zu meiner Überraschung lehnt sich Jörn nicht an ein Auto, sondern an ein Motorrad.
„Ich wusste gar nicht, dass du einen Motorrad-führerschein hast.“ staune ich.
„Ich habe keinen. Aber das weiß der Vermieter nicht. Mit den alten deutschen Führerscheinen kommen die nicht

zurecht. Kein Wunder, es steht ja nichts auf Englisch drin. Ich darf Mopeds bis 80 Kubik fahren, wie jeder mit Führerscheinklasse 3. Der Vermietung habe ich gesagt, ich dürfe alles ab 80 Kubik fahren."
„Du ausgebuffter Hund. Warum willst du überhaupt Motorrad fahren?"
„Zum einen ist eine Motocrossmaschine wendig und schnell, damit komme ich überall durch. Zum anderen trage ich während der Fahrt einen Helm. Das ist von Vorteil, wenn ein paar Killer nach dir suchen."
„Durchaus. Hast du eine geeignete Stelle gefunden?"
„Ich denke schon."
Wir schwingen uns auf den Feuerofen und los gehts. Nach einige Meilen biegen wir in einer Kurve auf einen Feldweg ab und halten nach ein paar hundert Metern neben einem Gebüsch an.
Jörn holt eine HD Kamera inklusive Stativ und wasserdichtem Case aus dem Rucksack. Wir bauen sie zusammen, richten sie auf Kahoolawe und stellen sie so ein, dass sie alle 30 Sekunden ein Foto macht. Besonders die Ostküste der Insel interessiert uns, denn die ist nur von der unbewohnten Südseite Mauis aus zu sehen. An der Ostküste Kahoolawes kann man mehr oder weniger tun und lassen, was man möchte. Theoretisch könnte sogar ein Frachter dort unbemerkt anlegen oder in einer Bucht ankern.
Jörn wird Kahoolawe kontrollieren, kann aber nicht 24 Stunden am Tag vor Ort sein. Die Kamera nimmt keine Details auf, wird uns aber einen Überblick verschaffen.
Zurück am Parkplatz machen wir uns über die Leckereien aus dem General Store her und genießen die Aussicht. Danach bewaffnet Jörn sich mit dem Fernglas und der anderen Kamera und begibt sich auf seinen ersten Beobachtungsposten für heute.

Ich klemme mich hinters Steuer und fahre zum Flughafen. Wie erhofft, finde ich Bob bei seiner Maschine. Nach der Wiedersehensfreude setze ich ihn über die Geschehnisse der letzten Tage ins Bild und übergebe ihm eins der Prepaid Handys. Im Telefonspeicher sind nur zwei Nummern: Meine und Jörns.
Danach fahre ich zum Strand und treffe auf die beiden Schweizer. Kein Wunder, sie gehören wirklich zum Inventar hier. Ihnen teile ich mit, ich sei in eine blöde Sache reingeraten und könne erst erzählen, worum es geht, wenn alles vorbei ist. Sie bekommen ebenfalls ein Handy und sollen sich melden, wenn am Strand jemand nach uns fragt.
Ursprünglich wollte ich Dave, meinem Vermieter, auch ein Handy geben. Er ist aber nicht der Typ, der sich mit schwachen Ausreden zufrieden gibt. Ich kann ihm natürlich nicht sagen, dass mir ein paar Schurken nach dem Leben trachten. Dann könnte er, nicht ganz unberechtigt, Angst bekommen und zur Polizei gehen. Momentan will ich die Polizei raushalten, außerdem ist es für ihn und seine Frau besser, wenn sie wirklich nichts wissen, sollte Andrews sie besuchen.
Plötzlich fällt mir ein, dass Christine sich jeden Abend bei mir melden wollte. Auf Kahoolawe war mein Handy ausgeschaltet. Wir haben vor drei Tagen das letzte Mal telefoniert.
Hinter „Mama´s Fishhouse" verlasse ich die Straße, setze mich an den Strand und schalte mein iPhone an. Kurz nachdem es sich im Netz angemeldet hat, kommen mehrere SMS an. Fast alle Nachrichten informieren mich über entgangene Anrufe einer amerikanischen Mobilnummer.
Das ist die Schwachstelle von anonymen Anrufern: Selbst wenn der Teilnehmer beim Klingeln nicht angezeigt wird,

erhält der Angerufene bei Nichterreichbarkeit eine SMS mit der dazugehörigen Nummer.
Mit dem eigentlich für Dave gedachten Prepaid Handy wähle ich die in der SMS angegebene Nummer. Nach wenigen Freitönen meldet sich Christine: „Hallo?"
Komisch, in der DDR haben sich auch alle nur mit „Hallo" gemeldet. Selbst heute, mehr als zwanzig Jahre nach dem Mauerfall, melden sich viele Menschen in den neuen Bundesländern noch immer nicht mit Namen, sondern nur mit „Hallo". Ob das irgendwie mit der permanenten Angst vor Bespitzelung zusammenhängt?
„Ich bins." sage ich.
„Endlich! Ich bin so erleichtert, ich habe dich zwei Tage nicht erreicht! Ist dir etwas zugestoßen?"
„Das erzähle ich dir gleich. Kannst du in 15 Minuten dort sein, wo die höchsten Wellen brechen?"
„Ja." antwortet sie.
Die höchsten Wellen auf Maui brechen in Jaws. Das dürfte auch ein Nicht-Surfer schnell rausfinden. Aber wo Jaws liegt, das findet so schnell niemand heraus. Einheimische nennen die Bucht Peahi, und unter diesem Namen wird sie auch in der Straßenkarte geführt. Dort findet man die höchsten Wellen Hawaiis, vielleicht sogar der ganzen Welt. Damit sich keine Amateure in den Wasserbergen umbringen und die Weltelite der Windsurfer und Wellenreiter dort ungestört surfen kann, gibt niemand die genaue Lage von Jaws preis. Natürlich gelang es nicht lange, den Ort völlig geheim zu halten und mittlerweile zieht es an Tagen mit hohen Wellen ein paar Hundert Zuschauer dorthin. Dennoch ist der Kreis derjenigen, die die genaue Lage von Jaws kennen, recht überschaubar.
Sollte Andrews Christines Telefon abhören, muss er jetzt sehr schnell herausfinden wo genau sich Jaws befindet

und sich schleunigst auf den Weg machen. Bis dahin sollten wir längst wieder verschwunden sein.
Nach dem Telefonat entferne ich den Akku meines Prepaid Handys und werfe das Telefon ins Meer. Den Akku entsorge ich in einem Mülleimer. Sicher ist sicher, selbst wenn Andrews dieses Gespräch abgehört und meine Nummer bekommen hat, hilft ihm das jetzt nicht mehr.
Um nach Jaws zu gelangen, biegt man hinter dem Valley Isle Memorial Park links in die Ananasfelder ab. Ich zweifele an der Geländegängigkeit meines Toyotas, also warte ich kurz nach dem Abbiegen auf Christine. Das hat zusätzlich den Vorteil, dass wir uns nicht in Jaws treffen, sondern vorher an der Straße.
Zwei Minuten später fährt Christine in einem weißen Kleinwagen vorbei, wendet ein paar hundert Meter später und passiert mich erneut. Erst beim dritten Mal hält sie an. Kluges Mädchen, sie hat ersteinmal die Lage gecheckt.
Ich nehme den Akku aus ihrem Handy und lege das Telefon vor mein Vorderrad. Danach steige ich ein, gebe beherzt Gas und sie folgt mir. An der Haiku Mall halten wir an und trinken bei Colleen´s einen Kaffee.
Zunächst erhält Christine von mir das letzte Prepaid Handy. Jetzt sind Bob, die Schweizer, Christine, Jörn und ich in einem exklusiven, kleinen Kreis. Wir haben einen eigenes Kommunikationsnetzwerk, nur für uns.
Eine Stunde lang informiere ich sie über die Vorkommnisse der letzten Tage und über unsere Pläne für die kommende Woche. Obwohl ich ihr eigentlich traue, rät mein Bauchgefühl zur Vorsicht. Um Klarheit über Christines Rolle in diesem Spiel zu bekommen, erwähne ich den Namen des in Shanghai gebuchten Hotels. Sollte Andrews mich dort morgen suchen, weiß ich, dass

Christine mein Vertrauen nicht verdient.

Auf dem Rückweg nach Lahaina mache ich einen Abstecher nach Wailuku und richte in einem Internetcafé neue Email-Adressen für Jörn und mich ein. Ich finde zwar, damit übertreiben wir das Versteckspiel ein wenig, aber Jörn besteht darauf.

Die kommenden Tage werden zeigen, wie gut und informiert Andrews wirklich ist.

Kapitel 8

Am nächsten Vormittag fliege ich als Jörn Schneider mit Hawaiian Airlines von Kahului nach Honolulu. Nach neunzehn Flugminuten steige ich am Honolulu International Airport aus der Maschine und begebe mich zum International Terminal.

Hier checke ich ebenfalls als Jörn Schneider für einen Korean Air Flug nach Seoul ein. In dem Moment, in dem die Dame beim Check-In den Pass durch das Lesegerät zieht, reist Jörn Schneider offiziell aus den USA aus. Wenn Andrews tatsächlich Zugang zu diesen Daten hat, wird er in wenigen Minuten wissen, in welchem Flieger ich reise.

Es ist verblüffend, wie einfach man mit fremden Pässen reisen kann. Ich bin schon mit der BahnCard meines Bruders Bahn gefahren und mit seinem Ausweis geflogen, mein Bruder hat sogar mit meinem Personalausweis sein Auto angemeldet. Dabei fühlten wir uns immer sicher, immerhin sind wir verwandt. Allerdings sehen wir uns genauso wenig ähnlich wie Jörn und ich.

Sobald man einen Pass in der Hand hat, scheint es keinen Menschen zu interessieren, ob das Foto im Pass seinem Besitzer ähnlich sieht.

Der Jumbo Jet von Korean Air steht an Gate B33. Ich setze mich an das benachbarte Gate B34 und beobachte meine Mitpassagiere an B33.

Diesen Flug habe ich absichtlich in einem Reisebüro in Paia und nicht im Internet gebucht. Ganz bewusst habe ich mit Kreditkarte und nicht bar bezahlt. Die Schweizer haben Andrews Mann am Strand erzählt, sie hätten Jörn ein paar Tage nicht gesehen, ihn aber gestern im Reisebüro getroffen und er wolle heute nach Shanghai fliegen.

Mehr Spuren kann man nun wirklich nicht hinterlassen.

Honolulu und Shanghai sind nicht durch einen Direktflug verbunden. Ich fliege über Seoul, man kann aber auch über Japan reisen. Je nachdem wann Andrews herausfinden konnte, welchen Flieger ich nehme, ist entweder einer seiner Männer in meiner Maschine oder sie erwarten Jörn in Shanghai.
Mein Flug wird aufgerufen und die Passagiere stellen sich artig in Reih und Glied. Bisher fällt mir niemand auf. Eine Viertelstunde später sind die meisten Reisenden in der Gangway verschwunden und stehen dort ein zweites Mal an, bevor es in den Flieger geht.
Die Stühle im Wartesaal vor Gate B33 sind so gut wie leer und das Bodenpersonal greift für den letzten Aufruf des Fluges nach Seoul zum Mikrofon.
Ich bleibe sitzen und beobachte. Eine verspätete Familie eilt herbei und sucht hektisch nach den Bordkarten. Kurz darauf greift der Herr von Korean Air zum Mikrofon und macht die zweite „letzte Durchsage".
Ich bewege mich nicht.
Das Bodenpersonal zählt erneut die Abrisse der Bordkarten und gleicht das Ergebnis mit der Passagierliste ab. Darauf folgt der dritte „letzte Aufruf". Normalerweise folgen jetzt noch zwei bis drei Aufrufe, in denen die Namen der fehlenden Passagiere durchgesagt werde, bevor der Flieger tatsächlich startet. Es muss ja nicht sein, dass der Name „Jörn Schneider" über den gesamten Flughafen dröhnt, also stehe ich auf und gehe zum Gate. In der Gangway steht niemand mehr und die Tür der Boeing 747 wird direkt hinter mir geschlossen.
Es macht wenig Sinn für einen Verfolger, ein Flugzeug vor dem Verfolgten zu besteigen. Daher bin ich mir ziemlich sicher, noch nicht beobachtet zu werden. Auf der einen Seite beruhigt es mich, immerhin kann mich jetzt niemand im Flieger unbemerkt vergiften oder mir anderen

Schaden zufügen. Andererseits ist der ganze Aufwand umsonst, sollte Andrews nicht versuchen, Jörn zu folgen.
Der Flieger ist nicht ganz ausgebucht und in meiner Dreierreihe am Fenster sitzt nur noch eine andere Person. Ich kann mich zwar nicht längs über die Sitze legen und schlafen, aber immerhin habe ich mehr Beinfreiheit und insgesamt viel Platz.
Der Mann auf dem Gangplatz ist wohl ein amerikanischer Geschäftsmann. Er ist Mitte fünfzig und hat die grauen Reste seines Haupthaares fesch über den fast kahlen Kopf gekämmt. Geschäftsleute in der Economy Class tun mir immer leid. Ihr Arbeitgeber schickt sie um die Welt, aber für die Business Class sind sie nicht wichtig genug. Sein billig wirkender Anzug, den er vermutlich im Ausverkauf beim Wall Mart erstanden hat, lässt seine Erscheinung noch trauriger wirken. Eigentlich schade, hätte er kurze Harre, eine gepflegte Pläte und Jeans mit Hemd an, sähe er gleich viel sympathischer aus.
Kurz nach dem Start kommt eine Stewardess mit Getränken. Ich bestelle Weißwein, mein Nachbar Tomatensaft. Der Pilot begrüßt uns an Bord der Boeing 747, gibt die Flugzeit mit zehn Stunden und zwanzig Minuten an und fordert uns auf, den Flug zu genießen.
Ich beschließe genau das zu tun und stelle meine Rückenlehne mit geschlossenen Augen und einem Schluck kalten Weißwein im Mund zurück.
Kurz darauf suche ich die Kopfhörer im Rucksack, um das Unterhaltungsprogramm zu nutzen. Jeder Sitzplatz hat einen eigenen Bildschirm und die Wahl zwischen vierzig Filmen, vierzig Serien und einer Million Videospielen. Während ich mich durch die Auswahl klicke, überlege ich, wie hübsche Frauen sich fortbewegen. Es ist doch erstaunlich: Ich reise wirklich viel, aber weder im Flieger noch in der Bahn habe ich

jemals eine attraktive Sitznachbarin gehabt. Im Gegenteil, meist muss ich meine Sitzreihe mit unansehnlichen Menschen teilen, deren Körpermasse oftmals nicht nur den eigenen, sondern auch einen beachtlichen Teil meines Sitzes einnimmt und zu denen ich absolut keinen Kontakt wünsche.

Natürlich können auch hässliche Menschen interessante Charaktere und sogar gute Gesprächspartner sein. Dennoch: „Das Auge redet mit!“. Jeder Mensch (zumindest jeder Mann) der Welt unterhält sich lieber mit einer hübschen Frau als mit einem dicken Mann. Abgesehen davon habe ich auf Reisen gerne meine Ruhe und keine Lust auf Small Talk mit jemanden, den ich vermutlich nie wieder sehen werde.

Dummerweise sind die meisten Reisenden dieser Thematik gegenüber anders eingestellt und versuchen, mich ständig in ein sinnbefreites Gespräch zu verwickeln. Die effektivste Abwehr sind Kopfhörer im Ohr und ein starrer Blick auf den Bildschirm.

Knappe zehn Stunden später setzt der Jumbo sanft in Seoul auf, ohne dass ich auch nur ein Wort mit dem billigen Businessamerikaner gewechselt habe.

In Seoul verlasse ich den Sicherheitsbereich des Flughafens nicht. Offiziell reise ich also weder unter Jörns, noch unterm meinem Namen in Südkorea ein. In einem Restaurant esse ich etwas und kaufe einen Reiseführer für Shanghai. Da ich noch nie dort war, ist es sicher hilfreich. eine Vorstellung von der Stadt zu bekommen.

Eine gute Stunde später geht es weiter. Ich warte wieder am Nachbargate und steige als Letzter in die Maschine. Im Flieger blättere ich im Reiseführer.

Shanghai hat neunzehn Millionen Einwohner. Wow! Kiel bringt es auf nicht ganz eine Viertelmillion. Ich bin eher der Kleinstadt-Typ und mag es ruhig. Eigentlich kann man Kiel nicht als Kleinstadt bezeichnen, laut Definition gilt eine Stadt mit mehr als hunderttausend Einwohnern in Deutschland als Großstadt. Aber Kiel wird von der Förde geteilt und ich bewege mich fast ausschließlich am Westufer. Rund um meine Wohnung ist alles bequem fußläufig erreichbar. Egal ob ich am Wasser spazieren, ein Bier trinken oder essen gehen will, ich bin überall in weniger zehn Minuten. Sogar mein Fahrrad steht meist rum, weil ich den Zeitaufwand des Auf- und Abschließens für zu groß erachte.

Menschenmassen, verdreckte Gehwege und überfüllte Straßen überlasse ich anderen Menschen.

Hamburg ist eine sehr entspannte Großstadt, die laut Definition sogar als „Millionenstadt" gilt. Ich mag Hamburg gerne und bin öfters dort. Aber wenn ich mir angucke, dass die Hamburger locker eine halbe Stunde Bahn fahren, um in die Stadt, zum Kumpel, zum Arbeitsplatz oder wohin auch immer zu kommen, dann muss ich sagen, ist mir mein Leben dafür zu kostbar. Angenommen der durchschnittliche Hamburger verbringt täglich eine Stunde im Stau oder in der Bahn, dann sind das 365 Stunden im Jahr. In 50 Jahren sind das 18.250 Stunden, also fast zwei Jahre!

Mein Opa ist jetzt 93 Jahre alt. Zum Glück wohnt er in keiner Millionenstadt, sonst hätte er vier Jahre seines Lebens im Verkehr festgesteckt.

Neunzehn Millionen Einwohner! Damit überragt Shanghai meine Heimatstadt um das achtzigfache und ist vier mal so groß wie das Ruhrgebiet. Es ist also nur rechtens, dass Asiaten älter werden als Europäer. Bei den Dimensionen stehen sie schließlich sehr viel mehr im Stau als wir.

Der Hafen Shanghais gilt seit 2006 als der

umschlagstärkste der Welt und besteht, je nachdem wie man zählt, aus fünf bis zehn Hafenanlagen. Nicht gerade aufmunternd, wenn man einen bestimmten Frachter aufspüren will, dessen Namen und Reederei man nicht kennt. Vielleicht ist es gut, dass ich diese Zahlen vorher nicht kannte, sonst wäre ich möglicherweise nicht hergekommen. Angesichts der unfassbaren Größe der Stadt kommt mir mein Vorhaben jetzt ziemlich aussichtslos vor. Ich benötige definitiv Mark Andrews´ Hilfe. Sollte er nicht nach Jörn suchen, weiß ich nicht, wie ich in Shanghai weiterkommen soll.

Shanghai ist eine Sonderwirtschaftszone, aber dennoch Teil des kommunistischen China. Für China braucht man ein Visum. Ich selbst hatte nicht genug Zeit, eines zu beantragen, aber in seiner Eigenschaft als Pilot bei Singapore Airlines hat Jörn Visa für fast alle asiatischen Länder.

Auf Hawaii fand ich es fast lustig, mit Jörns Ausweis einzuchecken, jetzt bin ich nervös. Ich war noch nie in China und weiß nicht, wie streng hier die Kontrollen sind. Sollte der Beamte von der Einwanderungsbehörde skeptisch werden, mich genauer überprüfen und womöglich meinen richtigen Reisepass finden, wird es sicher unangenehm.

Als ich an der Reihe bin, schaut der Beamte mir ins Gesicht und fragt nach dem Grund meines Besuches in Shanghai.

„Mein Kumpel, mit dessen Reisepass ich gerade einreisen will, wurde auf Hawaii entführt und sollte getötet werden, möglicherweise von Waffenhändlern. Ich versuche, den Hauptverantwortlichen hier in Ihrer schönen Stadt eine Falle zu stellen um auf eigene Faust rauszufinden, was hier eigentlich gespielt wird."

- Nein, das sage ich besser nicht.

„Urlaub“ behaupte ich. „ich war sonst nur beruflich in China, konnte es mir aber noch nie in Ruhe angucken und man hört ja so viel Gutes.“ Etwas schleimen schadet nie.
Der Beamte schaut mich an, ist aber offenbar genauso an Small-Talk interessiert wie ich im Flugzeug. Er blättert im Reisepass und sucht eine freien Seite für seinen Stempel. Kein leichtes Unterfangen im Pass eines Piloten. Im Vorbeiblättern wirft er einen Blick auf das Visum, aber entweder werden Piloten von Berufs wegen nur locker kontrolliert, oder auch in China ist es ausreichend, einen Pass zu haben, egal von wem.
Erleichtert nehme ich den abgestempelten Reisepass entgegen. Meine Nervosität sinkt aber nicht, im Gegenteil. Jetzt wird es erst richtig spannend.
Die Gepäckbänder haben mir nichts zu bieten. Da ich ohne Koffer unterwegs bin, habe nicht mal Handgepäck dabei. Ich verlasse den Sicherheitsbereich auf dem schnellsten Wege.
Wie erwartet steht in der Lobby ein Fahrer meines gebuchten Hotels und hält ein Schild mit Jörns Namen hoch. Noch weiß er nicht, dass er heute umsonst zum Flughafen gefahren ist.
Ich nehme in einem kleinen Café Platz, von dem ich sowohl den Ausgang des Sicherheitsbereiches als auch den des Terminals gut im Blick habe. Es ist gar nicht einfach, zwischen den vielen dunkelhaarigen und eher kleinen Asiaten als großer, blonder Europäer nicht aufzufallen. Um mich etwas unkenntlicher zu machen, setze ich eine Mütze auf. Aus dem ersten Flieger habe ich eine amerikanische Tageszeitung mitgenommen, hinter der ich mich zusätzlich verstecke.
Mal sehen, ob Andrews in meine erste Falle tappt. Ich versuche einen Überblick in dem Gewusel zu bekommen.

Überall laufen Menschen von rechts nach links und links nach rechts oder stehen wartend rum. Ich konzentriere mich erstmal auf alle, die rumstehen oder irgendwo sitzen. Es dauert nicht lange, da fällt mir ein Asiate mit einer kleinen Narbe unter dem Auge auf. Er interessiert sich mehr für seine Umgebung, als für die Leute, die aus dem Sicherheitsbereich kommen. Das ist doch merkwürdig: Wenn man jemanden abholt, guckt man doch da hin, wo man den Bekannten erwartet und nicht in der Gegend herum. Ich fokussiere ihn und präge mir jede Kleinigkeit ein. Wenn ich ihm folgen will, muss ich ihn auch aus der Entfernung in einer Menschenmasse erkennen können.

Nach fünf Minuten fühle ich mich ganz gut gewappnet. Plötzlich steht er auf. Der Fahrer aus dem Hotel ist noch an Ort und Stelle, allerdings mittlerweile sichtlich gelangweilt. Der mit der Augennarbe geht direkt auf den Fahrer zu. Kurz bevor er ihn erreicht, begrüßt er lässig einen Mann im gleichen Alter, der gerade angekommen ist.

Mist, das war wohl nichts. Schnell weiter suchen, sonst geht der Fahrer gleich und alles war umsonst.

Mein gesamter Plan basiert auf der Annahme, dass ich ab hier beobachtet werde. Einer von Andrews Männern muss im Terminal sein um zu sehen, ob Jörn ankommt und ihm zu folgen. Ich will den Spieß umdrehen und Andrews Mann folgen. Dafür muss aber erstmal einer hier sein und ich muss ihn erkennen.

Der Fahrer wird zunehmend ungeduldig, guckt ständig auf die Uhr und zückt schließlich sein Handy. Er hat keine Lust mehr zu warten, meine Zeit läuft ab. Der Fahrer telefoniert kurz, klappt das Handy zusammen und packt das Schild mit Jörns Namen ein. Verdammt, er haut ab und ich habe keinen Verdächtigen finden können. Als der

Fahrer sich umdreht und in Richtung Ausgang bewegt, werde ich nervös und lege die Zeitung weg.
In diesem Moment fällt mir ein Mann auf, der ebenfalls hektisch wird. In grau gekleidet lehnt er an der Wand des Terminals. Vermutlich ist er mir vorher nicht aufgefallen, weil die ebenfalls graue Wand ihn verschluckt hat. Sofort setze ich mich wieder hin und beobachte ihn. Er folgt dem Fahrer nach draußen und zückt sein Mobiltelefon. Ich folge in sicherem Abstand. Vor dem Terminal steigt der Fahrer in einen dunklen Mercedes mit getönten Scheiben und verschwindet Sekunden später im dichten Verkehr.
Der Graue bleibt ratlos stehen und telefoniert. Bingo, das ist mein Mann, der holt definitiv keinen Bekannten am Flughafen ab. Nach dem Telefonat sieht er sich ein letztes Mal um und folgt dann der Ausschilderung „Maglev“ - zur Magnetschwebebahn in die Stadt.
Am Bahnhof angekommen, löse ich hastig ein Ticket und versuche den Grauen, dabei nicht aus den Augen zu verlieren. Immerhin haben die meisten Asiaten entweder normale Straßenkleidung oder einen schwarzen Anzug an. Das macht es relativ einfach, den Mann in Grau in der Menge zu finden.
Als der Zug einfährt, bin ich überrascht. Ich hatte ganz vergessen, dass ein deutscher Transrapid den Flughafen mit dem Messezentrum Shanghais verbindet. Das ist schon schräge, in der Grundschule haben wir einmal die Transrapid Teststrecke im Emsland besucht. Schon damals faszinierte mich die Technik, und ich habe nie begriffen, warum der Transrapid in Deutschland nicht gebaut wurde. Fast dreißig Jahre später befinde ich mich nun am anderen Ende der Welt und bin in Begriff, dieses Stück deutscher Ingenieurskunst zu besteigen.
Ist das jetzt gut oder schlecht? In Deutschland entwickelt

und sicherlich von europäischen Steuergeldern subventioniert, kam den Deutschen diese Technik nie zugute. Hier in Asien fahren aber täglich Tausende Menschen mit dem Zug - irgendwie schade, aber es wäre auch traurig, wäre der Transrapid nirgends gebaut worden. Eine Zwickmühle. Doch bevor ich mir weiter Gedanken über dieses zweischneidige Schwert machen kann, öffnen sich die Türen und die Massen drängen in den Zug.

Ich schwimme, so gut es geht, mit der Strömung in den Transrapid und versuche gleichzeitig dem Grauen nicht zu nahe zu kommen, ihn aber auch nicht aus den Augen zu verlieren. Keine leichte Aufgabe in dem Gewusel hier. Es gelingt mir, mich auf ein Geländer zu setzen. Auf diese Weise überrage ich die Asiaten nicht um eine Kopflänge, kann mich aber kurz aufrichten, um den Überblick zu behalten. Der Graue hat einen Stehplatz, etwa zehn Meter von mir entfernt. Sehr gut. Während der Fahrt kann er sich kaum bewegen, also kann ich den Kopf unten halten.

Der Transrapid beschleunigt schnell, ähnlich wie eine U-Bahn, nur dass eine U-Bahn die Beschleunigung nicht lange aufrecht erhalten kann. Das Problem hat die Magnetschwebebahn nicht. Ganz im Gegenteil, der Zug katapultiert sich fast stetig auf sagenhafte 431 km/h, wie die Anzeige an der Decke verrät. Bei der Führung im Emsland sagte der Techniker, ein Transrapid könne theoretisch auch senkrecht nach oben fahren. Das Magnetfeld sei stark genug dafür.

Erstaunlich, welcher Ecke mein Gehirn diese Erinnerung entlockt. Dreißig Jahre habe ich nicht an den Besuch im Emsland gedacht und jetzt – zack – fallen mir kleine Details wieder ein. Während ich noch ganz beeindruckt von mir selbst bin, bremst der Zug bereits wieder ab.

Einer Informationstafel entnehme ich, dass wir die dreißig Kilometer zwischen Flughafen und Messe in exakt sieben Minuten und achtzehn Sekunden zurücklegen und die Höchstgeschwindigkeit von 430 km/h nur fünfzig Sekunden gehalten wird. Allerdings ist noch Luft nach oben, angeblich kann der Transrapid 550 Sachen fahren.
Es ist beeindruckend, wie ruhig sich der Zug bei dieser Geschwindigkeit verhält. Das ist der Vorteil, wenn man keinen direkten Kontakt zu Schienen hat, sondern schwebt.
Was passiert eigentlich, wenn der Transrapid ein kleines Tier überfährt? Eine Ratte passt locker zwischen Zug und Trasse. Würde sie vom Luftdruck zermalmt, oder ist das Magnetfeld so stark, dass die Ratte danach irgendwie gaga ist? Oder geht das Tier lediglich mit einer neuen Frisur seiner Wege?
Und was, wenn meine EC- oder Kreditkarte auf den Boden fällt. Sind dann alle Daten gelöscht?
Kurz vorm Bahnhof schrecke ich aus meinen Gedanken hoch und stelle erschrocken fest, wie sehr ich mich habe ablenken lassen. Vorsichtig strecke ich den Kopf und halte Ausschau nach dem Grauen.
Glück gehabt, er steht genau dort, wo er vor meinem geistigen Ausflug auch stand.
Mein Ausflug in die High-Tech Welt endet ziemlich nüchtern mit einem starken Gedränge aus der Bahn. Einfach herrlich, dieser „Duft“ zusammengepferchter Menschen. Wieder ein Minuspunkt für die Großstadt. Auf dem Weg vom Bahnhof ziehe ich meinen Pulli auf links, außen ist er grau, innen hellblau. Außerdem werfe ich meine Mütze weg und setze eine Brille auf. Wir wollen es dem Grauen ja nicht zu einfach machen, seinen Verfolger zu bemerken.
Möglicherweise übertreibe ich, der Graue guckt sich nie

um. Wahrscheinlich rechnet er nicht im Geringsten damit, verfolgt zu werden.
Auf der Straße biegt er nach links ab, an der nächsten Kreuzung nach rechts. Die folgenden beiden SeitenStraßen überquert er geradeaus und verschwindet plötzlich im Eingang eines Hochhauses. Ich ziehe meinen Pulli aus und lasse ihn zusammen mit der Brille auf den Gehweg fallen. Jetzt bin ich Stefan Heuser, wie er leibt und lebt. Ich muss dem Grauen ohne die geringste Tarnung in das Gebäude folgen.
„Stefan Heuser, dein Gesicht kennt hier kein Mensch!" rede ich mir ein, hole tief Luft und gehe durch die Drehtür in die Lobby. Ich befinde mich in einem Bürogebäude mit Empfang, aber man kann ohne Ausweis zu den Fahrstühlen gehen und sich frei im Gebäude bewegen. Der Graue verschwindet gerade in einem Fahrstuhl. Gott sei Dank ist er der einzige Passagier dieser Fahrt. Langsam schlendere ich zu den Fahrstühlen und behalte die Anzeigentafel im Auge.
Kurz bevor ich am Lift ankomme, bleibt die Anzeige meines grauen Freundes bei vierundzwanzig stehen.
Ich steige in den Aufzug, neben den Knöpfen stehen die Firmennamen der jeweiligen Etage. Auch ich bin allein in meinen Fahrstuhl und drücke auf die fünfundzwanzig. Als der Korb sich in Bewegung setzt, hole ich meine kleine Digitalkamera und fotografiere die Namen neben dem Knopf für das vierundzwanzigste Stockwerk.
Eine Etage höher steige ich aus. Jetzt wird es etwas kitzelig. Fahre ich mit dem Lift in die vierundzwanzig, öffnet sich die Fahrstuhltür und ich stehe auf dem Präsentierteller. Wenn ich wüsste, wie das Stockwerk unter mir aufgeteilt ist, wäre alles einfacher. Möglicherweise lande ich in einem Flur, und an den Türen hängen die jeweiligen Firmenschilder. Ich könnte aber

auch an einem Empfang herauskommen oder plötzlich mitten in einem Großraumbüro stehen. Mit etwas Pech hat der Graue seine Auftraggeber zufällig im Flur getroffen und steht noch am Fahrstuhl.

Ich muss mich entscheiden: Mache ich für heute Schluss und versuche, mehr über die Firmen herauszubekommen, oder mogele ich mich irgendwie in das Stockwerk unter mir?

Internetrecherche ist natürlich entspannter, aber wenn ich unter den Namen keinen Treffer habe, stehe ich ziemlich dumm da.

Ein paar Meter neben mir entdecke ich einen Wasserspender. Neben dem Apparat steht der 20-Liter Ersatzbehälter. Sei es drum, eine bessere Tarnung bekomme ich nicht. Ich schultere den Kanister und gehe ins Treppenhaus.

Eine Etage tiefer stoße ich die Tür mit der Schulter auf und betrete Etage vierundzwanzig mit dem Wassertank voran. Der Behälter ist zwar durchsichtig, aber die Sicht ist total verzerrt, und man erkennt fast nichts. Es reicht aber um zu wissen: Ich stehe allein in einem Flur. Kein Empfang, kein Asiate im grauen Anzug und auch sonst niemand, dem ich auffallen könnte. So weit, so gut.

Das Wasser weiterhin geschultert, schreite ich den Flur entlang, man weiß ja nie. Laut der Information im Fahrstuhl befinden sich in dieser Etage sechs Firmen. Diese haben jeweils eine Glastür mit einem eigenen Empfangsbereich dahinter. Lediglich die letzten beiden Türen sind aus Holz, und es hängt kein Firmenschild am Gang.

Im ersten Büro residiert ein Softwareentwickler, hinter Tür Nummer zwei verbirgt sich eine Versicherung, Tor drei gehört zu einem Textilvertrieb und gerade als ich unauffällig lesen will, womit man hinter Tür vier seine

Brötchen verdient, fliegt diese auf.
Eine kleine Sekretärin mit bauchfreiem Top und einem Minirock, dessen Breite eher an einen Gürtel erinnert, und beachtlich hochhackigen Stiefeln rennt fast in mich herein. Ihre Zöpfe stehen ab wie bei Pipi Langstrumpf. Ich kann mir nicht helfen, irgendwie habe ich den Verdacht, hier werden Pornos gedreht.
„Da sind Sie ja endlich!“ fährt sie mich an.
„Äh... natürlich“ erwidere ich. „Endlich angekommen!“
„Lassen Sie die blöden Witze. Kommen Sie rein!“
Oha, was kommt jetzt? Ich stelle mir einen Porno vor, in dem der Wasserboy von der rattigen Tippse vernascht wird. Der Dialog würde ungefähr so aussehen:
Er: „Soll ich das Wasser hier abstellen?“
Sie: „Ich brauche kein Wasser, ich bin feucht genug!“
Er: „Äh was? Ach egal, blas´ mir erstmal einen!“
Für den Rest des Filmes muss niemand mehr Text lernen, es folgen nur noch Wortfetzen, wie „ja“, „tiefer“, „boah, ist das geil“, „was machst du mit dem Klopömpel?“, „Ich werde ein schmutziges Rohr reinigen“, „Ach so, ah, oh oh oh...“ - und ich mitten drin!
Ehe ich es mich versehe, stehe ich im Büro.
„Das Ding ist seit gestern leer!“ meckert sie und zeigt auf einen Wasserspender.
„Mein Kollege hat wohl...“ doch bevor ich weiter stammeln kann, schneidet sie mir das Wort ab:
„Das interessiert mich nicht. Tauschen sie das Ding aus und gehen sie!“
Resolut. Im Porno wäre sie in jedem Fall eine Domina in Lack und Leder, mit Peitsche.
Ich stelle den Kanister neben dem Spender ab, die energische Sekretärin kehrt hinter ihren Schreibtisch zurücl, feilt ihre Nägel und würdigt mich keines Blickes.
Das ist auch gut so, immerhin habe ich keine Ahnung,

was ich machen soll. An meinem Kanister ist oben ein Gewinde, also drehe ich den leeren Wassertank. Und siehe da: er löst sich vom Spender. Alles klar, weiter im Text. Auf dem vollen Tank ist eine Plastikkappe, auf dem leeren nicht, also weg damit. Jetzt wäre es aber nicht schlau, den Kanister mit der Öffnung nach unten auf den Apparat zu schrauben. Es geht wohl andersrum. Ich schnappe mir den Spender, drehe ihn um und alle Pappbecher fallen raus. Reife Leistung, Herr Heuser! Die Tippse wirft mir einen herablassenden, genervten Blick zu.
„Keine Sorge, ich räume gleich auf!“ versichere ich und drehe den zusammen gebauten Wasserspender wieder um. Er hätte wohl eine Umdrehung mehr vertragen können, jedenfalls läuft seitlich Wasser aus dem Ding. Bevor der Drachen am Schreibtisch etwas merkt, versuche ich die Sache schnell zu korrigieren. Hektisch drehe ich am Wassertank, dummerweise falsch herum. Das Wasser gluckert ungebremst auf den Teppich, den Tank habe ich wieder in der Hand und zu allem Überfluss kippt der Spender um.
Beim Versuch, den Wassertank abzustellen, rutsche ich auf dem nassen Teppichboden aus und falle der Länge nach hin. Der Kanister kracht auf die Erde und zerplatzt, die Wassermassen werfen den Papierschredder um. Das Büro steht unter Wasser, Becher und Papierschnipsel schwimmen umher und die Sekretärin schreit gellend.
„Ich hole schnell Hilfe!“ rufe ich und will raus.
„Sie bleiben hier!“ schnauzt die Lady und springt auf. Sie rennt um den Tisch auf mich zu. Gerade als sie am Büro ihres Chef vorbei will, fliegt die Tür auf. Die Wucht des Aufpralls schleudert sie in eine Glasvitrine, in der Auszeichnungen stehen. Vitrine und Sekretärin gehen zu Boden, ebenso der völlig verdatterte Chef, dessen Kopf

unsanft mit der Tür kollidierte.
Laut scheppernd kracht die Vitrine direkt in das gegenüberliegende Aquarium, welches ebenfalls zu Bruch geht. Nun ist das Chaos perfekt, weitere 500 Liter Wasser ergießen sich zusammen mit einigen Zierfischen ins Büro. Offenbar liebt der Chef die schuppigen Tierchen, hektisch versucht er, die zappelnden Fische in Pappbecher zu retten. Er fuchtelt dabei mit Armen und Beinen und brüllt seine Sekretärin an, ihn zu unterstützen. Wie sie panisch japsend und zappelnd am Boden liegen, ist es schwer zu sagen, wer verzweifelter aussieht: Fisch oder Mensch.
Die umgekippte Vitrine bildet eine Barriere zwischen mir und den beiden Tierfreunden. Glücklicherweise gilt deren gesamte Aufmerksamkeit den glitschigen Fischchen. Noch.
Nichts wie weg! Ich renne auf den Flur und weiter ins Treppenhaus. Wie ein Bekloppter haste ich drei Stockwerke nach oben und drücke dort mehrfach den Fahrstuhlknopf. Als ich endlich im Lift stehe, bete ich, dass er nicht in der vierundzwanzigsten Etage anhält. Dann bin ich geliefert. Heftig atmend starre ich auf die Digitalanzeige. 27, 26, 25, - wird der Lift etwa langsamer? - 24 und 23! Unbeeindruckt setzt der Fahrstuhl seinen Weg nach unten fort.
Ich gehe so ruhig und unauffällig wie möglich durch die Lobby. Ein Arzt hätte meine Unauffälligkeit wohl mit den Worten: „Den Umständen entsprechend gut“ bewertet.
Auf der Straße renne ich, so schnell es geht, weg und biege ab, wann immer sich die Möglichkeit bietet.
„Uff. Genauso sieht man sich unauffällig um, Herr Heuser. Wirklich eine Glanzleistung, du Idiot!“ denke ich.

Kapitel 9:

An der nächsten Straße halte ich ein TukTuk an. TukTuks sind motorisierte Dreiräder und in Asien unerlässlich, wenn man von A nach B will. Ich gebe dem Fahrer mein Ziel an, und er nennt einen Preis. Natürlich ist es ungefähr das Fünffache dessen, was man zahlen sollte und er erwartet zweifellos, dass ich mit ihm handele. In Asien geht nichts ohne Feilschen. Dazu bin ich im Moment nicht in der Stimmung, also willige ich einfach ein und mache es mir auf der Sitzbank bequem.

Als Student war ich mit einer Uni-Exkursion in Bangkok, damals waren wir meist zu sechst unterwegs. In ein TukTuk passen drei Personen, also haben wir immer zwei genommen. Jedem Fahrer wurde ein ordentliches Trinkgeld in Aussicht gestellt, wenn er zuerst am Ziel eintraf. Das ist eine gute Methode, sich möglichst rasant und abenteuerlich durch Bangkok zu bewegen, teilweise auf zwei Rädern, der Gegenfahrbahn oder auf dem Gehweg.

Wir handelten wie die Weltmeister. Wollte der Fahrer drei Euro, handelten wir ihn auf einen Euro runter. Am Ende waren wir dann so begeistert, dass wir fünf Euro Trinkgeld gaben.

So ähnlich ist es heute auch, mein Chauffeur verlangt allerdings nur zwei Euro für die Fahrt, was soll ich da noch handeln - am Ende gebe ich ihm doch eh mehr.

Wir fahren in die Xikang Road Nr. 899. Hier befindet sich das Yi Jia Hotel in direkter Nähe zum Messegelände. Ich gebe dem Fahrer fünf Euro und betrete das Hotel. Unter meinem richtigen Namen checke ich ein und zahle drei Nächte im Voraus in bar. Mein Zimmer liegt in der sechsten Etage, mit den Fenstern zur Straße. Die Klimaanlage brummt laut und es riecht nach feuchtem Teppich. Einfach schön!

Beim Verlassen des Zimmers schiebe ein Blatt Papier unter der Tür durch und stelle auf der Innenseite ein Glas mit Wasser darauf. Vom Flur aus ziehe ich Tür und Papier samt Wasserglas langsam zu. Nachdem die Tür geschlossen ist, ziehe ich das Blatt Papier vorsichtig unter dem Wasserglas weg und hänge das Schild „Bitte nicht stören“ an den Knauf.
In den nächsten drei Tagen wird vom Personal niemand das Zimmer betreten. Sollte das Glas dennoch umgeworfen und der Teppichboden nass sein, hatte ich ungebetenen Besuch.
Test eins: Am letzten Tag auf Maui erhielt Christine von mir die Information, ich habe ein Zimmer im Yi Jia Hotel gebucht. Bleibt der Fussboden trocken, kann ich ihr trauen. Wird er nass, hat sie mich an Andrews verraten.
Vor dem Hotel stoppe ich ein TukTuk und will zurück zum Century Park, wo ich gerade herkomme. Der Fahrer verlangt sechs Euro für den gleichen Weg, für den ich vor zehn Minuten zwei Euro zahlen sollte. So nicht, Freundchen! Plötzlich habe ich richtig Bock, zu feilschen. Ich erzähle von meiner kranken Mutter, meinen vierzehn Kindern und dem lahmen Bein.
Er lacht und sagt, er glaube mir nicht. Ich spiele Empörung und frage, ob er mich einen Lügner nennt.
Am Ende einigen wir uns auf 1,5 Euro, und am Ziel gebe ich ihm fünf. Ich liebe Asien!
Als nächstes suche ich mir ein Hotel in der Nähe des Hochhauses, in dem ich vor einer Weile ein Dutzend Fische befreit habe. Ich muss mehr über die Mieter der letzten beiden Büros herausfinden. In eines dieser Büros ist mein Empfangskomitee vom Flughafen verschwunden.
Relativ schnell finde ich ein Hotel nach meinem Geschmack und checke als Jörn Schneider ein. Wieder bezahle ich drei Tage im Voraus, dieses Mal mit Jörns

Kreditkarte.
Test zwei: Jetzt soll Andrews mal zeigen, ob er die Buchungen von Kreditkarten verfolgen kann.
Ich verlange ein zur Straße liegendes Zimmer und bekomme es im fünfzehnten Stock. Die Gardinen ziehe ich zur Seite, wiederhole den Trick mit dem Wasserglas hinter der Tür und hänge das „Bitte nicht stören“ Schild an den Knauf.
Anschließend überquere ich die Straße und checke im gegenüberliegenden Hotel unter einem erfundenen Namen ein. Hier zahle ich in bar und verlange ein Zimmer in der fünfzehnten Etage mit Blick zur Straße. Die Zimmer zum Hof sind ruhiger und damit beliebter, deshalb lässt sich mein Wunsch schnell erfüllen.
Aus meiner neuen Bleibe kann ich das mit Jörns Kreditkarte gemietete Zimmer auf der anderen Straßenseite beobachten. Ich sehe sogar das Wasserglas hinter der Türe. Sollte das Glas in den nächsten drei Tagen umgestoßen werden, kontrolliert Andrews die Kreditkarte.
Es an der Zeit, sich der ein oder anderen kulinarischen Köstlichkeit zuzuwenden, derer Asien reichlich zu bieten hat. Auf der Straße werden gebratene Kakerlaken, Mehlwürmer und frittierte Armeisen angeboten. Kakerlake und Mehlwurm müssen sich gedulden, aber eine Tüte Armeisen mit Chilipulver lasse ich mir nicht entgehen. An Kakerlaken habe ich mich noch nicht herangetraut, Mehlwurm schmeckt eigentlich ganz gut. Man darf nur nicht darüber nachdenken, was man im Mund hat. Frittierte Armeisen sind mir von der letzten Asienreise geschmacklich, wie lecker gewürzte Chips, in guter Erinnerung geblieben.
Die Garküchen auf der Straße sind nicht unbedingt schlecht, aber es wäre dumm, sich am ersten Tag eine

Lebensmittelvergiftung zu holen. In den nächsten Tagen muss ich fit sein.
Fürs Hauptgericht gehe ich demnach in ein schickes Restaurant. Auf der Karte entdecke ich ein Bier namens „Lone Star" und muss grinsen. Ich übersetzte es frei mit: „einsamer Held" und freue mich, wie gut der Name zu meiner Reise passt. Hinter fast allen Gerichten sind ein oder mehrere Sterne abgebildet. Auf meine Frage erklärt die Bedienung, diese gäben den Schärfegrad der Speise an.
Lächelnd schlüsselt sie mir folgende Klassifizierung auf:
Kein Stern = mild für Europäer
Ein Stern = mittel für Europäer
Zwei Sterne = mild für Asiaten, Endstation für Europäer
Drei Sterne = mittel für Asiaten
Vier Sterne = scharf für Asiaten
Das kann ich unmöglich auf mir sitzen lassen. Ich bestelle ein Vier-Sterne-Gericht mit Reis und Ente und sicherheitshalber gleich zweimal „Lone Star". Eine gute Idee, denn in dem Moment, in dem der erste Löffel meine Mundhöhle erreicht, fängt meine Zunge Feuer. Mit einem versteckten Nerv, der für den Bruchteil einer Sekunde vom Großbrand in meinem Mund verschont bleibt, glaube ich noch einen leckeren Geschmack zu erahnen, aber dann ist alles vorbei.
Alter Schwede, ich wusste nicht, dass etwas derartig scharf sein kann! Ein großer Schluck Bier hilft kurzzeitig.
Gerade als der Schmerz im Mund abklingt, fangen meine Lippen an zu brennen. Der Schmerz ist noch schlimmer als vorher, lässt sich aber gut mit dem vorgekühlten Bierglas bekämpfen. Sobald ich das Glas von den Lippen entferne, muss ich an rohes Hackfleisch mit Sonnenbrand denken, ich weiß auch nicht warum.
Jedenfalls halten die beiden Biere nicht lange, und noch

bevor ich ein Viertel der Ente verzehrt habe, brauche ich als lebensrettende Sofortmaßnahme zwei neue „Lone Star“.
Beim Verlassen des Restaurants, läuft meine Nase, Haare und Shirt sind klatschnass und durch das ständige Lippenkühlen bin ich etwas angeduselt.
Aber mein Teller ist leer! Endstation für Europäer bei drei Sternen, dass ich nicht lache!
Es ist gerade neunzehn Uhr, fühlt sich aber an wie Mitternacht. Mein Biorhythmus ist durch die Zeitverschiebung etwas durcheinander.
Als nächstes stehen Internetrecherche und Emails checken auf dem Programm. Internetcafés sind mir zu stressig, außerdem kann ich da nichts speichern. Mir steht der Sinn eher danach, es mir mit den „Lone Star“, die ich aus dem Restaurant mitgenommen habe, auf meinem Hotelbett gemütlich zu machen und ganz entspannt im Internet zu surfen.
Das Hotelzimmer verfügt über einen Internetanschluss, aber mein Rechner liegt auf Maui. Die günstigste Möglichkeit, ins Netz zu kommen und Dinge zu speichern ist ein Netbook. Die Dinger kosten nicht viel und können noch weniger. Für Emails und etwas surfen dürften sie aber ausreichend sein.
In einem der unzähligen, kleinen Elektroläden schaue mich um. Hier liegen mehrere Netbooks verschiedener Hersteller nebeneinander. Alle sehen sie gleich aus: rechteckig, klein, aber recht dick, schwarzes Plastik. Wahrlich nicht schön, eigentlich sogar potthässlich. Etwas weiter rechts die Neuvorstellung von Apples neuestem iPad: Edles Alu-Design, Touchscreen, flacher als ein Schreibblock – Sexy!
Eine Weile stehe ich davor und überlege. Genau genommen suche ich nur nach einem Grund, mir das

iPad zu kaufen. Normalerweise bin ich wirklich gut darin, mir Dinge schönzureden. Dummerweise fällt mir, abgesehen vom Design, einfach kein Vorteil des iPad ein. Lediglich der Satz aus einer Zeitung kommt mir in den Sinn: „Für Apple ist das iPad ist ein großer Erfolg. Die Leute kaufen es, obwohl Einsatzgebiete für das Gerät erst noch erfunden werden müssen."

Das iPad verfügt weder über einen Netzwerkstecker, noch kann man damit CDs brennen. Tippen ist umständlich, und will man auf Reisen einen Film gucken, muss man es in der Hand halten oder einen Ständer bauen.

Demgegenüber steht eine Akku-Laufzeit von 10 Stunden, kompaktere Maße und schickes Design. Hm, das ist ein deutliches Übergewicht auf der Minus-Seite. Schade.

Im Büro und zu Hause bin ich voll auf Apple gepolt. MacBook, iMac und iPhone sind meine Begleiter im digitalen Leben. Abgesehen von der herausragenden Benutzerfreundlichkeit bin ich der Meinung, man solle sich einen anständigen und auch ansehnlichen Rechner gönnen. Ich habe keine Lust, den ganzen Tag an einem klobigen, hässlichen Computer zu sitzen und will mich freuen, wenn ich ins Büro komme und den Rechner erblicke, mit dem ich die kommenden acht Stunden verbringe.

Heute aber siegt die Vernunft. Für meine Zwecke ist ein Netbook besser geeignet. Abgesehen davon bekomme ich für den Preis eines einzigen iPad vier Netbooks. Dennoch bezahle ich mit einem schlechten Gefühl und beim Verlassen des Ladens hängt mein Blick am ausgestellten iPad.

Im Hotel angekommen, entkorke ich erstmal ein „Lone Star" und strecke mich auf dem Bett aus.

Plötzlich fällt mir ein: Nach der Landung habe ich das

Handy noch nicht eingeschaltet. Ich krame es aus dem Rucksack und stelle es an. Kurz darauf piept es wie wild.
Jörn und die Schweizer haben mehrfach versucht, mich zu erreichen. Für jeden Anruf in Abwesenheit kommt nun eine SMS. Die Schweizer sollten sich nur melden, wenn irgendwas nicht stimmt. Die vielen Anrufe von ihnen und Jörn verheißen nichts Gutes.
Sofort rufe ich Jörn zurück. Mailbox. Kein Wunder, hier ist es halb neun, also ist es auf Maui halb drei nachts.
Als ich das Handy vom Ohr nehme, piept es wieder. Eine SMS von Jörn: „Check deine Emails!“
Aufgeregt schalte ich das Netbook ein. Während es hochfährt, leere ich das erste Bier. Ich hatte ganz vergessen, wie lahm diese Windowskisten sind. Erst als der Flaschenboden des zweiten „Lone Star“ ebenfalls trocken fällt, ist das Computerchen endlich bereit für mich.
Ich logge mich als ernie@yahoo.com ein. Im Postfach sind drei Mails von berti@yahoo.com. Ernie und Bert fand ich irgendwie lustig, als ich die Adressen auf Maui eingerichtet habe. Bert war schon vergeben, aber Berti ging. Also ist Jörn jetzt Berti und ich bin Ernie.
Die erste Mail ist von gestern, die beiden anderen von heute. Wir haben verabredet, uns jeden Abend eine Mail mit den Ereignissen des Tages zu schreiben.
Zwei Mails heute bedeutet: Irgendetwas ist passiert, nachdem Jörn die erste Mail bereits abgeschickt hatte. Dennoch lese ich die Mails chronologisch:
Von: berti@yahoo.com
An: ernie@yahoo.com
Betreff: Tag 1
Datum: 03. Oktober, 21:04:57 HST. HST steht für „Hawaii Standard Time“, das offizielle Kürzel der Zeitzone, in der Hawaii liegt.

Hallo Ernie,
sag mal, wie bist du eigentlich auf diese blöden Namen gekommen?! Egal, du bist heute Mittag erst geflogen. Ich habe den ganzen Tag vom Berg auf Kahoolawe geglotzt, und es ist rein gar nichts passiert. Alles in allem also ein ziemlich öder Tag. Ich habe den Akku der Kamera im Busch gewechselt. Morgen sehe ich mir an, was auf dem Chip ist.
Ganz im Ernst: Du in Shanghai, ich mit Fernglas auf dem Berg. Wir sind doch bekloppt!
Gute Nacht,
Dein Berti

Unspektakulär. Ab zur nächsten Mail:
Von: berti@yahoo.com
An: ernie@yahoo.com
Betreff: Tag 2
Datum: 04. Oktober, 19:36:17 HST
Mensch Ernie,
wir wollten uns doch jeden Abend schreiben. Jetzt muss ich schon den zweiten Abend in Folge ohne Liebesbrief von dir einschlafen. Nicht mal eine SMS! Wir müssen an unserer Kommunikation arbeiten, hörst du?
Ja, das war ein Wurf mit dem Zaunpfahl in deine Richtung. Sicher ist dir aufgefallen, dass ICH meinen Teil unserer Abmachung mit an Perfektion grenzender Sicherheit erfülle.
Jetzt zum offiziellen Teil: Mit Fernglas bewaffnet bin ich heute auf dem Berg vor Langeweile fast umgekommen. Abends habe ich den Speicherchip der Buschkamera ausgetauscht. Und siehe da: Es tut sich was.
Im ersten Tageslicht ist heute morgen eine Art Schleppverband aus der Bucht ausgelaufen, von der wir mit dem Boot geflohen sind. Da wir die gesamte Insel

gefilmt haben, ist alles sehr klein und wird bei entsprechender Vergrößerung völlig unscharf. Mein Tipp: Ein Schnellboot zieht den Schwimmponton, an dem die Boote festgemacht waren, aus der Bucht. Auf dem Ponton ist irgendetwas, was nicht eindeutig zu erkennen ist. Könnte ein Seecontainer sein,wie er auf Frachtschiffen verladen wird.
Es könnte auch was anderes sein, aber es ist rechteckig und müsste von den Maßen her hinkommen. Ausserdem würde es zu dem Frachter passen, von dem die Rede war.
Ich kann mir noch keinen Reim darauf machen, werde aber morgen bei Sonnenaufgang am Start sein um zu schauen, ob die Partygesellschaft zurück kommt.
So, und nun hör auf, dich mit den hübschen Asiatinnen zu vergnügen und schreib, was bei dir los ist. Wurdest du am Flughafen erwartet? Konntest du schon etwas herausfinden?
Aloha,
Berti

Die Mail gibt schon mehr her. Allerdings wirft sie eher Fragen auf als Antworten zu geben: Wohin fährt der Schleppverband? Befindet sich wirklich ein Seecontainer auf dem Schwimmponton? Wie passt das alles zu Jörns Entführung? Wird der Seecontainer weggebracht oder irgendwo mit irgendetwas befüllt?
Die dritte Mail wurde um 22:14:11 HST verschickt.
Zwischen den Mails liegen zwei Stunden und 38 Minuten, in denen etwas passiert sein muss. Der Betreff verheißt nichts Gutes:

Von: berti@yahoo.com
An: ernie@yahoo.com
Betreff: Große Scheiße!!!
Datum: 04. Oktober, 22:14:11 HST
Scheiße, die Schweizer riefen auf dem Geheimhandy an. Auf ihrem Heimweg vom Strand bemerkten sie über Haiku eine Rauchsäule. Sie vermuteten ein Feuer in unserer Straße, also sind sie hingefahren. Als sie ankamen, war das Haus meiner Vermieter bereits bis auf die Grundmauern abgebrannt!
Ich bin sofort mit dem Motorrad hin. Die Feuerwehr war vor Ort, konnte aber nichts mehr ausrichten. Das Haus war quasi schon weg, als sie ankamen. Offenbar breitete sich das Feuer rasend schnell aus. Die Nachbarn hörten einen lauten Knall und Sekunden später stand das gesamte Haus in Flammen.
Stefan, meine Vermieter sind beide tot! Sie wurden völlig verbrannt im Haus gefunden.
Die Polizei geht von einer Gasexplosion aus.
Allerdings erzählten mir meine Vermieter, Jason und Sarah, ich müsse mit dem Elektroherd auskommen, da sie vor zwei Jahren das Gas abgestellt hätten. Sie hatten Angst, die Bude könne ihnen um die Ohren fliegen und haben Herd und Warmwasser auf Elektro umgestellt!
Ich glaube, das war kein Unfall. Ganz bestimmt hat Andrews Jason und Sarah umgebracht, als er nach mir suchte!
Sei bloß vorsichtig in Shanghai und melde dich bitte endlich!!!"

Ich klicke auf „Antworten":
Von: ernie@yahoo.com
An: berti@yahoo.com
Betreff: Re: Große Scheiße!!!

Datum: 04. Oktober, 21:38:47 CST

Hi,

Entschuldige, ich habe vergessen, das Handy nach der Landung einzuschalten. Mir geht es gut!

Das mit deinen Vermietern ist krass. Ist es vielleicht doch an der Zeit, die Polizei einzuschalten?

Ich wurde tatsächlich am Flughafen erwartet und konnte dem Typen bis in ein Bürogebäude folgen. Die Adresse ist: Baiyang Road 348. Im Erdgeschoss befindet sich die China Construction Bank. Unser Mann verließ den Fahrstuhl in der vierundzwanzigsten Etage. In diesem Stockwerk sind sechs Büros untergebracht:

1. „Accrasoft“ - Softwareentwicklung.
2. „Pacific Prime“ - Versicherung.
3. „Texchina“ - Textilvertrieb.

Auf der Informationstafel im Aufzug sind noch drei weitere Namen für diese Etage aufgeführt:

„SHRMMS“, „Zhang“ und „Evans“.

In die ersten drei Büros habe ich einen Blick geworfen, in das vierte mich selbst. Aber das erzähle ich mal in Ruhe. Die verbleibenden drei Namen habe ich gerade gegoogelt: „SHRMMS“ ist ein Verlag für Kalender. „Zhang“ scheint ein Nachname zu sein, „Evans“ ebenfalls. Das passt ins Bild: vier Türen hatten Firmenschilder, die letzten beiden nicht. Die Büros haben nichts mit Schiffen zu tun, daher werde ich mich auf „Zhang“ und „Evans“ konzentrieren.

Ich rufe dich morgen an.

Prost,

Stefan

In den folgenden zwei Stunden versuche ich, einen der Namen mit einer Reederei oder sonst irgendwie mit Schifffahrt in Verbindung zu bringen. Fehlanzeige.

In dem Moment, in dem ich mich entschließe, für heute aufzugeben, fällt mir jemand ein, der eventuell helfen könnte. Mein alter Freund Alex kommt aus einer Hamburger Reederfamilie und hat mittlerweile eine eigene Reederei. In Deutschland ist es jetzt 18 Uhr. Ich greife zum Telefon und wähle seine Nummer.

„Aloha Stefan!" ertönt es nach kurzem Freizeichen.

„Hö?! Woher weißt du..."

„Auf meinem Display steht die Vorwahl 001-808 für Hawaii, und so wahnsinnig viele Leute kenne ich nicht, die gerade dort sind."

„Ach, ich rufe ja vom Handy an. Ich bin allerdings in Shanghai, nicht auf Maui. Das ist eine lange Geschichte, die dir ich beim nächsten gemeinsamen Bier erzähle. Jetzt benötige ich erst einmal deine fachliche Kompetenz. Sagt dir der Name „Zhang" oder „Evans" etwas in Zusammenhang mit Seeschifffahrt?"

„Was ist los, bin ich dein Telefonjoker bei „Wer wird Millionär"?"

„Nein. Du, ich bin ziemlich müde. Ich erklär es dir später, OK?"

„Na gut, spontan klingelt bei mir nichts, wenn ich die Namen höre. Aber ich kann mal rumfragen. Dafür müsste ich zumindest in etwa wissen, worum es geht."

„Tja, ich hatte gehofft, das von dir zu erfahren. Ich fische ziemlich im Trüben. Jedenfalls vermuten wir, dass einer von den beiden gewaltig Dreck am Stecken und etwas mit einem Frachter zu tun hat, der von Shanghai nach Hawaii fährt."

„Shanghai – Honolulu ist nicht gerade stark befahren. Da sollte ich etwas rausfinden können. Was meinst du mit „Dreck am Stecken"?

„Ich gebe dir mal eben die Kurzversion: Auf Maui wurde Jörn entführt. Ich wurde dabei fast umgebracht, konnte

Jörn aber aufspüren und ein paar Tage später befreien. In seiner Gefangenschaft hat er etwas von einem Frachter aufgeschnappt, der von Shanghai kommen soll. Allerdings war Jörn auf Kahoolawe gefangen; ich weiß nicht, ob der Frachter Honolulu anfährt. Wir wissen nur, dass er aus Shanghai kommt und Jörn auf diesen Frachter gebracht werden sollte. Mittlerweile ist Jörns Unterkunft abgebrannt, dabei sind seine Vermieter zu Tode gekommen. Er versteckt sich auf Maui; ich versuche, hier in Shanghai rauszubekommen, mit wem wir es eigentlich zu tun haben."
Stille
„Bist du noch dran, Alex?"
„Ja ja. Ich habe kurz überlegt, ob du mich verarschst, aber die Story ist zu abgefahren. Die kannst du dir nicht ausgedacht haben."
„So sieht´s aus."
„Ich höre mich vorsichtig um. Ist wohl besser, Herr Zhang oder Herr Evans bemerken nicht, wenn man sich nach ihnen erkundigt. Ich rufe dich morgen an. Sieh zu, dass dir bis dahin nichts passiert. Vielleicht ist es nicht schlecht, wenn du alles aufschreibst und mir per Mail schickst. Sollte Jörn oder dir etwas zustoßen, kann ich mich an die Polizei wenden und habe etwas in der Hand."
„Gute Idee, Alex! Jörn und ich mailen uns jeden Abend die Ereignisse des Tages, damit jeder immer auf dem aktuellsten Stand ist. Ich werde dir die letzten Mails weiterleiten und alle Zukünftigen in Kopie schicken."
Wir verabschieden uns, anschließend überlege ich mir bei einem letzten leckeren „Lone Star" für heute einen Plan für morgen.
Einen Wecker brauche ich nicht, der Jetlag lässt mich gegen 5:30 Uhr erwachen. Vor dem Frühstück verbringe ich zwei Stunden im Internet und telefoniere mit Jörn. Die

Onlinerecherche bringt keine Neuigkeiten, weder für „Zhang“ noch für „Evans“ gibt es passende Treffer. Das Telefonat mit Jörn fördert ebenfalls nichts Neues zu Tage. Er erzählt von dem Feuer und seinen Vermietern. Außerdem ist er nachts zu meiner Wohnung gefahren und hat sämtliche Sachen an sich genommen, die mir gehören. Sollte Andrews in Jörns Zimmer einen Hinweis auf mich gefunden haben und herausbekommen, wo ich wohne, sieht es so aus, als wäre ich abgereist. An meiner Balkontür entdeckte Jörn einen Zettel meines Vermieters mit der Nachricht, er sei ein paar Tage auf das Festland gereist. Das ist schon mal gut, so kann zumindest er nicht zu Schaden kommen.

Die Ereignisse auf Maui sind nicht gerade beruhigend. Andrews weiß zwar nicht, wer und wo ich bin, aber er sucht nach uns. Sicherheitshalber packe ich Netbook, Geld und die beiden Reisepässe in meinen Rucksack. Jetzt kann ich jederzeit verschwinden, ohne ins Hotel zurückkehren zu müssen.

Auf der Straße kaufe ich mir ein neues T-Shirt. Ich ziehe es sofort an und schenke mein altes einem jugendlichen Bettler. In Shanghai bekommt man für weniger als drei Euro ein T-Shirt, insofern lohnt es sich nicht, zu waschen. Da ich eh fast ohne Gepäck unterwegs bin, kann ich meine getragenen Klamotten besser verschenken als wegwerfen.

Ich warte auf Alex´ Rückruf. Sollte er nichts rausfinden, muss ich erneut in das Bürogebäude, in dem „Zhang“ und „Evans“ wohnen. Ich bin nicht gerade scharf darauf, in die Etage vierundzwanzig zurückzukehren, also hoffe ich auf Alex.

Um die Zeit zu vertreiben, beschließe ich, den Hafen zu erkunden. Auf der Suche nach einem TukTuk entdecke ich aus dem Augenwinkel im Schaufenster eines kleinen

Ladens Tarnkleidung, Messer und sonstiges Armeezubehör. Ich gehe weiter, denke nach, drehe um und betrete den Laden.

Nach den Vorkommnissen auf Maui ist eine leichte Bewaffnung zu Verteidigungszwecken vielleicht angebracht. Der kleine Laden lässt kaum Wünsche offen. Abgesehen von scharfen Waffen, gibt es alles, was das Herz eines Armeefans höher schlagen lässt: Messer und Schlagringe haben ihren Platz neben Ferngläsern, Benzinkanistern, Trinkflaschen und olivgrüner Tarnschminke für den Kampfeinsatz. Den Bereich mit der Tarnkleidung lasse ich eben so links liegen wie das Campingbesteck. In der Messerabteilung gibt es leichte Waffen und Tränengas. Etwas weiter hinten erblicke ich sogar Schreckschusspistolen. Da ich aber schon mit zwei unterschiedlichen westlichen Reisepässen in der Tasche durch ein sozialistisches Land spaziere, will ich nicht auch noch mit Schusswaffen erwischt werden, selbst wenn sie nicht wirklich schießen können. Sollte ich in eine Personenkontrolle geraten, komme ich gegenüber der Polizei auch ohne Waffenattrappe in Erklärungsnot.

Ich wende mich von der Vitrine mit den Handfeuerwaffen ab und nehme Kurs auf die Messer, als der Verkäufer mich abfängt.

Ob ich auf dem Weg in die Frauenecke sei, will er wissen und nickt verschmitzt in Richtung Messer.

Ich kontere mit der Frage, ob er Schreckschusspistolen sonderlich männlich findet.

Offenbar verletzt das seinen Stolz. Er druckst herum und faselt etwas von seinem besonderen Service für besondere Kunden, im Hinterzimmer und so.

Das fehlt mir gerade noch! Eine illegale, scharfe Waffe. Wenn ich damit aufgegriffen werde, kann ich sie besser gleich gegen mich selbst richten, bevor ich als westlicher

Terrorist verurteilt, bis an mein Lebensende in einem chinesischen Gefängnis vergammle oder gehängt werde.
Nein danke, da lebe ich meine Shoppinggelüste lieber in der Frauenecke aus und kaufe ein oder zwei modische Messer, die gut zu meinen Schuhen passen und eine schlanke Wade machen.
Kurz darauf verlasse ich den Laden mit einer Plastiktüte, in der sich ein Klapp- und ein Butterfly-Messer den Platz mit einer Dose Tränengas teilen.
Während der TukTuk Fahrt in den Hafen wandern meine Gedanken automatisch zu meiner Kunstflugerfahrung mit Bob. Obwohl sich das Dreirad nur zweidimensional und nicht hoch oder runter bewegen kann, ist mir flauer im Magen als im Doppeldecker.
Am Ziel angekommen, kaufe ich eine Fahrkarte für eine Hafenrundfahrt. Erst in der Wartehalle schaue ich mir die Karte genauer an und lese „Bewundern Sie drei der fünf alten Hafenanlagen Shanghais vom Wasser..."
- Wieso „alte" Hafenanlagen? -Und warum nur drei von fünf?
Im Grunde weiß ich nicht, was ich mir von der Rundfahrt verspreche. Es ist unwahrscheinlich, hier einen Hinweis zu finden, aber sich einen Überblick zu verschaffen, kann nicht schaden. Dafür wäre es natürlich besser, den gesamten Hafen zu sehen.
Ein Blick in den Reiseführer bringt Licht ins Dunkel: 2005 wurde ca. 100 Kilometer südlich der Stadt ein neuer Tiefseehafen eröffnet. Insgesamt besteht der Hafen von Shanghai aus zehn Anlagen. Fünf in dem neuen Hafen und fünf hier in der Stadt.
Die Rundfahrt beginnt an der Mündung des Jangtsekiang in das Ostchinesische Meer und führt flussaufwärts bis zu der Stelle, an der der Huangpu in den Jangtsekiang fließt. Noch weiter flussaufwärts befinden sich die restlichen

zwei alten Hafenanlagen.
Was soll´s?! Eigentlich mache ich die Rundfahrt nur, um Zeit totzuschlagen bis Alex anruft.
Unser Schiff würde ich irgendwo zwischen „grenzwertig“ und „Seelenverkäufer“ einstufen. Der Name „Habour Explorer IV“ wirft unweigerlich die Frage auf, ob seine drei Vorgänger ausgemustert, woanders im Dienst oder einfach gesunken sind. Über den Atlantik würde ich mit dem Ding jedenfalls nicht wollen, genau genommen hätte ich schon Bedenken, damit von Kiel nach Flensburg zu schippern. Naja, für eine Hafenrundfahrt wird es schon reichen.
An Bord lehne ich mich zurück, bestelle ein „Lone Star“ und lese weiter im Reiseführer.
„2006 wurden die Häfen von Shanghai mit einem Umschlag von 537 Millionen Tonnen erstmals zum weltweit umschlagstärksten Hafengebiet.“
Aha.
„Der Jangtsekiang ist der längste Fluss Asiens und nach Nil und Amazonas der drittgrößte der Welt.“
So so, man lernt nie aus.
„Er teilt China in Nord- und Südchina und führt im Jahresdurchschnitt 31.900 Kubikmeter Wasser pro Sekunde.“
Sieh an, sieh an. Als ob man sich darunter etwas vorstellen könnte...
„Der Fluss hat viele Schluchten, die bekanntesten sind Qutang, Wuxia und Xiling zwischen Chongqing und Yichang, die inzwischen durch den umstrittenen Bau eines weiteren Großkraftwerkes, des Drei-Schluchten-Damms, geflutet werden, sodass ein 600 km langer Stausee entstand, dessen Wasserspiegel bei mittlerer Füllung 175 m über Normal Null liegt.“
Aha, davon hat man selbst als rechtschaffener

Mitteleuropäer schon gehört.
„Der Jangtsekiang ist bekannt für seine Flutkatastrophen, die in den letzten 100 Jahren drei Millionen Menschen das Leben kosteten".
Beeindruckend. In der Uni hatte ich einen Professor für Bevölkerungswissenschaften, der würde sich jetzt freuen. Er stand auf Naturkatastrophen und Kriege, hat immer ausgerechnet, wie viele Menschen heute auf der Erde leben würden, hätte es nicht hier und da eine verheerende Katastrophe gegeben. Seine Ansichten zu dem Thema waren nicht immer politisch korrekt, aber ganz unrecht hat er nicht. Im 14. Jahrhundert fiel etwa ein Drittel der europäischen Bevölkerung der Pest zum Opfer. 25 Millionen Menschen fanden damals den Tod. Hätten diese 25 Millionen überlebt und sich über die Jahrhunderte vermehrt, würden in Europa heute ca. 300 Millionen Menschen zusätzlich leben. Das bedeutet: 300 Millionen Menschen mehr, die Rohstoffe verbrauchen und Müll produzieren.
Es gibt verschiedene Berechnungen, wie viele Menschen die Welt verkraften kann. Die Ergebnisse schwanken zwischen sieben und zwölf Milliarden. Derzeit leben etwa 6,9 Milliarden Menschen auf der Erde, wäre also besser, wenn das Modell mit den sieben Milliarden falsch liegt.
Mein Bier wird von einer zuckersüßen Asiatin serviert, und ich lege den Reiseführer beiseite. Die Bar hat jedenfalls Stil, das Bier ist eiskalt, und auf dem vorgekühlten Glas bilden sich bereits erste Tropfen Kondenswasser. Die Bedienung füllt das Bier in das Glas und nimmt die leere Flasche gleich wieder mit. Gefährlich, allein schon wegen der Optik könnte ich den ganzen Tag ein Bier nach dem anderen trinken. Wie lecker das aussieht!
Gerade als ich mir den ersten Schluck des wunderbaren

Getränkes genehmige, schneidet eine markerschütternde Stimme durch die friedliche Umgebung. Ein solches Gekeife mit besserwisserischem Unterton habe ich seit meiner Schulzeit nicht mehr gehört. Bei dieser nervtötenden Stimmfrequenz erscheint sofort meine letzte Deutschlehrerin vor meinem geistigen Auge. Sie hatte die Angewohnheit, hinter mir stehen zu bleiben und mit ihrem Zeigefinger an mir vorbei in mein Heft zu patschen. Dabei kam Ihre Achselhöhle gefährlich nah an meinen Kopf samt Nase. Allein das reichte, um einen Brechreiz auszulösen. Nachdem sie ihren Finger wieder von meinem Heft löste, blieb auf dem Papier ein Fettfleck zurück. Spätestens jetzt war einem nicht mehr nach Mittagessen zumute.

„Paul-Johann, was wird das jetzt?“ schnauzt die „Dame“ hinter mir. „Willst du noch was, oder soll ich die Minna wegpacken?! -Guck mal der Mann vor uns trinkt schon Bier. Um diese Zeit! Es ist grad mal 12 Uhr mittags. Paul-Johann, pass bloß auf, dass du nie soweit abrutschst. Wie asozial, das ist doch nicht normal!“

Deutsche! Ausgerechnet hier treffe ich auf eine Deutsche der schlimmsten Art. Solche Menschen sollte man durch Nichtachtung strafen, aber mein Interesse ist geweckt. Was ist eine Minna?

Ich drehe mich um und erblicke eine mollige Frau, die trotz massiven Einsatzes von Schminke recht ungepflegt wirkt. Ihre linke Brust ist entblößt und der etwa drei Jahre alte Knirps vor ihr versichert, keinen Hunger mehr zu haben.

Wäre ich eine Figur in einem Asterix Comic, würden meine weit aufgerissenen Augen jetzt einen halben Meter vor meinem Kopf gezeichnet sein und in einer großen Denkblase wäre ein riesiges Fragezeichen vor einem noch größeren Ausrufezeichen.

Heiliger Bimbam, das Kind kann laufen und sprechen und sie stillt es noch!
Ich gucke den Kleinen an. Er tut mir leid, schließlich konnte er sich seine Mutter nicht aussuchen. „Hallo Paul, frag doch mal deine Mutter, was sie glaubt, wie viele Menschen zum Mittagessen ein Bier trinken und wie viele ihre dreijährige Kinder noch stillen. Dann wird sich zeigen, was hier nicht normal ist!"
Ertappt und beschämt, weil ich sie verstanden habe, fällt ihr nichts Besseres ein, als mich zu belehren:
„Er heißt Paul-Johann, mit einem Bindestrich. Außerdem gibt es nichts Gesünderes auf der Welt als Muttermilch. Aber von Gesundheit verstehen Sie wohl nicht so viel."
Da wird ja das Bier im Mund sauer!
Ich wende mich erneut an den Kleinen und spreche ihn bewusst mit falschem Namen an:
„Paul-Bertram, ich hoffe du saugst nicht allzu viel des Charakters deiner Mutter mit auf, noch scheinst du ja ganz nett zu sein."
Herrlich, das saß. Jetzt schreit sie mich an:
„Er heißt Paul-Johann..."
„Warum eigentlich, mögen Sie ihn nicht?" falle ich ihr ins Wort.
Sie schluckt. „Was fällt ihnen ein?!"
Ich mache weiter: „Wenn man ein Kind zur Welt bringt, und es liegt dann da - klein und hilflos und niedlich. Dann nennt man es doch nicht Paul-Johann! Einem Kind gibt man einen guten Namen. Einen Namen, der zu ihm passt und mit dem es später nicht ständig gehänselt wird."
„Eine Frechheit ist das! Woher nehmen Sie das Recht..."
Dann fällt ihr nichts mehr ein.
„Schade", sage ich: „Ich hatte Sie für schlagfertiger gehalten. So macht das keinen Spaß. Aber um Ihre letzte Frage mit einer Gegenfrage zu beantworten: Wer gibt

Ihnen das Recht, fremde Menschen als „asozial" zu bezeichnen? Ich lasse Sie nun allein und suche weiter vorne an Bord nach einem Gesprächspartner, der nicht hinter dem Rücken anderer Leute über diese herzieht. Ich wünsche Ihnen und Paul-August noch einen schönen Tag. Genießen Sie die Rundfahrt!"
Beim Aufstehen deute ich eine Verneigung an und entschwinde aus ihrem Dunstkreis. Respektlosen Menschen sollte man stets besonders höflich gegenüber treten.
Auf dem Weg nach vorne klingelt mein Handy. Es ist Alex.
„Deinen Herr Evans gibt nichts her, aber ich hätte eine Frau Evans zu bieten."
Mein Atem stockt: „Erzähl!"
„Elisabeth Evans, kurz Liz: 45 Jahre alt, sportlich, Amerikanerin. Ihr Vater hatte eine eher unbedeutende Reederei in Kalifornien, die sie geerbt hat. Anfangs ging es bergab, sie konnte mit den Preisen der großen Reedereien nicht mithalten.
Plötzlich aber fing sie wie wild an, Schiffe zu kaufen, allerdings keine Neuen. Sie kauft praktisch jedes Schiff, das nach Alang sollte."
„Moment, tu´ mal kurz so, als hätte ich von der Schifffahrt keine Ahnung."
„OK: Schiffe haben eine Art Verfallsdatum. Durch die ständige Schaukelei ermüdet das Material. Je nach Bauweise sollte ein Schiff nach 25 bis 35 Jahren ausgemustert werden. Die Schiffe werden meist in Indien demontiert, der bekannteste Hafen dafür ist Alang."
„Sie kauft also schrottreife Kähne."
„Genau. Die alten Dinger bekommt man für ´nen Appel und ein Ei. Allerdings ist es nicht einfach, damit eine Reederei zu betreiben. Die Versicherungsprämien für die

Frachter sind horrend und Leasinggesellschaften nehmen diese Schiffe nicht."

„Leasing?"

„Normalerweise kauft eine Reederei ein Schiff. Dieses wird von einer Gesellschaft geleast, die für die Frachten sorgt. Die Reederei finanziert die Schiffe und hält sie in Schuss, um die Auslastung kümmern sich die Leasinggesellschaften. Ohne deren Hilfe wird es schwierig, die Schiffe voll zu bekommen. Die Leasinggesellschaften agieren weltweit und arbeiten mit Speditionen und Paketdiensten zusammen. Da kann eine einzelne Reederei nicht mithalten."

„Frau Evans kauft also alte Schiffe billig auf, die aber im Unterhalt sehr teuer sind und nicht viel Geld einbringen. Richtig?"

„So kann man es zusammenfassen, ja. Es kommt noch hinzu: Reedereien gehen mit ihren Schiffen meist sehr gut um. Denn selbst wenn eine Versicherung einen Vollverlust ausgleicht, ist der Imageschaden immens. Sinkt ein Schiff, kann die Reederei eigentlich gleich dicht machen. Deine Frau Evans fährt volles Risiko. Wie gesagt, eigentlich war sie schon pleite, als sie anfing, alte Schiffe zu kaufen. Woher sie das viele Geld damals hatte und warum ihr Geschäftsmodell funktioniert, kann sich niemand in der Branche so recht erklären. Aber offenbar tut es das, sie hat Wohnsitze auf der ganzen Welt, schicke Autos, fliegt ausschließlich First Class und wirft mit Geld nur so um sich."

„Na das klingt doch, als hätte sie Dreck am Stecken!"

„In der Tat. Sei bloß vorsichtig, die Dame kann auch die Krallen ausfahren."

„Alex, kennst du sie, oder hast du sie mal getroffen?"

„Das Vergnügen blieb mir bislang verwehrt, aber ich habe ein Bild von ihr. Sie ist kamerascheu, ein Freund hat sie im Hintergrund bei einem Empfang in der amerikanischen Botschaft in China mit drauf. Das Photo hab´ ich dir gemailt. Ihre Reederei heißt übrigens „G.S.S.“, das steht für „Golden State Shipping“, wohl eine Hommage an ihr Heimatland. Kalifornien wird in Amerika auch Golden State genannt. Normalerweise haben Reedereien in jedem Hafen ein Zollumschlagslager, in dem die Waren zwischengelagert werden, bevor sie in den Zoll gehen. Vielleicht findest du ja in Shanghai eins. Aber ich sag´s noch mal: Pass bloß auf!“

Kapitel 10

Nach dem Telefonat mit Alex ist mein Nervenkostüm noch klappriger als der Kahn, mit dem ich gerade durch den Hafen schippere. Erstmal ein Bier zum Runterkommen. Mit einem frischen „Lone Star“ lehne ich mich an die Reling und schaue auf die Skyline Shanghais. Neben mir zitiert jemand aus einem Reiseführer: „Der Oriental Pearl Tower war bei seiner Fertigstellung mit 468 Metern das höchste Bauwerk Chinas.“

Vorhin war es mir noch peinlich, wie wenig ich über Shanghai weiß. New York kennt jeder Europäer, dabei ist die Bevölkerung Manhattans mit 1,6 Mio Einwohnern nicht mal ein Zehntel so groß wie Shanghai. Warum sind alle so Amerika-fixiert?! Warum lernen wir in der Schule nicht chinesisch und machen den Schüleraustausch hierher? Amerika stolpert früher oder später über die eigene Arroganz - eher früher als später. China ist die Zukunft. Aber Europa lässt sich immer noch von Uncle Sam blenden und belächelt China als dummes Dritte Welt Land. Großer Fehler.

Doch seit dem Anruf ist mir China scheißegal. Ich habe neue Informationen und will weiter recherchieren. Stattdessen sitze auf dieser schwimmenden Rostlaube fest und kann in den nächsten drei Stunden nichts daran ändern.

Der Klugscheißer mit seinem Reiseführer referiert lauthals weiter: „...übertroffen wurde der Pearl Tower 2008 vom Shanghai World Financial Center, welches ihn um 24 Meter überragt.“

Genervt suche ich mir eine ruhigere Ecke. Was soll dieser verfluchte Gigantismus eigentlich? In Asien muss alles immer das Höchste, Größte, Schnellste, Teuerste oder Beste sein. Die Chinesen scheinen noch immer an Minderwertigkeitskomplexen zu leiden. Unverständlich,

haben sie doch bereits vor Tausenden von Jahren mit der Chinesischen Mauer eindrucksvoll bewiesen, wo der Hammer hängt.
Irgendwas stimmt doch mit der Welt nicht. Die Amerikaner halten sich für das Maß der Dinge, dabei ist das Land pleite und die innenpolitischen Probleme sind erdrückend. Wirklich gut sind sie nur darin, Kriege zu verlieren.
Die Asiaten haben die Welt an den Eiern. Weit mehr als die Hälfte aller Konsumgüter wird hier produziert, und sie nesitzen mehr Dollar als die USA. Ohne Asien dreht sich nichts mehr. Dennoch müssen sie sich selbst und der Welt immer wieder beweisen, dass sie das Schnellste, Höchste oder Beste bauen können.
Europa hat dem wenig entgegenzuhalten. Jedes Land ist von sich überzeugt: Der stolze Spanier, der überhebliche Franzose, der Macho-Italiener oder der Brite, der, naja, eben britisch ist. Doch es fehlt der Zusammenhalt. Niemand sagt „Ich bin Europäer!“, nein, alle denken sie noch engstirnig in ihren kleinen Landesgrenzen.
Dennoch schauen alle europäischen Nationen zu Amerika auf, ohne zu bemerken, dass sie eigentlich runter gucken müssten, um Amerika zu sehen.
Die Deutschen, ja, die Deutschen... Die sind gut darin, sich die Butter vom Brot nehmen zu lassen. Der Transrapid in Asien – deutsche Technologie. Die erste Mondrakete der Amerikaner – von deutschen Ingenieuren gebaut. Die Liste ist unendlich lang: LCD-Technologie, Walkman, Fax-Gerät, Fahrrad, Hybrid-Motor, der MP3-Standard, die Jeans, das Telefon und zu guter Letzt: Der deutsche Nationalstolz – von einem Österreicher mit Seitenscheitel geraubt.
Die Welt ist doch echt bekloppt. Manchmal denke ich, ich bin der einzig normale Mensch unter der Sonne!

„Noch ein Bier?“, unterbricht die Bedienung meine Gedankenergüsse.
„Ja klar, bring gleich zwei, dann musst du nicht so oft laufen!“
Ha, apropos Gigantismus: wer im letzten Jahrhundert die längste und höchste Mauer im eigenen Land gebaut hat, ist ja wohl klar!
Ich bin jedenfalls stolz, ein Deutscher zu sein. Auch wenn man das, fast 70 Jahre nach dem seitengescheitelten Öschi, immer noch nicht laut sagen darf.
Endlose drei Stunden später knallt unser Schrotthaufen ungestüm an den Anleger und wir machen fest. Ich schaue mich um, ob jemand klatscht, aber das machen Pauschaltouristen scheinbar nur im Flieger.
Im TukTuk geht's zurück ins Hotel. Mein Fahrer versteht, was ich mit „Eilig“ meine, und bei jeder Kurve auf zwei quietschenden Reifen erhöht sich sein Trinkgeld.
Ab auf´s Zimmer und Netbook an. Ich öffne mehrere Tabs im Browser und google parallel „Elisabeth Evans“, „G.S.S.“, „Golden State Shipping“ und „Evans G.S.S.“. Zeitgleich rufe ich meine Mails ab und öffne das Foto aus Alex´ Mail. Da soll noch mal einer sagen, Männer seien nicht multi-tasking fähig!
Die Internetsuche bringt nicht viel. Um genau zu sein, gar nichts.
„Ihre Suchanfrage lieferte keine Treffer“
Ich bin verwundert, heutzutage hat doch jedes Unternehmen eine Website. Es scheint, als gäbe es keine Frau Evans und keine Reederei namens „G.S.S.“. Sicherheitshalber google ich andere Reedereien. Wer weiß, vielleicht sind das ja alles Geheimniskrämer und die Reedereibranche funktioniert nur über Kontakte. Aber nein: Alle anderen Reedereien haben schicke Websites inklusive Imagefilm, Abriss der Firmengeschichte, singen

Loblieder auf die eigene, hochmoderne Flotte und erwähnen das eigentlich überqualifizierte Personal.
Das Schiffahrtsbusiness funktioniert also wie jedes andere auch. Einer krakeelt lauter als der andere, er sei der Beste und drängt sich in den Vordergrund, wo er nur kann: Wohltätigkeitsveranstaltungen, Sportsponsoring, Spendenaktionen, Zeitungsartikel – alles dabei. Schleimige 08/15 Berichte über die Großherzigkeit toller Firmen, präsentiert auf der konzerneigenen Webseite.
Nur Madame Evans scheint mit ihrer „G.S.S." das genaue Gegenteil zu verfolgen.
Keine Treffer.
Sogar der Hund meiner Nachbarin hat eine eigene Website. Aber das ist eine andere Geschichte, die ich nicht erzählen kann, ohne ausfallend zu werden.
Keine Treffer.
Dafür muss man sich schon anstrengen. Irgendjemand stellt doch immer was ins Internet, selbst wenn man es selbst nicht will und keine eigene Seite hat.
Keine Treffer.
Ich google alle möglichen Hafennamen an der asiatischen und amerikanischen Pazifikküste, suche nach Schiffsunfällen, altersbedingten Havarien und lese in der Boulevardpresse über die schmutzigen Geschäfte dubioser Reeder.
Keine verdammten Treffer!
Nach drei Stunden Internetrecherche steht fest: Liz Evans will nicht gefunden werden und darin ist sie echt gut!

Gerade als ich die mageren Erkenntnisse des Tages in einer Mail an Jörn zusammenfasse, kommt Post von ihm.

Von: berti@yahoo.com

An: ernie@yahoo.com

Betreff: Tag 3

Datum: 05. Oktober, 22:47:59 HST

Ahoi Berti,
unser gemeinsamer Freund ist in den frühen Morgenstunden nach Kahoolawe zurückgekehrt. Dieses Mal habe ich ihn höchstpersönlich mit dem Fernglas beobachtet und konnte daher auch einigermaßen scharfe Videoaufnahmen machen. Ich hatte recht, es ist definitiv das andere Schnellboot mit dem Schwimmponton im Schlepptau. Auf dem Ponton ist in der Tat ein Seecontainer. Die Aufnahmen von gestern sind -wie gesagt- recht unscharf, aber ich bin mir sicher: Heute war ein anderer Container auf dem Ponton als gestern.
Der Container heute war rot und hatte eine weiße Aufschrift. Auf den Videoaufnahmen von gestern ist der Container zwar kaum zu erkennen, aber er ist definitiv blau.
Vielleicht hat Christine recht und Andrews handelt tatsächlich illegal mit Waffen.
Ich denke, er hat den Frachter, von dem die Rede war, auf dem offenen Meer getroffen und einen Container voll Sprengstoff gegen einen leeren ausgetauscht.
Ist doch eine Supersache für ihn. Er wird dafür bezahlt, Kahoolawe aufzuräumen und verkauft den Sprengstoff, der kostenlos vor seinen Füßen liegt, illegal weiter.
Wie sieht´s bei Dir aus?

Aloha,

Der Ernie“

Andrews tauscht also auf hoher See Container aus. Jörns Theorie ist gut. Spontan fällt mir keine bessere Erklärung ein. Was passiert eigentlich mit sichergestelltem Sprengstoff aus entschärfter Munition? Er wird wohl kaum eingelagert oder recycled, vermutlich wird er kontrolliert gesprengt. Dabei könnte natürlich niemand feststellen, wie viel und ob tatsächlich etwas gesprengt wurde.
Für Andrews müsste es ein Leichtes sein, tonnenweise hochexplosive Stoffe verschwinden zu lassen.
Bisher dachte ich, das ultimative Geschäft wäre ein eigenes Atomkraftwerk. In den 60ern und 70ern wurde Atomkraft derartig subventioniert: Der Staat hat dir quasi das Kraftwerk geschenkt.
Anschließend verkaufe ich den Strom, verkünde jedes Jahr mit stolz erhobener Brust Milliarden-Gewinne und teile zeitgleich mit, dass der Strompreis leider steigen muss. Komischerweise nimmt es mir keiner krumm und nächstes Jahr mache ich noch mehr Gewinn. Sobald die Brennelemente verbraucht sind und radioaktiver Müll anfällt, rufe ich im Bundestag an, der schickt kurz darauf einen Kastor vorbei und holt den Müll ab. Transport und Lagerung des Mülls zahlt erneut der Steuerzahler.
Während sich alle freuen, wie billig Atomstrom ist und sich auch noch bei mir bedanken, realisiert niemand, dass er den Großteil über seine Steuern zahlt und ich dabei jeden Tag reicher und reicher werde.
Andrews macht es ähnlich. Er bestiehlt den Staat, der ihn bezahlt und verkauft Kampfstoffe, die er eigentlich vernichten soll. Tja, Atomkraft liegt nicht mehr im Trend, da muss man sich eben andere Geschäftsmodelle suchen. Ganz schön pfiffig, der Herr Andrews.
Mittlerweile ist es kurz nach Mitternacht. Meine Internetsuche nach einem Büro der „G.S.S“ in Shanghai ist nach mehr als vier Stunden immer noch erfolglos. Das

letzte Lonestar ist leer und ich beschließe, für heute Schluss zu machen.
Gegen drei Uhr nachts weckt mich mein Blaseninnendruck, die Natur verlangt ihr Recht. Nachts gehe ich immer im Dunklen aufs Klo. Schaltet man im Bad das Licht ein, gewöhnen sich die Augen an die Helligkeit und auf dem Rückweg ins Bett ist man komplett blind. Nachdem ich deshalb einmal in eine geöffnete Tür gerannt bin und mir äusserst schmerzhaft fast die Nase gebrochen habe, bleibt das Licht nachts aus.
Ohne Zwischenfälle erreiche ich das Bad. Auf dem Rückweg ins Bett bin ich guter Dinge und freue mich darauf, ausschlafen zu können. Doch gerade als ich aus dem Bad komme, gefriert mir das Blut in den Adern.
Anfangs ist es eine Art Reflex. Noch bevor ich realisiere was los ist, schaltet mein Körper komplett auf Alarm. Ich bleibe stehen, gespannt wie ein Flitzebogen. Irgendwas stimmt nicht, aber was?!
Ganz links im Augenwinkel war etwas. Ein schwaches Licht. Nicht bei mir, in dem Gebäude gegenüber, in dem Zimmer, dass ich unter Jörns Namen gemietet und mit seiner Kreditkarte bezahlt habe.
Ich starre hinüber, aber nichts passiert. Gerade eben war dort ein weißer, schwacher Lichtstrahl. Genau so ein Licht, wie es die ganze Nacht auf Hotelfluren brennt (kostet ja nichts, ist Atomstrom...).
Jemand hat die Tür von Jörns Hotelzimmer kurz geöffnet und wieder geschlossen.
Eine Weile wage ich kaum zu atmen. Ich stehe mitten in einem dunklen Zimmer und starre auf das Gebäude auf der anderen Straßenseite.
Langsam zweifle ich an meiner Wahrnehmung und bin drauf und dran, alles als schlaftrunkene Spinnerei abzutun, als plötzlich ein helles, gelbes, feuriges Flackern

die Nacht durchbricht.
Das gleiche Flackern habe ich auf der Flucht von Kahoolawe gesehen und zwar, als im Schnellboot auf uns geschossen wurde.
Ich höre zwar nichts, aber gegenüber schießt jemand mit einem Schnellfeuergewehr auf das Bett.
Kurz darauf geht das Licht drüben an. Obwohl man mich aus dem anderen Zimmer nicht sehen kann, befördere ich mich mit einem Hechtsprung hinter mein Bett und gucke vorsichtig rüber.
Auf der anderen Straßenseite stehen zwei maskierte Männer. Jeder hat ein Maschinengewehr mit Schalldämpfer in der Hand.
Das Bett, in dem Jörn hätte liegen sollen, ist durchlöchert, Daunen aus Kissen und Decken fliegen durch die Luft. Im Gegensatz zu mir sind die bewaffneten Herren sichtlich enttäuscht, ein leeres Bett erschossen zu haben. Sie checken das Bad, öffnen die Kleiderschränke und verlassen letztendlich das Zimmer.
Ich sollte triumphieren. Andrews ist in eine meiner Fallen getappt. Mir ist aber nicht nach feiern, im Gegenteil. Ich übergebe mich erstmal ins Klo!
Kurz darauf zähle ich im Bett, der wievielte Mordanschlag auf mich das gerade war. Ich bin aber zu durcheinander, und im Grunde ist es auch egal. Bisher bin ich jedes Mal entkommen. Doch eins steht fest: Irgendwann verlässt mich mein Glück und Andrews erwischt mich. Wenn ich ihm nicht zuvor komme...

Schlafen ist heute nicht mehr. Ich wälze mich hin und her und kann nicht fassen, in was für einen Schlamassel ich geraten bin.
Kurz nach fünf stehe ich auf und dusche. Nach zwei weiteren Stunden erfolgloser Internetrecherche gehe ich

frühstücken. Mittlerweile ist es halb acht, und der Speisesaal füllt sich langsam.
Gegen neun verlasse ich das Hotel zum letzten Mal. Als ich dem TukTuk Fahrer die Adresse Xikang Road Nr. 899 nenne, weiß ich noch nicht, wo ich heute Abend landen werde, aber ganz sicher nicht in meinem alten Hotel. Zunächst fahre ich zum Yi Jia Hotel, meiner zweiten Falle. Allerdings für Christine, ihr hatte ich gesagt, ich würde hier wohnen. Sollte das Wasserglas umgestoßen und das Bett zerschossen sein, spielt sie ein doppeltes Spiel.
Neun Uhr ist eine gute Zeit, das Zimmer zu kontrollieren. Auf den Gängen im Hotel ist erwartungsgemäß viel los. Die Touristen gehen zum Frühstück, die Geschäftsleute eilen zum Termin und mittendrin die Putzkolonne. In diesem geschäftigen Treiben wird wohl kaum ein Erschießungskommando mit automatischen Waffen rumballern.
Will man nicht auffallen, sollte man sich möglichst normal benehmen: In der Lobby grüße ich den Rezeptionisten, den ich nie zuvor gesehen habe, als wäre er mein ältester Freund, nehme einen Apfel aus einer Obstschale, werfe ihn lässig in die Luft, fange ihn wieder auf, beiße rein und schlendere lässig pfeifend zum Fahrstuhl.
An meiner Tür hängt nach wie vor das „Bitte nicht stören“-Schild, und das Wasserglas hinter der Tür kippt erst um, als ich selbige etwas ungeschickt öffne.
Gerade als die Anspannung weicht und ich denke „Christine ist sauber,“ fliegt die Badezimmertür auf. Ein maskierter Asiate springt auf mich zu und ehe ich reagieren kann, rammt er mir ein Messer in die Kehle!

Nein, natürlich nicht: Im Bad ist niemand, und mein Hals bleibt vollkommen messerfrei. Christine kann man

vertrauen.
Nach dieser Erkenntnis überlege ich bei einer Tasse Kaffee in einem der vielen kleinen Restaurants des Messeviertels, was nun zu tun ist. Allerdings fällt mir nichts ein. Ich habe keinen weiteren Ansatzpunkt, irgendetwas in Shanghai ausrichten zu können.
Meine Reise war nicht sonderlich ergiebig, ich hatte mir mehr erhofft. Aber immerhin haben wir mit Frau Evans überhaupt eine Spur.
Nach einem finalen Kaffee mache ich mich niedergeschlagen auf zum Transrapid und nehme innerlich Abschied von Shanghai.
Meine Rückreise beschließe ich, etwas kompliziert zu gestalten. Andrews soll es schließlich nicht zu leicht haben, mir zu folgen. Am Flughafen angekommen, steht mein Entschluss fest. Zunächst soll es nach Peking gehen, dann den nächsten innerchinesischen Flug, egal wo hin. Von dort nach Japan und dann schließlich ab nach Hawaii.
Etwas missmutig schlendere ich am Flughafen entlang, schaue mal hier, mal da und suche nach geeigneten Flügen. Gerade als ich an einem Schalter stehe und im Begriff bin, ein Ticket nach Peking zu kaufen, klingelt mein Handy. Die Nummer auf dem Display beginnt mit der Vorwahl von Deutschland, gefolgt von der Hamburgs. Das kann nur Alex sein. Wortlos verlasse ich den Schalter und drücke auf den grünen Hörer.
„Jo!“ melde ich mich.
„Ja Moin! Ich habe hier was, das dich sicherlich interessiert. Oder hast du bereits mehr über G.S.S. rausgefunden?“
„Nein Alex, das Internet ist leer. In über sechs Stunden Onlinerecherche habe ich keinen einzigen Eintrag über Frau Evans oder die G.S.S. gefunden, geschweige denn

ein Lager in Shanghai. Aber gestern Nacht wurde das Bett zerschossen, in dem ich eigentlich liegen sollte."
„Oh. Dann sollte ich dir gar nicht sagen, weshalb ich anrufe. Fahr´ zum Flughafen und hau ab. Komm am besten gleich nach Deutschland und vergiss den ganzen Scheiß!"
„Am Flughafen bin ich schon. Aber ich kann nicht einfach abhauen. In den Augen von Andrews und wer auch immer mit ihm unter einer Decke steckt, stellen Jörn und ich eine Gefahr für sie da. Die folgen uns auch nach Deutschland. Wir müssen ihnen das Handwerk legen, sonst bestaunen wir die Radieschen bald von unten."
„OK", Alex denkt nach: „Dann sag ich es dir. Was du mit der Information anfängst, kannst du dann immer noch entscheiden: Ein Bekannter von mir war mal im Zollumschlagslager von G.S.S. in Shanghai. Es ist in der Gangdian Road, Nummer 744, ziemlich miese Gegend am Hafen. Im Erdgeschoss befindet sich ein kleines Lager und auf der Vorderseite sind Büros in der oberen Etage. Da die Leasinggesellschaften in der Regel das Be- und Entladen der Schiffe organisieren, ist es normal, dass Reedereien nur kleine Lager haben. Diese Lager werden für Sendungen gebraucht, die nicht über die Leasinggesellschaft laufen.
Bei der G.S.S. kann ich es nicht beurteilen, scheinbar arbeiten sie ja allein.
Wenn du etwas über die Reederei rausfinden willst, dann brauchst du Zutritt zu den Büros. Wie du das anstellst, weiß ich nicht, aber geh´ da keinesfalls allein hin.
Vielleicht ist es besser, sich an die Polizei zu wenden!"
„Danke, Alex! Ich denk drüber nach. Irgendwie rechne ich mir keine großen Chancen aus, mit meiner Geschichte bei der Polizei ernst genommen zu werden. Und wenn die im Lager nichts finden, stehe ich dumm da."

„Auch wieder wahr. Vielleicht ist es wirklich das Beste, du haust ab und tauchst erstmal unter. Nach einer Weile wird Andrews schon vergessen...“
„Ach nee, wenn ich jetzt abhaue, leide ich in den nächsten Monaten an Verfolgungswahn und werde am Ende noch verrückt. Abgesehen davon interessiert es mich, ich will wissen, was hier eigentlich gespielt wird!“
„Stefan, ich wünsch dir alles Gute! Schreib mir täglich, damit ich im Bilde bleibe. Wenn mir noch was einfällt, maile ich es dir.“
Mit diesen Worten verabschieden wir uns, und ohne es bemerkt zu haben, befinde ich mich bereits wieder im Transrapid und rase mit über 400 Sachen zurück in die Stadt.
Ab der Endstation gehe ich die gleiche Strecke wie vor drei Tagen. Gegenüber der China Construction Bank setze ich mich in ein Café, bestelle einen Cappucciono und klappe das Netbook auf. Frau Evans wohnt gegenüber in der vierundzwanzigsten Etage. Während ich bei Google Maps die Adresse des Lagers eintippe, behalte ich den Eingang auf der anderen Straßenseite im Auge.
Gerade als sich das Straßennetz Shanghais auf dem Bildschirm öffnet, tritt Frau Evans auf den Bürgersteig.
Ich fasse es nicht! Auf die Idee, hier einen Kaffee zu trinken, hätte ich auf früher kommen können.
Ein schwarzer Geländewagen, gefolgt von einem schwarzen S-Klasse Benz mit verdunkelten und gepanzerten Scheiben fahren vor. Frau Evans steigt in den Benz und der Konvoi setzt sich in Bewegung.
Ich knalle das Netbook zu, stopfe es eilig in den Rucksack und stürme nach draußen.
Schade um den Kaffee, der gerade serviert wurde.
Die Wagenkolonne samt Frau Evans biegt zwei Blocks

weiter ab. Ich reiße meinen Arm hoch und renne schreiend zum Bordstein. Ich brauche ein TukTuk. Warum, zum Teufel, gibt es ausgerechnet jetzt keinen Stau? Und wieso ist weit und breit kein TukTuk zu sehen?? Verdammte Scheiße, eigentlich staut es hier immer, und im Grunde besteht der Stau aus TukTuks. Alles läuft schief. Nach zwei Minuten ist immer noch kein TukTuk in Sicht.

Die Verfolgungsjagd kann ich knicken, bevor sie anfängt. Evans´ Kolonne finde ich im Straßenwirrwarr des Großstadt-Molochs nie wieder.

Immerhin steht mein Kaffee noch dampfend auf dem Tisch, lediglich die Bedienung schaut mich stark irritiert an. Mir egal, solange sie nicht die Leute mit der Zwangsjacke ruft.

Eine zweite Chance, Frau Evans zu folgen, bekomme ich heute tendenziell eher nicht. Also gucke ich mir das Lagerhaus bei Google an und beschließe, mir die Sache mal in der Realität anzusehen.

Ich bezahle den Kaffee, trete auf die Straße und direkt vor mir hält ein TukTuk, dessen Fahrer mir anbietet, mich irgendwo hinzufahren. Ich frage ihn, warum er nicht vor zehn Minuten schon hier war und steige ohne weitere Erklärung ein.

Alex hat nicht untertrieben, die Gegend ist wirklich unter aller Sau. Hier möchte man im Dunklen nicht Gassi gehen. Die meisten Gehweg-Platten sind zerbrochen und zwischen den Schlaglöchern ist nur noch hier und da etwas Straße übrig. Zwei Meter hoher Maschendrahtzaun umgibt die Grundstücke und ist obendrein mit Stacheldraht verschönert. Die ganze Gegend wirkt, als wäre sie schon vor langer Zeit von der Stadtreinigung vergessen worden. Es ist staubig, überall liegt Müll herum, platt gefahrene Kunststoffflaschen sammeln sich

in den Schlaglöchern und in den Drahtzäunen flattern zerfetzte Plastiktüten im Wind.
Wir befinden uns zwischen der zivilisierten Welt und dem Hafen. Hier werden Güter zwischengelagert und Container entladen. PKWs, Cafés oder gar Fußgänger gibt es hier nicht. Die ganze Umgebung ist menschenabweisender als beim Braunkohletagebau.
Eigentlich wollte ich die Gegend zu Fuß erkunden, doch das scheint mir plötzlich keine gute Idee mehr zu sein. Ich bitte meinen Fahrer, langsam um den Block zu fahren. Ihm scheint das ganze auch nicht geheuer zu sein. Wir werden mehrfach fast von LKWs überfahren, die es nicht gewohnt sind, hier auf kleinere Fahrzeuge zu treffen.
Hausnummer 744 hat im Gegensatz zu den anderen Hallen kein Firmenschild. Das passt zu allem, was ich über die G.S.S. herausgefunden habe.
Das Gebäude steht etwa 40 Meter von der Straße entfernt. Insgesamt fällt es nicht weiter auf, eingezäunt mit dem obligatorischen Maschendrahtzaun inklusive Stacheldrahtkrone, ein großes Tor, durch das LKWs passen, und einen Schotterplatz als Vorgarten. Im Erdgeschoss kann ich eine Laderampe, ein Rolltor und eine Stahltür sehen. In der ersten Etage befinden sich Büros mit Fenstern, von denen einige vergittert sind, andere nicht. Das Grundstück ist komplett umzäunt und grenzt rechts, links und hinten an die jeweiligen Nachbargrundstücke. Die einzige Möglichkeit, auf das Gelände zu gelangen, ist von vorne.
Mit diesem Wissen lasse ich mich zurück in die Stadt chauffieren und bitte den Fahrer, mich an einem Baumarkt abzusetzen.
Für den Zaun reicht ein kleiner Bolzenschneider, die Stahltür wird schon eher ein Problem. Vermutlich könnte man sie mit einem Vorschlaghammer einfach

einschlagen. Dummerweise sind Vorschlaghammer recht schwer und unhandlich. Möglicherweise zieht man selbst in Shanghai ungewollt Aufmerksamkeit auf sich, geht man des Nachts dunkel gekleidet, mit einem Bolzenschneider in der Hand durch ein Gewerbegebiet, obendrein einen Vorschlaghammer lässig geschultert.
Ein Schloss kann man aufbohren, das habe ich mal bei meinem alten Auto gemacht. Allerdings stellte ich mich dabei nicht gerade gut an, und die alte Bulli Tür war erst nach einer halben Stunde auf.
Vor der der Lagerhalle will ich nicht so lange mit einem lauten Bohrer rumstehen. Außerdem ist ein Akkubohrer mit ordentlich Leistung auch nicht viel handlicher als der Vorschlaghammer.
Auf der Suche nach einer Lösung fällt mir ein Schlosserhammer ins Auge. Dieser bildet mit seinen zwei Kilo Kopfgewicht einen akzeptablen Kompromiss zwischen einem normalen Hammer mit 300 Gramm und einem Fünf-Kilo-Vorschlaghammer. Außerdem liegt er gut in der Hand und lässt sich hervorragend verdeckt tragen. Ob er taugt, um eine Tür einzuschlagen, wird sich zeigen.
Im Vorbeigehen stecke ich eine Packung Kabelbinder ein, nach Kahoolawe ist klar: Die kann man immer brauchen! Darüber hinaus wandern noch ein Meißel und eine kleine Taschenlampe in meinen Einkaufswagen.
Bis zum Einbruch der Dunkelheit habe ich noch etwas Zeit.
Ich besorge mir dunkle Klamotten und schenke meine alten einem armen Straßenjungen. Die gute Tat für heute ist vollbracht, das sollte mir etwas Glück für die Nacht bringen.
Als ich ein paar Stunden später in die Gangdian Road einbiege, bin ich mir nicht sicher, ob die Formulierung „im Schutze der Dunkelheit“ angebracht ist. Um ehrlich zu

sein, habe ich eine Heidenangst!
Egal, mein Plan steht. Genau wie auf Kahoolawe: Schnell rein, alles erledigen und schnell wieder raus. Ganz einfach, hat auf Kahoolawe ja prima geklappt!
Vielleicht wird es doch kein Selbstgänger. Abgesehen von der Stahltür eröffnet sich mir gerade ein neues Problem. Tagsüber hatte ich nicht darauf geachtet, aber das Lager von G.S.S. befindet sich doch glatt im hellen Licht der einzigen Straßenlaterne weit und breit! Scheiße!
Man kann mich mich wirklich aus hundert Metern Entfernung sehen, wenn ich hier am Zaun rumfummele.
Vielleicht hätte ich dem Straßenjungen noch ein paar Dollar geben müssen, denn mein Glück scheint mich vollständig verlassen zu haben: Das einzige Lagerhaus, vor dem zwei Wachmänner an einer brennenden Tonne sitzen, ist welches? -Ja, genau: G.S.S.!
Das gesamte Viertel ist dunkler als die Rückseite des Mondes und ebenso verlassen. Nur das beschissene Lagerhaus, in dem ich meinen ersten Einbruch verüben will, ist festlich beleuchtet und obendrein bewacht. Das kann doch nicht wahr sein. Doppelscheiße!
Ich drehe um, bevor ich im Lichtkegel der Laterne erstrahle. Zurück an der HauptStraße biege ich nach links ab und dann gleich die Nächste wieder nach links. Jetzt bin ich in der ParallelStraße zur Gangdian Road und gehe diese entlang, bis ich vor dem Lagerhaus stehe, das an die Rückseite von G.S.S. grenzt. Alles dunkel, von Nachtwächtern nichts zu sehen. Gut.
Sicherheitshalber gehe ich weiter und biege erneut zwei mal links ab, bis ich auf der anderen Seite des Lichtkegels vor G.S.S. stehe. Alle anderen Lagerhäuser in diesem Viertel sind unbewacht und dunkel. Immerhin, es wäre noch viel schwieriger, würde vor jeder Hütte ein Wachmann sitzen.

Also zurück in die ParallelStraße. Mittlerweile fühle ich mich in der Tat von der Dunkelheit geschützt. Dennoch klopft mein Herz heftig, als ich den Bolzenschneider zücke und der erste Draht mit einem leisen „Knuck“ dem sanften Druck der gehärteten Edelstahlklingen nachgibt.
Fünfundzwanzig „Knucks“ später bin ich auf der anderen Seite des Maschendrahtzaunes und überquere vorsichtig das Grundstück.
Das G.S.S. Lagerhaus steht ca. drei Meter vom Zaun entfernt. Seitlich sehe ich das Licht der Straßenlaterne auf der Vorderseite. Die Nachtwächter halten sich offenbar weiterhin vor dem Haus auf, denn wären sie auf einem Rundgang neben dem Gebäude, würde ich ihre Silhouetten im Gegenlicht sehen.
Mit der Taschenlampe leuchte ich die rückseitige Wand ab. Ich hatte auf ein Fenster oder gar eine unverschlossene Tür gehofft. Fehlanzeige, die Wand hat nicht einmal einen Lüftungsschlitz. Sagte ich heute schon mal „Scheiße“?!
An der Rückwand entdecke ich eine Feuerleiter, welche die leise Hoffnung in mir erweckt, ich könnte vielleicht über das Dach in das Gebäude gelangen.
„Knuck“, „Knuck“, „Knuck“... und ich bin drin. Hauptsache, die Wachpenner – äh- Wachmänner kommen jetzt nicht auf die Idee, einen Rundgang zu machen.
Leise klettere ich die Leiter empor.
Oben angekommen gibt es zum ersten Mal für heute Abend gute Nachrichten. Ich stehe auf einem stabilen Flachdach und muss nicht über ein laut knarrendes und knackendes Blechdach balancieren. Unter mir befindet sich die Lagerhalle, am anderen Ende des Hauses liegen die Büros in einer eigenen Etage. Die Straßenlaterne ist nur geringfügig höher als die Büroetage, somit stehe ich im Schatten des Obergeschosses. Es ist wirklich

stockfinster, ich sehe überhaupt nichts. Mit der Taschenlampe könnte ich mich verraten, andererseits ist es nicht viel besser, wenn ich laut scheppernd über einen rostigen Lüftungsschacht stolpere. Ich ziehe mein T-Shirt aus, umwickle die Lampe damit und schalte sie ein. Durch ein paar Lagen T-Shirt dringt gedämpftes Licht, genug um zu sehen, wohin ich laufe, aber nicht genug, um aufzufallen.
Stefan, du bist ein Fuchs!
Gebückt krieche ich langsam über das Dach zu den Büros. Hier endet meine Glückssträhne aber auch schon wieder. Anstelle eines leicht zu öffnenden Fensters finde ich eine komplett gemauerte, massive Wand vor. Mit meinem Zwei-Kilo-Hämmerchen kann ich hier lange klopfen, bis ich drin bin.
Allerdings führt eine weitere Stahlleiter hinauf auf das Dach der Büros. Vielleicht habe ich ja doch noch Glück und finde dort eine Dachluke oder etwas Ähnliches. Mit dem Geschick einer Katze erklimme ich nahezu geräuschlos auch diese Leiter. Immerhin wird das Dach von der Straßenlaterne beleuchtet. Diese Tatsache beschleunigt aber nur die Erkenntnis, dass ich wieder Pech habe. Auf dem gesamten Dach ist weit und breit keine Möglichkeit, in die darunter liegenden Büros einzusteigen.
In den Seitenwänden sind keine Fenster, die Büros haben lediglich welche in Richtung Straße. Wie ich tagsüber bereits gesehen habe, werden diese gerade mit Gittern versehen. Ein Fenster ist erst halb vergittert, vermutlich wird morgen daran weitergearbeitet. Vielleicht hätte ich die Chance, von hier auf das Gitter zu klettern, um dann die nicht vergitterte Scheibe einzuschlagen.
Das löst aber nicht das Problem mit den Nachtwächtern, die genau unter mir an ihrer brennenden Tonne sitzen.

Moment Mal, die sitzen da gar nicht mehr. Verdammt! Schnell renne ich zur rechten Seite und schaue längs am Gebäude entlang. Niemand zu sehen. Ich sprinte auf die andere Seite und sehe die beiden Nachtwächter gerade noch an der Rückseite um die Ecke der Halle biegen.
Mein ohnehin schon beeindruckender Adrenalinspiegel verdoppelt sich abrupt. Jeder Herzschlag hallt in meinem Trommelfell, als würde ein Rammbock dagegen krachen und meine Atmung setzt einen Moment aus.
Scheiße, Scheiße, Scheiße! Wenn sie das Loch im Zaun entdecken, ist es aus.
Ich renne zurück auf die andere Seite und lege mich flach an die Dachkante. Sollte ein Wachmann die hintere Leiter hoch kommen, sieht er mich wenigstens nicht sofort.
Gebannt starre ich auf die Ecke, hinter der die beiden wieder hervorkommen müssen, bei normalem Schritttempo sollten sie eigentlich schon wieder da sein.
Es ist 4:30 Uhr am Morgen, ich hab mal gehört, dies sei die perfekte Zeit für Einbrüche, weil zu dieser Stunde die Müdigkeit am größten ist. Die Leute schlafen tief und auch Polizeistreifen und Nachtwächter genehmigen sich früh am Morgen gerne eine Mütze voll Schlaf.
Mit etwas Glück verziehen sich die Beiden in den Schatten hinter dem Gebäude, um sich kurz lang zu machen.
Die sich bewegenden Lichtkegel zweier Taschenlampen sprechen allerdings dagegen.
Kurz darauf erscheint einer der Beiden. Er leuchtet zurück hinters Haus. Sein Kollege ist noch dort. Scheiße, vermutlich untersucht der eine gerade das Loch im Zaun und der andere geht schon mal los, um Alarm zu schlagen. Was jetzt?!
Plötzlich lacht der Eine laut auf und als der Andere hinter der Halle hervortritt, schließt er noch mit einer Hand

seinen Hosenstall.
Uff, die Jungs haben nur gepisst.
Es hat sich ausgezahlt, das Loch nicht senkrecht in den Zaun zu schneiden, sondern kurz über dem Boden einen waagerechten Schnitt zu machen, durch den ich gerade eben durchrollen konnte. Meldung an mich selbst: „Stefan, du bist manchmal gar nicht so dumm."
Als die Wächter auf halben Wege zurück sind, durchfährt mich ein Geistesblitz, so hell, ganz Shanghai müsste in diesem Moment erleuchtet sein. Ich springe auf und haste in die Mitte des Daches, unter mir die Tonne mit dem Feuer, an der die Nachtwächter gleich wieder Platz nehmen werden.
Eilig krame ich die Dose mit Tränengas hervor und halte sie in der zittrigen Hand. Die Gewissheit, nur einen Versuch zu haben, lässt meine Hände nicht gerade ruhiger werden. Die Zeit bleibt gleichzeitig stehen und rennt davon. Durch das Rauschen in meinen Ohren dringt schon das Geräusch der schweren Schritte der Sicherheitsleute im losen Kies. In jedem Moment können sie um die Ecke biegen.
Ich halte die Luft an und werfe. Die Dose fällt in Zeitlupe. Und fällt. Und fällt. Und fällt. Und verschwindet schließlich mit einem leisen Rascheln in der tiefroten Glut der Tonne. Geil, Dirk Nowitzki ist ein kleines Kind im Vergleich zu mir! Meldung an mich selbst: „Du ausgebuffter Fuchs, du!"
Jetzt heißt es schnell und dennoch leise sein. Die Hitze lässt den Druck in der Dose immer weiter steigen, bis sie ihm nicht mehr standhalten kann. Das führt unweigerlich zu einer Explosion, die meine Gegner überraschen und ihnen literweise Tränen in die Augen jagen wird.
Verblüffte Opfer, die nichts sehen: Das sollte es selbst für mich möglich machen, mit zwei Gegenspielern

gleichzeitig fertig zu werden.
Die erste Leiter rutsche ich eher hinab, als das ich sie runterklettere. Dank meiner Turnschuhe schaffe ich es im Laufschritt fast lautlos über die Dachpappe, doch als ich gerade an der letzten Leiter ankomme, höre ich einen lauten Knall.
Verdammt, das Tränengas ist früher in die Luft gegangen als gedacht. Die letzte Leiter nehme ich in einem Affentempo, jeder Feuerwehrmann wäre stolz auf mich. Unsanft unten angekommen, sprinte ich wie ein Irrer ums Haus. Ich muss unbedingt verhindern, dass die Wachmänner Alarm schlagen.
Vor der Halle bietet sich mir ein spektakuläres Bild. Überall liegen brennende Glutstücke verstreut herum, mittendrin ein Sicherheitsmann am Boden, der jammernd seine Augen reibt.
Man könnte glauben, es habe gerade ein Luftangriff stattgefunden.
Der andere Wachmann steht aufrecht. Sein Gesicht ist verweint und rußig. Er sieht aus, als seien ihm die Augen komplett ausgelaufen. Als ich fast schon Mitleid mit ihm habe, bemerke ich das Mobiltelefon in seiner Hand. Ohne nachzudenken stürze ich zu ihm, ziehe unterwegs den Bolzenschneider aus der Tasche, hole aus und schlage ihm das Handy aus der Hand.
Er schreit auf und geht sofort zum Angriff über. Seinen Schlägen kann ich ausweichen, schließlich sieht er nicht viel. Asiatische Kampfkunst sollte man dennoch nicht unterschätzen. Ein echter Ninja braucht keine Augen, um zu wissen, wo ich stecke. Also hole ich kraftvoll aus und ballere ihm vorsorglich den Bolzenschneider an den Kopf. Nummer eins fällt um wie ein nasser Sack Kartoffeln. Gut, rüber zu Nummer zwei, der Kamerad liegt winselnd auf dem Boden. Definitiv hat er den falschen Beruf gewählt.

Er bettelt um Gnade, als er mich bemerkt und versucht, meine Füsse zu küssen.
Ich befehle ihm, sich auf den Bauch drehen und die Hände auf den Rücken zu nehmen. Er dreht sich, noch bevor ich mir eine Drohung einfallen lassen muss. Gut so. Ich fessle ihn mit Kabelbinder an Händen, Füßen und sicherheitshalber auch an den Knien.
Wirklich praktisch, diese Kabelbinder sollte man immer dabei haben! Zurück bei Nummer eins, überprüfe ich erst einmal, ob er noch atmet. Gott sei Dank, ja, aber er ist bewusstlos. Um so besser, so lässt er sich leichter fesseln. An den Füßen zerre ich beide neben die Halle und trete die brennenden Glutstücke aus. Von der Straße her soll hier alles normal aussehen.
Die Wachen sind ausgeschaltet, jetzt stellt sich das Problemchen der Stahltür. Vor eben dieser angekommen, wirkt mein Zwei-Kilo-Hammer plötzlich lächerlich klein.
Ich muss mir etwas anderes einfallen lassen und gehe zurück zu den Wachen. Ist besser, ich behalte sie im Auge.
Während Nummer eins noch selig schlummert, starrt Nummer zwei mich durch seine immer noch stark tränenden Augen an. Wieder beginnt er zu wimmern und zu betteln, langsam nervt es, ich sollte ihn knebeln. Als er den Hammer in meiner Hand erblickt, stockt er. „Bitte, nehmen Schlüssel. Aber nicht töten!" stammelt er.
„Was für einen Schlüssel?" frage ich geistesabwesend.
„Schlüssel. Halle. Bitte nehmen, aber mich nix töten!"
Ahh! Der Schlüssel!
„Junge, der Beruf ist nichts für dich.", sage ich, während ich einen Schlüsselbund aus seiner Hosentasche fische. „Morgen suchst du dir einen anderen Job, verkauf doch Eis oder so."
Sein Blick verrät, dass er nicht damit gerechnet hat, den

morgigen Tag noch zu erleben, also füge ich hastig hinzu: „Wenn ich dich vorher nicht umbringe! Bleib´ ruhig hier liegen, wenn ich reingehe, sonst wird es nichts mit dem Eis verkaufen!“
An dem Schlüsselbund sind nur zwei Schlüssel. Ritsch, Schlüssel rein, umgedreht und -zack- die ist Tür offen.
Ist doch ein Kinderspiel bisher!
Ich trete ein und schließe die Tür hinter mir, schlagartig wird es stockdunkel. Die Halle verfügt über kein einziges Fenster. Immerhin kann ich mit der Taschenlampe herum leuchten, so viel ich will, ohne aufzufallen.
Im Lager stehen drei große Ansammlungen von Waren, wahrscheinlich jeweils eine Schiffsladung. Größtenteils handelt es sich um Elektronikartikel, meist LED-Flachfernseher oder Spielkonsolen, alle originalverpackt. Die Kisten der ersten Schiffsladung sind beschriftet mit „Jakarta / Bali“, auf den Kartons der zweiten Sendung steht „Auckland / New Zealand“. Auf der dritten Sendung kleben Aufkleber mit „Buenaventura / Colombia“.
Kolumbien! Bei Kolumbien denke ich unweigerlich an Drogen: Aber gut, selbst wenn mein Vorurteil stimmt. Die zugedröhnten Kolumbianer wollen im Rausch sicher fernsehen. So gesehen, müsste dieses Land einen großen Markt für Unterhaltungselektronik bieten.
Viel interessanter ist aber: Fährt ein Schiff von Shanghai nach Buenaventura, dann kommt es ziemlich dicht an Hawaii vorbei!
Vielleicht ist das die Spur, nach der ich suche. Ich öffne ein paar Pakete, ohne etwas Spannendes zu finden. Sie enthalten jeweils das, was auf dem Karton steht. Was hatte ich auch erwartet?!
Ansonsten ist die Halle leer. Eine Seitentreppe führt ins Obergeschoss. Oben angekommen befinde ich mich in einem Flur, von dem verschiedene Büros, eine kleine

Küche und ein WC abgehen.
Durch die Fenstern kann ich auf den verwüsteten Vorhof gucken. Da ich von der Rückseite auf das Dach gestiegen bin, weiß ich, dass es nach hinten keine Fenster gibt. Das einzige Büro mit Fenstern ist also der Raum am Ende des Flurs.
Naturgemäß wählt der Boss das beste Büro, also muss das der Sitz des Chefs sein. Ich will nicht länger bleiben als nötig, also mache ich mich auf den direkten Weg in dieses Büro. Vor dem halb vergitterten Fenster auf dem Flur fällt mir ein Schweißgerät mit großer Gasflasche auf. Die restlichen Gitter werden wohl morgen vor das Fenster geschweißt.
Das letzte Büro ist tatsächlich recht groß und edel eingerichtet. Schicker Teppich, Ledersessel, massiver Eichenschreibtisch, eine Sitzecke mit Bar und jede Menge Regale mit Aktenordnern. Auch hier steht ein Schweißgerät inklusive Ersatzgasflasche am Fenster.
Ich wende mich den Ordnern im Regal zu und fange an zu suchen. Die Akten sind alle nach der gleichen Struktur angelegt. Auf den Etiketten steht oben der Zielort, danach das Jahr und anschließend sind die durchnummeriert. So steht der Ordner „Jakarta / 2011 / 1“ neben der Akte „Jakarta / 2011 / 2“ und so weiter.
Die Ordner gehen bis ins Jahr 2004 zurück, die Zielorte sind seitdem immer dieselben geblieben: Jakarta, Auckland und Buenaventura.
Es wäre traumhaft, einen Ordner mit einem Jahresabschluss oder der Steuererklärung zu finden: alle Aktivitäten von G.S.S. fein säuberlich abgeheftet, sortiert und bereit zum Mitnehmen. So viel Glück bleibt mir leider verwehrt, also schnappe ich mir den aktuellen Ordner „Buenaventura“.
Als ich mich zum Schreibtisch umdrehe, gefriert mir das

Blut in den Adern und mein Herz setzt - wieder mal - einen Schlag aus.
Am Fenster leuchten Lichtkegel von Autoscheinwerfern auf. Vorsichtig nähere ich mich der Scheibe und schaue nach draußen. Zwei Autos fahren vor, vorne der gepanzerte Mercedes von Liz Evans, gefolgt von dem schwarzen Geländewagen, den ich heute vor der Bank gesehen habe.
Mist, verdammter! Der Wachmann muss einen Notruf abgesetzt haben, bevor ich ihm das Handy aus der Hand geschlagen habe.
Schnell knalle ich die Akte zu, stopfe sie in meinen Rucksack und stecke noch jeweils einen Ordner „Auckland“ und „Jakarta“ mit ein.
Vor dem Gebäude steigen zwei Männer aus dem Geländewagen und entsichern ihre Schnellfeuergewehre.
Nichts wie weg hier.
Nur, wohin? Aus diesem Fenster kann ich nicht, nach hinten gibt es keine Fenster und auch keine Luke aufs Dach. Der einzige Weg nach draussen führt über die Treppe nach unten. Selbst wenn ich dort ankomme, bevor die beiden Gorillas in der Halle sind, bringt mir das nichts. Dummerweise verfügt die Halle nur über ein Rolltor und die Stahltür. Hintereingänge sind in Shanghai offenbar nicht hoch im Kurs.
Ich sitze in der Falle!
Panisch renne ich auf den Flur. In die Enge getrieben wie ich bin, bleibt mir nur eine radikale Maßnahme. Zu verlieren habe ich nichts, wenn die Beiden mich hier oben finden, ist es aus. Wenn ich schon mit dem Rücken zur Wand stehe, kann ich wenigstens versuchen, nicht kampflos aufzugeben.
Ich schnappe mir das Schweißgerät und rolle es hinter mir in das Eckbüro. Unterwegs hängt ein Feuerwehr-Beil

in einem roten Kasten. Die dünne Scheibe schlage ich mit dem Ellenbogen ein und packe das Beil.
Zurück im Büro schließe ich die Tür und drehe die Ventile aller drei Gasflaschen auf. Daraufhin schraube ich die Glühbirne an der Decke heraus, zertrümmere vorsichtig das Glas ohne den Glühdraht zu beschädigen und hänge einen Fetzen Zeitungspapier locker an den Draht. Anschließend drehe ich die präparierte Birne wieder ins Gewinde.
Im Erdgeschoss höre ich die beiden bewaffneten Männer, sie scheinen die Halle bereits abgesucht zu haben und kommen auf die Treppe zu.
Leider strömt das Gas viel zu langsam aus den Flaschen, ich rieche es noch nicht einmal. Zum Schweißen benutzt man Acetylen, auch Ethin genannt. Das Gas ist leichter als Luft, extrem leicht entzündlich und verbrennt sehr heiß.
Ich kippe den Eichenschreibtisch um und schiebe ihn an die Wand. Das Gas füllt immer noch viel zu langsam den Raum. Jetzt heißt es: Alles oder nichts!
Mit dem Beil schlage ich das Ventil der ersten Gasflasche ab. Sofort riecht es unangenehm scharf nach einer Mischung aus Metall und Knoblauch. Getreu dem Motto „Viel hilft Viel“ schreite ich zur nächsten Flasche. Sollte bei dem Schlag ein Funken entstehen, nehme ich meine erste Flugstunde als menschlicher Kanonenball. Egal, immer noch besser als erschossen zu werden.
Ich hole aus und schlage.
Bäng – Zschhhhhhhhhhhh, der Geruch wird zum Gestank, das Atmen fällt mir schwer. Meine Augen tränen, als ich bei der letzten Flasche ankomme.
Ich ziele so gut es geht und dresche auf das Ventil ein. Die Flasche fällt krachend zu Boden. Ich weiß nicht, ob das Ventil noch dran ist oder nicht. Meine Umwelt ist mir

langsam egal, ich bekomme keine Luft mehr und fühle mich kraftlos und hundeelend.
Ich taumle zum Schreibtisch, mir wird schwarz vor Augen. Stolpernd kann ich mich gerade noch über die Tischplatte hinter den Schreibtisch retten. Dort schlage ich der Länge nach hin und bleibe röchelnd auf dem Bauch liegen, kurz davor, das Bewusstsein zu verlieren. Irgendwie kommen mir die Fische aus dem Bürogebäude in den Sinn.
Die etwas bessere Luft am Boden hilft, wieder einigermaßen klar zu denken.
Natürlich hat der Lärm mich verraten und Sekunden später wird die Tür aufgestossen.

„Licht an, macht das Licht an!!“ bete ich leise.

„STOP!“ schreit jemand, „Finger weg vom Lichtschalter. Gas!“
Das war´s! All meine Hoffnungen sind zunichte. Ich habe verloren, Evans und Andrews gewonnen. In ein paar Sekunden werde ich abgeknallt wie ein räudiger Köter.
Es stimmt übrigens, was man sagt: Kurz bevor es vorbei ist, zieht das Leben tatsächlich vor dem inneren Auge vorbei. Eine kurze Zusammenfassung von dem, was war. Ein Best-of, wenn man so will, wie eine Vorschau auf einen guten Kinofilm.
Die Kurzfassung meines Lebens gefällt mir gut. Verdammt gut sogar, sie macht definitiv Lust auf mehr. Aber daraus wird nun leider nichts mehr, nur weil mein bester Kumpel besoffen mit einer Schnitte auf Maui rumgemacht hat.
Grundlos in einem heruntergekommenen Lagerhaus im übelsten Viertel Shanghais über den Haufen geschossen. Das ist kein gutes Ende für meinen Film.
Im Gegenteil, das ist ein richtig beschissener Schluss.

Voller Wut über die Fremdbestimmung meines Ablebens erblicke ich das Beil, packe es mit beiden Händen, bäume mich auf und schleudere es wie ein Hammerwerfer in Richtung Tür. In dem Moment, in dem der Schaft aus meinen Handflächen gleitet, lasse ich mich wieder fallen. Dabei schreie ich aus Leibeskräften. Die zwei Angreifer zucken zusammen und fangen an zu ballern.

Das Mündungsfeuer der Maschinenpistolen wächst zu einem Feuerball an und das fliegende Beil verschwindet in einer riesigen Feuerwand, die bereits den gesamten Raum ausfüllt. Mit einem extrem lauten Knall krache ich auf den Boden hinter dem umgekippten Schreibtisch. Über mir rast ein Feuersturm, gefolgt von einem weiteren Knall.

Das wars, ich bin tot. Erschossen oder explodiert, ich weiß es nicht, aber das Fegefeuer empfängt mich.

Merkwürdig, ich war doch soweit ganz nett, warum werde ich nicht von bildhübschen Engeln mit einer Wolke abgeholt?

Ach egal, ich habe immer gerne gegrillt, also werde ich auch in der Hölle zurecht kommen.

Ist es nicht komisch, was für Gedanken mir durch den Kopf schießen?!

Ein feuchtwarmer Luftzug streift mein Gesicht, verblüfft öffne ich die Augen. Vor mir steht kein roter Geselle mit hoher Stirn, Hörnern und Dreizack in der Hand. Nein, ich sehe Sterne. Also doch im Himmel?

Immer noch zwischen dem umgekippten Schreibtisch und der massiven Rückwand des Büros liegend blicke ich in den freien Himmel, die Decke ist weg.

Mich langsam erhebend linse vorsichtig über den Tisch. Es sieht aus, als hätte eine Bombe eingeschlagen: Außer der gemauerten Wand hinter mit steht nichts mehr,

mindestens die Hälfte der oberen Etage fehlt. Einer der Angreifer liegt regungslos im Flur, der andere zusammengesackt an der Wand neben der Tür.
Der stabile Schreibtisch hat mir das Leben gerettet.
Die dritte Gasflasche liegt aufgeplatzt am Boden. Offenbar war das Ventil nur leck geschlagen und die Flasche ist explodiert, nachdem sich das Gas im Raum entzündet hatte. Das war der zweite Knall, glücklicherweise direkt neben den beiden bewaffneten Bösewichten.
Ich schnappe mir die Maschinenpistolen, trete an das Loch in der Wand und blicke hinunter. Die Kühlerhaube des Mercedes hat ein Heizkörper zerdeppert, der gesamte Hof ist übersät mit Trümmerteilen.
An den leblosen Körpern vorbei schlurfe ich zur Treppe. Ob die beiden bewusstlos oder tot sind, interessiert mich im Moment nicht. Sollten sie mich jetzt noch angreifen, knalle ich sie ab. Mir reicht´s!
Allmählich ist mir alles egal.
Der Geländewagen steht unbeschadet da, während der Mercedes, abgesehen von dem Heizkörper, auch sonst ganz gut was abbekommen hat. Mit dem Lauf einer Maschinenpistole klopfe ich an die hintere getönte Scheibe.
Es wäre sicher interessant, mal mit Frau Evans zu reden, obgleich sie mir wohl kaum erklären wird, was los ist, um anschließend ein umfangreiches Geständnis bei der Polizei abzulegen.
Nichts passiert.
Natürlich könnte ich meiner Bitte mit den schnellfeuernden Argumenten etwas Nachdruck verleihen. Selbst gepanzerte Scheiben geben nach, wenn man lange genug auf die gleiche Stelle schießt.
Für jemanden mit meiner Waffenerfahrung ist es

allerdings ein Leichtes, Frau Evans dabei versehentlich zu töten, und möglicherweise kommt bei dem Anblick eines zerschossenen Fahrzeuges auch einem chinesischen Polizisten der Ausdruck „erzwungenes Geständnis“ in den Sinn.
Daher lasse ich den Gedanken fallen und mache mich auf zum Geländewagen.
Ich lege meinen Rucksack und die Handfeuerwaffen auf den Rücksitz. Später werde ich sie irgendwo entsorgen, aber erst einmal nehme ich sie mit.
Plötzlich werde ich von hinten gepackt. Zwei riesige Pranken umklammern mich wie ein Schraubstock und drücken zu. Meine Arme werden an meinen Körper gepresst und ich werde hochgehoben. Wie wild zapple ich, kann mich aber keinen einzigen Millimeter befreien. Ich versuche, meinem neuesten Gegner mit den Hacken gegen das Schienbein zu treten, aber es will partout nicht gelingen
„Ich töte dich“, raunt mir der Unbekannte auf Englisch ins Ohr.
Mir fällt weder eine geistreiche Antwort ein, noch bin ich in der Lage, überhaupt ein Wort rauszubringen. Der Typ drückt so heftig zu, mir bleibt die Luft weg.
Erneut kämpfe ich um mein Leben und versuche jetzt, ihm in die Eier zu treten. Während meine Lunge verzweifelt auf frischen Sauerstoff wartet, bleibt meine Gegenwehr absolut erfolglos.
Ich ändere die Taktik und versuche, mir mit den Armen etwas Platz zu verschaffen. Meine Anstrengungen interessieren den Herrn hinter mir allerdings keinen Meter. Der Schraubstock bleibt fest wie Beton.
Unverhofft stoße ich mit der linken Hand gegen einen harten Gegenstand in der Tasche meiner dünnen Stoffjacke.

Mein Springmesser!
Ich versuche, mit der Hand in die Tasche zu gelangen, doch der enge Bewegungsradius lässt dies nicht zu.
So langsam wird es eng, allmählich wäre es wirklich an der Zeit für einen Atemzug.
Von außen taste ich das Messer ab und finde durch den Stoff tatsächlich den Auslösemechanismus.
Ich drücke feste darauf. Eine leichte Vibration lässt auf ein erfolgreiches Ausfahren der Klinge hoffen. Allerdings ist fraglich, ob in der Tasche genügend Platz ist, um die Klinge einrasten zu lassen.
Mit aller Kraft umklammere ich das Messer und stoße zu. Die Klinge hält und durchschneidet mühelos Kleidung, Haut und alles was darunter liegt. Aus reiner Boshaftigkeit drehe ich das Messer und wackle es hin und her.
Der Kerl schreit auf und verliert das Gleichgewicht. Wir fallen nach hinten, geistesgegenwärtig rolle ich mich zusammen. Mit angewinkelten Beinen und geducktem Kopf lastet beim Aufschlag fast mein gesamtes Körpergewicht von immerhin knapp 100 Kilo auf dem Brustkorb meines Gegners.
Das ruckartige Entweichen seiner Luft aus der Lunge erzeugt ein dumpfes Pfeifen.
Sofort rolle ich von ihm herunter und springe auf. Er blutet etwas oberhalb der Hüfte. Dummerweise berappelt er sich viel zu schnell und versucht aufzustehen. Reflexartig trete ich ihm mitten ins Gesicht. Das gibt ihm den Rest, er sackt zusammen und bleibt regungslos liegen. An einem Berliner S-Bahnhof hätte man jetzt noch mehrfach und mit Anlauf nachgetreten, aber hier in Shanghai geht es zivilisiert zu.
Ich lasse ihn liegen, verschnaufe kurz am Auto und greife mir eine Maschinenpistole.

Hinter mir höre ich eine Autotür zufallen. Ich drehe mich, die Waffe am Anschlag. Der Hof ist menschenleer, die Tür wurde offenbar von innen geschlossen.
Von Überraschungen habe ich vorläufig genug. Ich überprüfe kurz, ob der Autoschlüssel steckt und gehe anschließend auf den Mercedes zu. Gute zehn Meter vom Auto entfernt eröffne ich das Feuer.
Mit deutscher Gründlichkeit zerschieße ich Vorder- und Hinterreifen, schicke eine Salve auf die Windschutzscheibe und jage das verbleibende Magazin in den Kühler.
Die Frontscheibe hält dem Angriff stand, ist jedoch gesplittert. Selbst wenn die Karre noch fahrtüchtig sein sollte, sieht der Fahrer nichts mehr.
Zufrieden steige ich in den Geländewagen, starte den Motor und drücke das Gaspedal durch. Ich rase wie bekloppt, fege mit quietschenden Reifen um die Kurven und biege wahllos ab. Nach ein paar Minuten bin ich sicher, nicht verfolgt zu werden. In einer halben Stunde geht die Sonne auf, die Straßen sind noch frei. Auf der nächsten Brücke halte ich an und werfe alle Waffen in den Fluss darunter.
Das Navi spricht Englisch und führt mich direkt zum Flughafen, welchen ich bereits eine knappe halbe Stunde später erreiche. Vor dem Terminal parke ich vorwärts auf dem Taxistreifen ein und bleibe mit dem rechten Vorderreifen auf dem Gehweg stehen.
Einen kleinen Spaß erlaube ich mir noch: Auf ein Blatt Papier schreibe ich groß „Fuck the police!!“ und lege es gut sichtbar hinter die Windschutzscheibe. Grinsend steige ich aus, schließe den Wagen ab, werfe den Schlüssel in den nächsten Gully und halte ein TukTuk an.
„Zum Bahnhof, bitte“ weise ich den Fahrer an und falle todmüde in den Sitz.

Kapitel 11

Vierzig rasante Minuten später betrete ich die pompös restaurierte Shanghai Station. Hier regiert das Chaos. Glücklicherweise bin ich einen Kopf größer als die meisten Asiaten, was sehr hilfreich ist, um einen Überblick zu gewinnen. Auf den digitalen Displays für die Abfahrtszeiten werden extreme Verspätungen angezeigt.

Shanghai und Peking trennen 1.300 Kilometer, die neuerdings durch eine Hochgeschwindigkeitsstrecke verbunden sind.

Schnellzüge sind für die meisten Chinesen zu teuer, daher nutzen sie nach wie vor die alte Verbindung, und die Abteile in den modernen Zügen sind leer. Etwas Ruhe habe ich mir verdient, ich freue mich auf die Fahrt. Allerdings hat die neue Trasse mehrere Kinderkrankheiten, durch die Verspätungen entstehen. So auch heute, der nächste Zug nach Peking hinkt dem Fahrplan vier Stunden hinterher.

Nach der Nummer im Lagerhaus habe ich kein Interesse daran, so lange am Bahnhof auf dem Präsentierteller zu sitzen.

Der Geländewagen am Flughafen wird Evans vorerst auf die falsche Fährte bringen. Wenn sie mich am Flughafen nicht findet, wird sie die anderen Airports und Bahnstationen absuchen. Vier Stunden sind eindeutig zu lange. Die Bahnstrecke nach Norden ist nicht passierbar, ins Landesinnere will ich nicht, bleibt nur die Flucht nach Süden.

Ich studiere die Anzeigentafel und stoße auf etwas Erstaunliches: Es gibt tatsächlich eine Bahnverbindung nach Hong Kong. Zwanzig Stunden Bahnfahrt sind sicher keine Traumvorstellung, aber Hauptsache, ich komme schnell hier weg. Ich kaufe ein Schlafwagenticket und rolle 17 Minuten später aus Shanghai.

Ein findiger Chinese hat in der Bahn einen Automaten aufgestellt, an dem man Surfsticks kaufen kann. Ein USB Stick mit einer Internetflatrate für einen Tag. Genau das, was ich brauche!

Ich mache es mir in meinem Abteil bequem, fahre das Netbook hoch und nehme mir die gestohlenen Aktenordner vor.

Der Rechner wählt sich problemlos in das Internet ein. Während die Emails abgerufen werden, vertiefe ich mich in die Ordner.

In jedem Hefter sind alle relevanten Dokumente für jeweils eine einzelne Fahrt abgeheftet: Genehmigungen, Frachtbriefe, Packlisten, Tankrechnungen, Gehaltsabrechnungen der Crews. Alles sorgfältig eingetragen und zu einer Kosten/Nutzenrechnung zusammengeführt. Die gründliche Buchführung lässt eines sofort erkennen, egal ob das Ziel Auckland, Jakarta oder Buenaventura heißt: Die Frachter machen Null Gewinn. Für jede Fahrt sind die Kosten zwar gedeckt, aber es bleibt nichts über.

Nach einer Weile komme ich zu zwei Schlüssen: Entweder Liz Evans besitzt eine weitere Firma, welche die Elektronikartikel selbst verkauft. In dem Fall würde die Reederei diese zweite Firma durch extrem günstige Frachtpreise subventionieren. Irgendwie macht das aber keinen Sinn, es sei denn, sie hat einen steuerlichen Vorteil. Auf die Schnelle fällt mir jedoch keine Konstellation ein, wie das funktionieren sollte.

Oder: Die Frachter transportieren noch etwas, was nicht in den Frachtbriefen auftaucht.

Christine war überzeugt, dass Andrews mit Waffen handelt. Alle Indizien und auch Jörns Beobachtungen sprechen dafür. Was sonst sollte in dem Container sein, der auf See ausgetauscht wird?

Südamerika hat ein enormes Terrorismus Potential. Hier fallen die Angebote eines Waffenhändlers zweifellos auf fruchtbaren Boden. Die Seereise von Shanghai nach Buenaventura führt dicht an Hawaii vorbei.
Ein Frachter voller Unterhaltungselektronik fährt in Shanghai los, drosselt auf halber Strecke kurz die Fahrt und kommt in Buenaventura mit einem leeren Container weniger und einem gefährlich Gefüllten mehr an.
Der Seeweg ist kaum befahren, daher bemerkt niemand, wenn der Frachter vor Hawaii kurz hält und zusätzliche Ladung an Bord nimmt. Die Papiere aus Shanghai sind sauber, und in Buenaventura werden die Hafenbehörden bestochen, damit sie die Container nicht nachzählen. Das ist nahezu perfekt!
Es erklärt allerdings nicht, warum die G.S.S. unrentable Strecken im Südpazifik unterhält und Neuseeland oder Indonesien anfährt. Aber das kriege ich auch noch raus.
Meine Entdeckungen muss ich unbedingt Jörn und Alex mitteilen, daher widme ich mich dem Netbook. Mir ist entgangen, dass Skype die ganze Zeit geblinkt hat. Mehrere Mitteilungen von Alex sind über den Sofortnachrichtendienst angekommen .
„Moin Stefan, die „Hope of California“ schippert gerade an Hawaii vorbei. Sie fährt unter kolumbianischer Flagge, kommt aus Shanghai und wird in sechs Tagen in Buenaventura erwartet. Die Reederei ist nicht angegeben, aber ich denke, das ist dein Schiff!“
Fassungslos schlage ich die Ordner „Buenaventura“ auf und suche. Tatsächlich, der Frachter heiß „Hope auf California“.
„Alex, woher weißt du das?“
„Internet.“
„Wie, Internet???“
„www.marinetraffic.com, hier kannst du alle Schiffe live

verfolgen, allerdings nur in Küstennähe. Ich hatte Glück, den Frachter zu sehen, als er gerade an Hawaii vorbei fuhr."

Ich fasse es nicht.

„Danke Alex. In der Zwischenzeit habe ich die gleiche Info ergattert, aber dafür musste ich ein Lagerhaus in die Luft jagen und möglicherweise zwei Killer umbringen!"

„Ach DU warst das."

„Junge, du machst mich fertig. Wie meinst du das nun schon wieder?"

„Ich habe heute morgen die Nachrichten aus Shanghai gelesen. Da stand was von einer Gasexplosion im Hafenviertel. Im Artikel war von vier verletzten Nachtwächtern die Rede, Tote wurden nicht erwähnt.

„Stand da auch was von einem zerschossenen Mercedes?"

„Die haben auf dich geschossen?"

„Andersrum, ich auf sie..."

„Du solltest ein Buch über die Sache schreiben!"

„Vielleicht später", antworte ich: „Ich erzähle dir irgendwann alles bei ein paar Drinks. Bist du noch kurz hier?"

„Klar. Warum?"

„Ich sitze in den nächsten 20 Stunden in der Bahn und brauche dringend ein Bier oder gar einen Schnaps. Ich werde zweimal fast umgebracht, überlebe eine Gasexplosion, zerschieße einen Benz und du sagst, ein Blick ins Netz hätte mir genau so viel gebracht. Das muss ich kurz verdauen!"

Im Bordrestaurant führen sie meine neue Lieblingssorte „Lone Star", damit sollte die lange Reise erträglich werden. Während die freundliche Bedienung ein großes Helles zapft, fällt mir auf, meine Mühe war doch nicht ganz umsonst: Ohne den Ausflug in die Lagerhalle wäre

ich nicht im Besitz der drei Ordner.
Zufrieden kehre ich in mein Abteil zurück, in dem ich glücklicherweise allein bin. Alex ist noch online.
Wir unterhalten uns eine Weile, danach rufe ich Jörn an. Sein Telefon ist ausgeschaltet, auf Hawaii ist es mitten in der Nacht. Ich schreibe ihm eine lange Mail, an die ich Fotos der wichtigsten Seiten aus den drei Ordnern anhänge. Die Mail schicke ich in Kopie an Alex.
Es fühlt sich an, als wäre die Hafenrundfahrt schon drei Wochen her, dabei sind es gerade mal vierundzwanzig Stunden. Ich klappe mein Bett aus und mache es mir gemütlich. Ein paar Sekunden später befinde ich mich bereits im Land der Träume.
Als ich aufwache, sind wir bereits in Dongyuan, kurz vor Hong Kong. Die Zeit reicht noch für ein schnelles Frühstück, bevor ich mit meinem eigenen Reispass in der Hand an der Kontrolle stehe.
Obwohl Hong Kong seit 1997 wieder zu China gehört, gibt es eine Passkontrolle. Evans und Andrews kennen Jörns Namen, aber meinen vielleicht noch nicht. Sie suchen nach „Jörn Schneider“, ich werde aber als „Stefan Heuser“ einreisen.
Die Beamten nehmen es heute nicht so genau und winken eigentlich jeden durch, der einen Ausweis in der Hand hat. Vermutlich sehen sie die Notwendigkeit harter Kontrollen nicht, da es sich um eine innerchinesische Grenze handelt. Chinesen reisen - überspitzt gesagt - nur in ein anderes Bundesland ein und Ausländer wurden bereits an einer „richtigen“ Grenze oder einem Flughafen kontrolliert.
Endlich fühle ich mich richtig frei, ohne das Gefühl, ständig jemanden im Nacken zu haben. Ich ziehe sogar einen Stadtbummel in Erwägung, immerhin bin ich in Hong Kong.

Nach einigen hundert Metern zu Fuß überlege ich es mir anders. Planlos und ohne Ziel durch eine fremde Stadt zu latschen ist nichts für mich. Mit der S52 bin ich in knapp eineinhalb Stunden am Flughafen.
Vom Terminal aus rufe ich Jörn an.
„Moin Jörn, ich bin´s Stefan!"
„Hab grad deine Mail gelesen, bist du schon in Hong Kong?"
„Am Flughafen, ja."
„Hast du schon einen Flug?"
„Nö, ich wollte gerade gucken, wann ein Flieger nach Hawaii geht. Ich weiß nicht mal, ob es einen Direktflug gibt."
„Direkt gibts nicht. Die meisten Verbindungen gehen über Tokio oder Seoul. Hast du noch meinen Pilotenausweis von Singapore Airlines?"
„Jupp."
„OK, wir machen es anders: Gehe mit dem Ausweis in den Sicherheitsbereich, dort zu einem Gate von Singapore Airlines oder einem unserer Partner und fliege Stand-by nach Singapur. Du brauchst keine Bordkarte. Von Singapur aus lotse ich dich nach Hawaii."
„Kann man als Pilot kostenlos mit der eigenen Airline fliegen?"
„Leider nein, aber du kannst jederzeit zum Gate gehen und gucken, ob du noch in den Flieger passt. Normalerweise bekommst du keine Bordkarte und tauchst somit nicht in der Passagierliste auf. Von daher wird es für Andrews schwer sein, dich zu finden."
„Na hoffentlich wird keiner der echten Piloten krank und ich muss den Vogel landen..."
„In dem Fall rufst du mich an, ich sag dir dann, wie du runter kommst. Ist ganz einfach."
„Beruhigend."

„Ruf mich aus Singapur an, bis dahin habe ich einen Rückflug für dich. Guten Flug!“
Am Gate bekomme ich problemlos einen Platz im Flieger. Die vier Stunden Wartezeit vertreibe ich mir in der „SilverKris Lounge“, dem VIP Bereich von Singapore Airlines. Eine solche Lounge erhöht den Reisekomfort ungemein. Abgesehen von Getränken stehen dem wichtigen Reisenden ein internationales Buffet, Internet und sogar Duschen zur Verfügung. Alles kostenlos und piekfein, versteht sich.
Der Flug nach Singapur ist ruhig und verläuft ohne Zwischenfälle. Die Landung übernehmen die echten Piloten, niemand schenkt mir Aufmerksamkeit.
Am Flughafen bemerke ich gleich: Irgendetwas stimmt hier nicht. Das Terminal ist überfüllt, alle sind schlecht gelaunt und gestresst. Ein Blick auf die Monitore bringt Klarheit und Verwirrung zugleich: Sämtliche Flüge der australischen Fluglinie „Qantas“ sind gestrichen.
Singapur ist ein Drehkreuz zwischen Europa, Asien und Australien, dementsprechend viele Reisende sind mit Qantas unterwegs. All diese Passagiere müssen umgebucht werden, Tausende stranden erst einmal hier.
Anderen Airlines fehlt es an Kapazitäten, um alle Qantas-Passagiere mitzunehmen. Unter diesen Umständen wird es schwierig, wenn nicht unmöglich werden, einen Stand-by Platz, egal wohin, zu ergattern.
„Hi Jörn, ich bin in Singapur. Allerdings herrscht hier Chaos, alle Qantas Flüge sind gestrichen.“
„Ich weiß.“ antwortet Jörn am Telefon.
„Gibt es eine Terrorwarnung für Qantas, oder was ist da los?“ frage ich.
„Nein, bei Qantas streikt die Geschäftsführung.“
„Wie bitte?“
„Kein Witz, die Fluggesellschaft schreibt schon länger

rote Zahlen. Qantas-Chef Alan Joyce hat Sparmaßnahmen angekündigt, die Gehaltskürzungen und Entlassungen beim Personal bedeuten. Daraufhin haben die Gewerkschaften der Piloten, der Gepäckabfertigung und der Ingenieure Streiks angekündigt. Alan Joyce ist ihnen zuvor gekommen, hat von jetzt auf gleich alle Flüge gestrichen und holt weltweit jede Qantas Maschine vom Himmel. Die Angestellten sollen nach Hause gehen und morgen nicht zur Arbeit kommen."

„Wie geil"

„Stefan, was ist denn daran bitte geil?"

„Dann sehen die Angestellten mal, wie es ist, wenn die Firma pleite geht."

„Die Aktion kostet Qantas pro Tag etwa 20 Millionen, Alan Joyce macht die Airline schneller pleite, als du gucken kannst!"

„Ach, 20 Millionen sind doch nichts gegen den Schwachsinn, den die Gewerkschaften fordern. Lass mich raten, sie wollen Gehaltserhöhungen und Kündigungsschutz?"

„Natürlich, es ist doch nicht die Schuld der Piloten, dass die Airline Verluste macht!" argumentiert Jörn.

„Ich sehe das aus Arbeitgeber-Sicht. Macht eine Gesellschaft gute Gewinne, sollten die Angestellten beteiligt werden. Aber sobald es nicht so gut läuft, ist es doch immer das Gleiche: Kaum muss ein Konzern auf Sparkurs gehen, schreien die Angestellten laut auf, wollen mehr Geld und Kündigungsschutz. So bescheuert kann man gar nicht sein: mit dem Brötchengeber gehts bergab und anstatt zu helfen, schadet man ihm. Wo das hinführt, kann dir ein Drittklässler ausrechnen. Macht die Firma Verluste, sollte man freiwillig auf einen Teil Gehalt verzichten bis sie wieder gesund ist. Andernfalls geht der

Konzern pleite und alle Angestellten stehen auf der Straße.
So verschlucken sich die Gewerkschaften an dem, was sie dem Management vorwerfen: der eigenen Gier.
Kaum steht die Insolvenz tatsächlich vor der Tür, sind alle ganz erschrocken und merken: „Ach, der böse Manager wollte sich gar nicht auf unsere Kosten bereichern, nein, er hat versucht, die Firma zu retten. Plötzlich werden freiwillig Doppelschichten bei halbem Gehalt gefahren, gleichzeitig aber mit einer an Arroganz grenzenden Selbstverständlichkeit staatliche Hilfe gefordert. Zum Kotzen!"
„Ich vergaß, du warst ja noch nie angestellt."
„Richtig, ich war immer selbstständig. Mir hat nie jemand mit bezahltem Urlaub, Elternzeit, Weihnachtsgeld oder Freizeitausgleich den Arsch gepudert. Sollte ich pleite gehen, kommt auch kein staatlicher Rettungsschirm."
„Armer Junge..." stichelt Jörn
„...sagt der Herr Pilot, der bei 20 Stunden Arbeit im Monat mit 100.000 Dollar im Jahr nach Hause geht!" kontere ich.
„Wo denkst du hin, wie sollte man mit so wenig Gehalt überleben können?!"
„Macht immer Spaß, mit dir zu diskutieren, du bist so schön sachlich!"
„Wenn dir was daran liegt, können wir das Thema ein anderes Mal vertiefen. Jetzt sollten wir zusehen, wie wir dich aus Singapur wegbekommen. Ich habe schon rumtelefoniert, aber dank deines neuen Helden Alan Joyce fallen Tausende Qantas-Passagiere in Singapore Airlines Maschinen ein und du kommst Stand-by nicht weiter."
„Kannst du mich First-Class buchen?"
„Geht nicht, alles voll."
„Gibt es nicht eine Verbindung, die Qantas nicht hat? Der

Flieger dürfte doch von dem Chaos nicht betroffen sein."
„Alle Airlines haben mehr oder weniger dieselben Strecken, das wird nichts..."
Schweigen.
„Mir fällt grad was ein, ich rufe dich gleich zurück." sagt Jörn und legt ohne weitere Erklärung auf.
Natürlich wollte ich Jörn nur aus der Reserve locken. Gewerkschaften haben durchaus positive Seiten. Immerhin gibt es kaum noch Streiks. Das haben wir den Gewerkschaften zu verdanken, denn sie verhandeln permanent mit dem Arbeitgeber, und so entstehen heikle Situationen gar nicht erst. Und manchmal tun sie genau das, was ich gerade sagte. Die Angestellten einer großen Baumarkt Kette in Deutschland verzichten im letzten Jahr freiwillig auf ihr Weihnachtsgeld weil der Konzern nicht gut dasteht. Ohne Gewerkschaft wäre das nie passiert.
Drei Minuten später klingelt mein Handy. Jörn ist dran.
„Gute Idee mit der Verbindung, die nur Singapore Airlines hat. Du fliegst morgen früh nach New York!"
„Singapur – New York, muss der Flieger zwischendurch nicht tanken? Auf halber Strecke liegt Hawaii..."
„Nein, du fliegst über den Nordpol. Es ist ein Direktflug mit 18 Stunden Flugzeit. Von New York kriege ich dich locker nach Hawaii. In den USA ist Qantas nicht sonderlich groß, daher gibt es dort kaum gestrandete Passagiere. Außerdem: Andrews rechnet sicher nicht damit, dass du von Osten in die USA einreist. Er überwacht bestimmt nur die Grenze zu Asien."
„Na super, nach einem Tag im Zug soll ich die Nacht am Flughafen verbringen, um morgen nach einem 18 Stunden Flug ca. 8.000 Kilometer von Hawaii entfernt zu landen. -Tolle Aussichten."
„Weichei, ich fliege hauptberuflich! Machs dir in der Lounge gemütlich und genieße den Flug. Immerhin musst

du nicht selbst fliegen, schaue ein paar Filme und gut ist."
„Hast Recht, vielleicht habe ich Glück, und es gibt die Herr der Ringe Trilogie, gefolgt von der kompletten Reihe Harry Potter!"
„Siehst du, das wird super!"

Nach dem Telefonat schlendere ich über den Flughafen, kaufe zwei Bücher und lümmle mich in die Lounge.
Im VIP Bereich befinden sich außer mir nur eine Handvoll Leute. Es gibt also kein Gedränge am Buffet, und ein bequemes Ledersofa für die Nacht ist schnell gefunden. Zu meinem exquisiten Weißwein trinke ich Singha-Bier, das sollte helfen, mich heute Nacht noch einmal in der Waagerechten zu entspannen. Mein morgiger Tag wird geprägt sein von der Enge eines Flugzeuges mit der akustischen Untermalung des monotonen Triebwerkrauschens. Ein Traum!
Am Morgen erwartet mich ein hervorragendes Frühstück, nach dem ich ausgiebig dusche. Bei einer guten Tasse Kaffe warte ich auf den Abflug nach New York.
Eine halbe Stunde vor dem regulären Boarding stellt sich der Pilot des Fluges bei mir vor und geleitet mich zum Flieger. Was für ein Service! Wir gehen zusammen durch das Gate, ohne kontrolliert zu werden. Genau wie Jörn sagte: Ich bekomme keine Bordkarte und tauche in keiner Liste auf.
So Herr Andrews, viel Spaß! Weder Jörn Schneider noch Stefan Heuser sind aus China ausgereist, in Hongkong im Computer aufgetaucht oder auf einer Passagierliste aus Singapur geführt.
Ich will mich ja nicht selbst loben, aber Jörn Schneider ist spurlos aus Shanghai verschwunden und Stefan Heuser wird erst in ein paar Tagen das nächste Mal in einem Meldecomputer in New York erscheinen. Das soll mir mal

jemand nachmachen!
Im Flugzeug bringt mich der Pilot, ein Kumpel von Jörn, zu meinem Sitz.
„Business Class?“ starre ich ihn fragend an.
„Klar“, antwortet er und deutet nach hinten.
Mein Blick folgt seiner Handbewegung, anfangs glaube ich nicht, was ich sehe. Im gesamten Flieger gibt es nur Business-Class Sitze.
„100 Sitze im Airbus A340 – 500. Die Business – Class war auf diesem Flug immer ausgebucht, während kaum jemand 18 Stunden in der Economy-Class sitzen wollte. Daher haben wir die Maschine umgebaut und einen reinen Business Flieger draus gemacht. Du hast Glück, normalerweise sind wir immer ausgebucht, heute sind noch genau zwei Plätze frei.“
Den Start um 10:55 Uhr bemerke ich kaum, zu groß ist die Freude über den luxuriösen Sitz, der zum Bett umgebaut werden kann. Außerdem habe ich bereits den zweiten Begrüßungs-Champagner in der Hand und muss mich mit dem Entertainment System vertraut machen. „Herr der Ringe“ ist tatsächlich komplett im Angebot, „Harry Potter“ kann ich nicht mit Sicherheit sagen, ich weiß gar nicht, wie viele Filme es davon eigentlich gibt.
Abgesehen von den beiden Fantasy-Sagas bietet das Programm drei Folgen „Transformers“ und „Spiderman“, fünf Filme von „Rocky“, „X-Men“ „Terminator“ und „Fluch der Karibik“, sechsmal „Star Wars“ und viermal „Stirb langsam“.
Aus diesen zehn Geschichten wurden insgesamt 46 Filme gebastelt. Da fragt man sich, ob Hollywood die Drehbuchautoren ausgegangen sind und man vor einiger Zeit auf Serienautoren zurückgreifen musste. Vielleicht läuft auch ein Experiment und die Serien- und Spielfilmautoren haben getauscht. Die Serie „24“ zum

Beispiel ist im Grunde ein 16 stündiger, extrem spannender Spielfilm, nur eben in 40 minütige Scheibchen geschnitten.
Ha, das passt: 18 Stunden Flug, 16 Stunden für eine Staffel „24“, bleiben zwei Stunden für Toilettengänge und ein Nickerchen. Herrlich, denn spätestens in der Mitte des zweiten „Star Wars“ Filmes werde ich aggressiv, sobald dieses Chewbacca-Getier auftaucht und blöde rumgrunzt. Die Filme kann man echt nicht hintereinander weg gucken.
Wie Jack Bauer in „24“ Terroristen jagt und dabei gerne mal Verdächtigen ins Knie schießt, um schneller an eine Aussage zu kommen, kann ich mir hingegen 16 Stunden mit wachsender Begeisterung anschauen.
Die gesamte Staffel schaffe ich doch nicht, der Stuhl ist zu bequem, um nicht darin zu schlafen.
Nach der Landung am Newark International Airport um 17:50 Uhr reise ich offiziell in die USA ein und begebe mich durch die Sicherheitskontrollen in den Abflugbereich National.
Den Flieger um 18:31 Uhr nach San Francisco verpasse ich, dank eines übereifrigen Beamten bei der Einreise, knapp. Der nächste Flug startet um 20:25 Uhr. Zeit genug, um mir erneut Zutritt in eine exklusive Flughafenlounge mit Jörns Ausweis zu erschleichen.
Einem spontanen Gedanken folgend, packe ich Jörns und meine Kreditkarte in einen Umschlag, den ich an Alex in Hamburg adressiere. Ich habe keine Lust, eine Erklärung auf Papier zu schreiben, sondern klappe das Netbook auf und schicke Alex eine Mail. Im Anschluss mache ich mich über das Buffet her. Auf den inneramerikanischen Flügen gibt es schließlich nichts.
Beim Verlassen der Lounge frage ich die Service-Dame nach der Post am Flughafen. Lächelnd nimmt Sie mir den

Umschlag ab und versichert, ihn für mich abzuschicken. Bezahlen muss ich nicht. An das VIP Dasein könnte ich mich glatt gewöhnen!

Kurz darauf werde ich unsanft auf den Boden der Tatsachen zurückgeholt. In der 20:25 Uhr Maschine nach San Francisco ist genügend Platz, ich kann also mit fliegen. Mein Sitzplatz ist ganz hinten in der Economy Klasse. Mein Gott, ist das eng hier, wie kann man nur so fliegen?!

Gute sechseinhalb Stunden später setzen wir in San Francisco auf. Bei der Landung kommt mir ein Song in den Kopf, und ich muss grinsen. Meine Verbindung ist perfekt für Udo Jürgens Fans, vorausgesetzt man nimmt es mit der Reihenfolge nicht so genau. „Ich war noch niemals in New York, ich war noch niemals auf Hawaii, ging nie durch San Francisco in zerrissnen Jeans...“ - kann man alles innerhalb von 15 Stunden erledigen.

Es ist Mitternacht, der nächste Nonstop Flug nach Maui geht erst morgen Abend um kurz vor Sechs. Nach Honolulu könnte ich früher fliegen, aber ich war tatsächlich noch nie in San Francisco, jedenfalls nicht außerhalb des Flughafens. Also genieße ich ein letztes Mal die Vorzüge einer Lounge, lege mich ins Bett und freue mich auf einen halben Tag in Sän Fräään, wie die Amerikaner sagen.

Als ich am nächsten Morgen bei gefühlten fünf Grad und Nieselregen auf ein Taxi in die Stadt warte, bereue ich, nicht vorher den Wetterbericht gecheckt zu haben. Ich habe aber keine Lust, zurück ins Terminal zu gehen und über Honolulu nach Maui zu fliegen. Pläne sollte man umsetzen, egal was kommt. An der Kieler Uni steht ein Zitat des Namensgebers Christian Albrecht: „Wenn man nicht bereit ist, etwas radikal zu tun, sollte man es gleich lassen.“

Nach diesem Motto steige ich radikal ein Taxi und fahre radikal in die Stadt. Es geht los am Pier 39, wo seit Jahren eine Horde radikaler Seelöwen einen Steg im Yachthafen besetzt. Es sieht aus, als könnte die Sonne den Kampf gegen die Wolken zeitnah gewinnen, daher setzte ich mich in ein Café am Pier und bestelle ein radikales Frühstück. - Ist ja gut, ist ja gut, ich höre mit dem ein "radikal"-in-jedem-Satz-Spiel auf...
Das Frühstück besteht aus glibberigen Eiern, kaum gebratenen Speck, labberigem Toast und erweckt den Eindruck, schon mal gegessen worden zu sein. Ein ordentlicher Schuss Ketchup verbessert die optische Erscheinung nicht gerade, macht das Ganze aber einigermaßen genießbar.
Die wichtigste Mahlzeit des Tages wird untermalt vom Lärm und Gestank der Seelöwen, obendrein zieht die Sonne den Kürzeren, und es regnet sich ein. Traumhaft!
Außer mir hat sich nur ein weiterer Gast hier her verirrt. Das gemeinsame Schicksal verbindet, und er schnackt mich an:
„Das Wetter ist fast besser als gestern, was?!“
„Schwer zu sagen, da war ich in New York.“
„Kommst du aus Sän Fräään?“
„Nein, bin auf der Durchreise. Heute Abend gehts weiter nach Hawaii.“
„Ach, nur kurz vom Flughafen in die Stadt um dieses köstliche Frühstück zu genießen?“
„So siehts aus. Was sollte ich mir hier angucken?“
„Du hast nicht viel Zeit, mein Freund. Um Sän Fräään verstehen und lieben zu lernen, musst du länger bleiben. Die Stadt definiert sich nicht über Sehenswürdigkeiten, aber die Golden Gate Bridge solltest du sehen und einmal Cablecar fahren. Dann fliege nach Hawaii und komm noch mal in Ruhe wieder, bring´ dann wärmere

Klamotten mit.“
„War es nicht Mark Twain, der sagte: „Der kälteste Winter meines Lebens war ein Sommer in San Francisco“?
„Deinen Mark kenne ich nicht, aber das Zitat könnte von jedem stammen, der hier wohnt!“
Wir unterhalten uns noch kurz, dann mache ich mich auf zu der wahrscheinlich bekanntesten Brücke der Welt. Leider zieht sie es heute jedoch vor, zur Hälfte im Nebel zu verschwinden. Sie denkt nicht im Traum daran, einem vorbeiziehenden Reisenden einen schönen Panoramablick zu gönnen.
Mittlerweile bin ich nass, und mir ist kalt. Mein Ausflug scheint ohnehin unter keinem guten Stern zu stehen. Daher schenke ich mir die Cable Cars und nehme ein Taxi zum Flughafen. Man muss auch einen Grund haben, wiederzukommen. Vielleicht scheint dann ja die Sonne. Der Typ im Café hat sicherlich recht, für den nächsten Besuch in Sän Fräään sollte ich mehr Zeit mitbringen. Andererseits liegt die Stadt so kurz vor Hawaii, vermutlich werde ich niemals mehr als ein paar Stunden hier bleiben.
Am Flughafen kaufe ich den klassischen, nullachtfünfzehn Touri-Kapuzenpulli mit den fett aufgedruckten Buchstaben „UCSF“. Nicht um den Eindruck zu erwecken, ich hätte an der University of California, San Francisco, studiert, nein, einfach nur, weil mir schweinekalt ist!
Nach einer heißen Dusche sitze ich mit einem kalten Bier in der Lounge, eingemümmelt in meinen neuen Pulli, der übrigens sehr bequem ist!
Ich durchforste das Internet, aber es hilft nichts. Die Suche breche ich nach einer Stunde ab, ich finde einfach keine guten Tipps. Sieht tatsächlich so aus, als wäre ich beim bevorstehenden „Half-Way-to-Hawaii“-Spiel auf

mich allein gestellt.
Der Flieger startet pünktlich und ist nur etwa zur Hälfte besetzt. Obwohl ich frecherweise wieder nur hinten in der Economy Class gelandet bin, habe ich eine Dreierreihe für mich und kann es mir in der Waagerechten gemütlich machen.
Als ich meinen Tippzettel für´s „Half-Way-to-Hawaii"-Spiel ausfülle, bin ich etwas aufgeregt. Früher habe ich genau mit den Angaben des Piloten gerechnet. Heute teile ich die Flugzeit durch Zwei, ziehe etwas ab, weil wir Gegenwind haben und peile über den Daumen, in welcher Zeitzone wir die halbe Strecke zurücklegen werden.
Drei Stunden später halte ich überglücklich die langersehnte Champagnerflasche in der Hand. Endlich gewonnen, Jörn wird Augen machen!
Die Rolltreppe am Flughafen Kahului/Maui hinunter fahrend, lese ich wieder den Banner „Maui – voted best island in the world!" und muss angestrengt überlegen, wie lange es her ist, als ich ihn das letztes Mal las und mich auf ein paar entspannte Urlaubswochen freute. Gefühlt ist es mehrere Monate her, in Wirklichkeit aber kaum länger als zwei Wochen.
Jörn sitzt, wie verabredet, im Auto auf dem Parkplatz in Reihe D.
„Na, hast du eine Flasche Schampus gekauft und willst jetzt behaupten, du hättest das dämliche Spiel endlich gewonnen?" witzelt er, als ich einsteige.
„Hö?!"
„Du hast mal in Dänemark behauptet, man könne an der Hafenmole ganz einfach Hummer fangen. Ich glaube, der genaue Wortlaut war sogar „pflücken". Abends kamst du tatsächlich mit einem Hummer nach Hause und hast ihn vor unseren neidischen Augen allein verspeist. Wir waren

schwer beeindruckt, bis sich rausstellte, du hast das Vieh von einem Fischer gekauft."

„Richtig, das habe ich aber erst erwähnt, nachdem ihr tags darauf eine Stunde erfolglos im kalten Wasser geschnorchelt seid, hahaha."

„Wer einmal lügt, dem glaubt man nicht, auch wenn er dann die Wahrheit spricht..."

Ich lasse den Korken knallen und reiche Jörn die Flasche.

„Auf uns, mein Freund!"

Jörn nimmt einen kräftigen Schluck, verzieht das Gesicht und meint: „Glückwunsch!"

„Was?" frage ich.

„Du hast Half-Way-to-Hawaii gewonnen."

„Ich weiß, aber wie kommst du drauf?"

„Der Schampus schmeckt so beschissen, das kann nur ein Werbegeschenk sein!"

Kapitel 12

Obwohl die Qualität des Champagners jede Menge Luft nach oben lässt, leeren wir die Flasche im Auto. Um anschließend die Gunst unserer Geschmacksnerven zurück zu gewinnen, kippen wir ein paar kalte Biere hinterher, die Jörn in weiser Voraussicht in einer Kühlbox auf dem Rücksitz mitführt.

Wir quartieren uns in Kula bei einer ehemaligen Windsurfweltmeisterin, ein. Mittlerweile vermietet sie auf Maui Zimmer und führt Touristen über die Insel. Jörn ist dabei geblieben, alle paar Tage umzuziehen. Erst seit heute ist er hier untergekommen.

Bei einem guten Wein tauschen wir die Ereignisse der letzten Tage aus. Die Tatsache, dass wir noch am Leben sind, verlangt nach einem Cuba Libré. Mit steigendem Alkoholpegel werden unsere Schilderungen tollkühner, aber in einer originellen Unterhaltung geht es nicht um den sachlichen Austausch von Fakten, sondern eben um Unterhaltung.

Am nächsten Morgen sitzen wir bei einem ordentlichen Frühstück auf der Veranda, von der man einen atemberaubenden Blick hat. Wir befinden uns in knapp eintausend Metern Höhe auf dem Haleakala. Gegenüber ragen die grünen Felswände der West Maui Mountains 2000 Meter hoch in den Himmel. Zu ihren Füßen im Norden liegt Kahului, die größte Stadt Mauis, die den Flughafen und den Hafen beheimatet und damit die Insel versorgt.

Die flache Ebene, die den Haleakala und die West Maui Mountains verbindet ist an Ihrer schmalsten Stelle ca. 10 Kilometer breit und liegt nur knapp über dem Meeresspiegel. Von unserem Frühstückstisch sehen wir den Pazifik auf beiden Seiten der Insel und auf der linken Seite Kahoolawe und Lanai, einfach traumhaft. Genau

das passende Ambiente, um die Katze aus dem Sack zu lassen. Nach einem Schluck Kaffee sehe ich Jörn in die Augen und sage:
„Ich weiß, wo Andrews wohnt.“
„Bitte, was?“ Jörns Augen sind etwa tellergroß und sein Gesichtsausdruck ist nicht unbedingt der intelligenteste.
„Es ist mir im Flieger hierher eingefallen. Ich weiß, wo er wohnt!“
„Und das sagst du mir erst jetzt, nachdem wir gestern den ganzen Abend zusammen geklönt haben?“
„Ich wollte noch eine Nacht darüber schlafen und überlegen, was uns diese Information bringt.“, entgegne ich.
„Ach klar. Und da hast du es für eine gute Idee gehalten, dir ordentlich einen rein zu kippen, damit du besser darüber nachdenken kannst, was wir mit so einer nebensächlichen Information anfangen können, oder was?!“
„Sachte, sachte, Junge. Und bitte schrei nicht so, ich habe latent Kopfweh.“
„“Latent Kopfweh?!““, äfft Jörn mir nach: „Bei mir im Kopf haut ein starker Mann mit einem Vorschlaghammer im Sekundentakt gegen die Schädelinnenwand!“
„Ah, den kenne ich, grüß schön!“
„Jetzt mal Schluss mit lustig. Wo wohnt Andrews?“
„Nachdem du entführt wurdest, bin ich mit Bob über Maui geflogen und habe nach dir gesucht. Vor einem der Luxusanwesen an der Nordküste haben wir einen Hubschrauber gesehen. Ich bin mir sicher, es ist derselbe Helikopter, der auf Kahoolawe im Einsatz ist. Zumindest stimmen Farbe und Modell überein. Außerdem ist Andrews abends oft nach Maui geflogen.
„Das überzeugt mich nur mittelmäßig. Ist das nicht der klassische Heli, und ist die Farbe nicht auch Standard?“

„In der Tat ist der Heli weit verbreitet. Die Feuerwehr hat ihn, die Küstenwache, sogar die Stromleitungen werden hier mit dem Ding an die Masten gehängt. Aber in knallrot ist er eher selten.“
„Selten heißt nicht einmalig!“
„Erbsenzähler!“
„Stefan, Weihnachten stehen am Flughafen 30 Privatjets, die gesamte High Society Amerikas hat Häuser auf Maui. Hier kann es Dutzende roter Hubschrauber geben! Was, wenn die Villa wem anders gehört?“
„Dann brechen wir ins falsche Haus ein.“
„Ach jetzt brechen wir schon in Luxusvillen ein?“
„Wir haben bisher keine wirklichen Beweise für die Andrews` Machenschaften. Es ist einfach noch zu früh, um die Polizei einzuschalten.
„Ich wurde entführt, man hat mehrfach versucht, uns umzubringen, meine Vermieter sind tot, zwei Häuser auf Maui abgebrannt, in Shanghai ist eine Lagerhalle explodiert und du hast die Akten.“
„Richtig. Deine Entführung und die Mordanschläge können wir nicht beweisen, da würde Aussage gegen Aussage stehen. Auf Maui sind zwei Häuser abgebrannt, es gab bedauerlicherweise zwei Tote. Laut Bericht waren es Unfälle bzw. eigene Nachlässigkeit. Was in Shanghai los war, ist für die Polizei hier nur schwer nachvollziehbar. Laut Zeitung handelt es sich um eine Gasexplosion in einem Lagerhaus am Hafen. Sicherlich fällt einem gewitzten Beamten die hohe Zahl von Unfällen und Bränden mit Gas auf, aber ansonsten wird unsere Geschichte wohl eher als unglaubwürdige Räuberpistole von zwei überspannten Touristen abgetan werden.
Mit den Akten können wir beweisen, dass eine bestimmte Reederei keine Gewinne macht. Daran wäre vielleicht das Finanzamt interessiert, wenn es sieht, wie luxuriös

die Besitzerin lebt. Aber es reicht sicher nicht, um eine polizeiliche Ermittlung in Gang zu bringen. Abgesehen davon müssten wir erklären, wie wir in den Besitz der Ordner gelangt sind."
„Ist ja richtig. Aber was, wenn es die falsche Villa ist?"
„Dann klauen wir was Wertvolles!"

Eine halbe Stunde später fahren wir auf dem Haleakala Highway in Richtung Kahululi. Jörn hat seit dem Frühstück kein Wort gesagt. Nun bricht er das Schweigen:
„Du willst wirklich bei Andrews einbrechen?"
„Hast du eine bessere Idee?"
„Nein." antwortet er, „aber wenn wir dabei erwischt werden, bin ich meinen Job und vielleicht sogar meine Pilotenlizenz los."
„Warum das?"
„Bei den Airlines läuft das etwas anders, Piloten sind ehrenhafte Männer. Wir werden z.B. mehrfach im Jahr zu Dinnerparties eingeladen, dort sind Beobachter der Firma. Vordrängeln am Buffet oder eine falsche Grußformel, und du wirst abgemahnt. Ein Pilot ist der perfekte Gentleman, besonders bei einer asiatischen Airline."
„Traumhaft!"
„Jedenfalls macht sich eine Verhaftung wegen Einbruchs im Lebenslauf nicht sonderlich gut."
„Das gilt für die meisten Berufe. Sieh es positiv: Wenn du rausfliegst, ziehst du zu mir nach Kiel..."
„Was soll ich da?"
„...ja lass mich doch ausreden! Zur Rapsblüte fliegst du Fotografen über Schleswig Holstein, ansonsten bietest du Rundflüge an, und wenn dir die Langstreckenflüge fehlen, kannst du dich gerne 14 Stunden in meinen Schrank

verkrümeln und auf einen Fernseher mit Testbild schauen!“

„Ich habe eine Idee, wie wir uns bewaffnen.“ erwidert Jörn.

„Ah. Ich dachte, du grübelst, wie wir den Einbruch umgehen können, stattdessen stellst du die Artillerie zusammen. Respekt!“

„Das Argument mit dem Kleiderschrank hat mich überzeugt.“

„Oh, ich dachte es war die Rapsblüte...“

„Wir müssen etwas tun, es sei denn, wir sind scharf darauf, die nächsten zwei Jahre permanent damit rechnen zu müssen, von jemanden erschossen, erwürgt, erstochen, vergiftet oder in die Luft gejagt zu werden. Tiefgefrorene Gotchakugeln!“

„Alter Schwede, du wechselst das Thema schneller als mein Vater. Gotcha, dieses Spiel, bei dem man mit Farbkugeln aufeinander schießt?“

„Genau, da gibt es vollautomatische Wummen, die haben richtig Dampf, wirst du aus nächster Nähe getroffen, blutest du.“

„Ah ja...“

„Die können zehn Schuss pro Sekunde feuern. Stell dir vor, du bekommst in drei Sekunden dreißig tiefgefrorene Kugeln an den Kopf!“

„Junge, du bist ja völlig närrisch! Wie bist du denn auf die Idee gekommen?“

„Wir haben neulich Gotcha gespielt und im Cockpit hat man viel Zeit. Da hab ich mir überlegt, ob man mit harten Kugeln Schlimmeres anrichten kann und kam auf die Idee, es bei Gelegenheit mal mit tiefgefrorenen Kugeln auszuprobieren.“

„In letzter Zeit habe ich gute Erfahrungen mit Elektroschockern gemacht.“ werfe ich ein.

„Nehmen wir auch. Aber damit muss man ziemlich nah an den Gegner rankommen. Wir brauchen in jedem Fall eine Schusswaffe, mit der wir den Kerl nicht gleich töten."
Kurz darauf kaufen wir bei „Sports Authority" eine Gotcha Pistole, jede Menge Farbkugeln, zwei Jagdmesser und zwei Stabtaschenlampen.
Nach der Shoppingtour fahren wir auf die Südseite der Insel und genießen den Rest des Tages beim Wellenreiten in kopfhohen Wellen.
Auf dem Heimweg halten wir bei Panda Express, einer extrem guten asiatischen Fastfood-Kette. Das Orange Flavoured Chicken ist ein Gedicht und ein absolutes „muss" in der kulinarischen Hawaiiwelt.
Zurück in unseren Zimmern müssen zwei Flaschen Rum ihren Platz im Tiefkühlfach für mehrere Packungen Farbkugeln räumen. Lange braucht der Rum sich jedoch nicht zu grämen, bezieht er doch mit seinen neuen Mitbewohnern „Cola", „Limette" und „Eis" umgehend sein neues Zuhause in unseren Gläsern.
Den Abend verbringen wir damit, in der Vergangenheit zu schwelgen und Unsinn zu reden. Wir lachen viel und es tut gut, einmal nicht über Andrews und den ganzen Mist nachdenken zu müssen.
Beim Frühstück leistet uns der starke Mann mit dem Vorschlaghammer erneut Gesellschaft, aber der Abend war es wert, einen Kater zu haben. Die Kugeln im Eisfach sind über Nacht durchgefroren. Während Jörn die Gotchaknarre klar macht, stibitze ich einen alten Blecheimer von unserer Vermieterin.
Wir schlagen uns hinter dem Haus in den Busch und feuern aus 15 Metern Entfernung auf den Eimer.
Ich gebe zu: Ich bin beeindruckt! Diese „Spielzeugpistole" schießt in einer atemberaubenden Frequenz und die gefrorenen Bälle hinterlassen ordentliche Beulen im

Blecheimer. Jörn hat Recht, davon möchte ich nicht am Kopf getroffen werden.
Es gibt nur einen Schönheitsfehler: Nach ungefähr 20 Minuten tauen die Kugeln und zerplatzen am Eimer, ohne nennenswerten Schaden anzurichten. Jörn ist zuversichtlich, das Problem mit etwas Trockeneis in den Griff zu bekommen.
Heute ist Samstag, kein guter Tag für einen Einbruch. Die meisten Leute verbringen ihr Wochenende zu Hause.
Wir verabreden uns mit Bob und Kiara zum Abendessen und fahren zu unserem alten Freund Jeff, Gründer und Chef der Windsurfmarke „Hot Sails Maui". Sein Haus liegt direkt am Wasser. Am Strand lassen wir uns besser nicht blicken, Andrews Leute haben dort schon zweimal nach uns gesucht. Von Jeffs Grundstück aus können wir windsurfen, ohne am Strand gesehen zu werden. Außerdem brechen ein paar hundert Meter vor dem Anwesen Weltklasse-Wellen.
In einem kleinen Bungalow, direkt am Strand, stehen immer ausreichend Bretter, aufgebaute Segel hängen an der Garage. Was deren Benutzung angeht, ist Jeff eher unkonventionell. Besitzanzeigende Fürwörter wie „meins" oder „deins" kommen in seinem Wortschatz nicht vor. Zählt man zu seinem Freundeskreis, kann man jederzeit auf das Grundstück um zu entspannen oder sich an dem reichhaltigen Angebot an Wassersportspielsachen bedienen.
Gegen Mittag ist der Passatwind noch nicht so recht in Schwung, also gehen wir eine Runde stand-up paddeln. Dabei fällt mir ein, dass noch zwei Bretter auf Kahoolawe eingebuddelt im Sand liegen, und ich bekomme ein schlechtes Gewissen. Gleich morgen werde ich im Surfshop anrufen. Ganz bestimmt!
Der Paddelausflug ist herrlich, im glasklaren Wasser hat

man das Gefühl, als ob man lautlos über ein Aquarium gleite. Wir sehen bunte Fische, Korallen, Schildkröten, kleine Riffhaie und sogar ein paar Rochen.
Nachmittags frischt der Wind auf, und wir toben uns ein paar Stunden beim Windsurfen in den Wellen aus. Alles in allem: ein ganz normaler Tag auf Maui.
Kiara und Bob treffen wir in der Kula Lodge. Hier ist alles unglaublich: Der Ausblick, das Essen, der Wein und leider auch die Preise.
Beim Dinner informieren wir die Beiden über die Ereignisse der letzten Woche. Zeitgleich mit dem Dessert servieren wir ihnen den Plan, bei Andrews einzubrechen. Anfangs wollen sie uns davon abbringen, doch letztlich erkennen auch sie die Notwendigkeit. Bob besteht darauf, dass wir uns jede halbe Stunde per SMS bei ihm melden, ansonsten will er seinen alten Freund, den Chef des hawaiianischen Militärs, Gereral Miller, einschalten.
Es ist ein sehr netter Abend, und obwohl wir fast drei Stunden im Restaurant sitzen, trinken wir nur zwei Flaschen Wein. Nach dem stattlichen Alkoholgenuss der letzten Tage auch mal ganz angenehm.
Auf dem Heimweg klingelt mein Handy. Alex ist dran.
„Stefan, ich habe Post von dir aus New York. Zwei Kreditkarten?“
„Ach, hätte ich fast vergessen. Kannst du bitte beide mal benutzen?“
„Gerne, soll ich was Bestimmtes kaufen, oder einfach wild drauf los shoppen? Für Letzteres gebe ich die Karten einfach meiner Frau...“
„Och, wäre nett, wenn sich die Ausgaben in Grenzen halten. Unser Gegenspieler Marc Andrews kann offenbar die Umsätze überprüfen. Er hat in Shanghai ein Hotel ausfindig gemacht, in dem ich unter falschem Namen eingecheckt, aber mit Jörns Karte bezahlt habe. Daher

will ich ihn etwas in die Irre führen."

„Das passt gut, ich habe morgen einen Termin in München. Also tanke ich hier in Hamburg mit deiner Karte und gehe mit Jörns in München zum Essen. Dienstag muss ich nach Berlin, daher kann ich eine wundervolle Spur durch ganz Deutschland legen. Das wird euren Freund etwas beschäftigen."

„Perfekt! Ach Alex, kannst du uns über Western Union Geld schicken?"

„Einen Moment dachte ich wirklich, ihr wollt mich zum Essen und Tanken einladen."

„Oh, keine Sorge, von den Kreditkartenabrechnungen fordern wir nichts zurück, Ehrenwort."

„Was ist „Western Union"?"

„Damit kann man Bargeld verschicken, ohne Konto. Du gehst hin, weist dich aus und zahlst Bargeld ein. Für die Transaktion bekommst du eine Nummer zugeteilt, mit dieser Nummer kann ich mir hier das Geld auszahlen lassen. Du musst nur noch meinen Namen angeben und mir den genauen Betrag durchgeben."

„Alles klar, wie viel soll ich schicken?"

„Finde mal raus, ob es eine Obergrenze gibt. Wenn es geht, schicke 10.000 Dollar."

„Hast du zehntausend Dollar gesagt?"

„Wir wollen den Eindruck erwecken, dass wir uns in Deutschland aufhalten. Hier können wir keine Kreditkarten benutzen. Unser Bargeld neigt sich dem Ende entgegen und ich habe keine Ahnung, wie lange wir noch bleiben. Bevor du uns jetzt alle paar Tage was schicken musst, wäre doch ein dicker Batzen besser."

„10.000 Dollar. Ich werde mit euren Karten richtig geil essen gehen!"

„Stell dich nicht so an, ist doch nur Geld."

„Ja, wenn´s ums Geld geht bin ich etwas altmodisch."

„Du meinst „spießig“!“
„Nenn´ es, wie du willst. Da du ja so total lässig bist, ist es dir bestimmt auch egal, wieviel mein Abendessen auf deine Kreditkarte kostet.“
„Touché!“, erwidere ich und beende das Gespräch.
Zuhause angekommen öffnen wir ein letztes Aloha-Bier für heute.
„Sag mal, hast du eigentlich mit Christine geredet, während ich in Shanghai war?“ frage ich Jörn auf der Terrasse.
„Nein, habe ich ehrlich gesagt, ganz vergessen. Bist du sicher, wir können ihr trauen?“
„Ich denke schon, jedenfalls hat sie nicht den Namen des Hotels in Shanghai weitergegeben, den ich ihr genannt habe. Ich schicke ihr eine SMS, vielleicht hat sie ja Lust, morgen mit surfen zu kommen.“
„Warte doch noch, bis wir den Einbruch hinter uns haben. Auf die zwei Tage kommt es jetzt auch nicht mehr an, wir müssen kein unnötiges Risiko eingehen.“
Ich stecke das Handy wieder weg, wir trinken aus und gehen ins Bett.
Am nächsten Morgen herrscht eine erstaunlich gute Stimmung am Frühstückstisch. Die Kombination aus wenig Alkohol und viel Schlaf lässt unsere Vitalität fast schon plastisch werden. Man könnte meinen, wir sitzen zu dritt am Tisch: Jörn, ich und die gute Laune.
Ansonsten gleicht der Tag dem gestrigen. Nach einem ausgiebigen Frühstück fahren wir zu Jeff. Auf eine Paddeltour folgt eine Windsurf-Session, und am Abend ist rein zufällig der Grill an.
Morgen ist unser großer Tag. Der erste Einbruch, wenn man von kleineren Entgleisungen in der Jugend absieht. Eine Premiere ohne Generalprobe, ein Fallschirmsprung ohne Reserveschirm, ein Auto ohne Rückwärtsgang.

Morgen gilt´s: Hopp oder Topp!
„Sag mal, wie kriegt man eigentlich eine verschlossene Tür auf?“ reißt Jörn mich aus meinen Gedanken.
„Öh, Kreditkarte?“
Dieser Scheiß-Jörn hat mit seiner vernünftig vorausdenkenden Art mal wieder nichts als Probleme entdeckt. Was weiß ich, wie man eine abgeschlossene Tür öffnet, das Problem stellt sich doch erst morgen!
„Ist es wichtig, dass der Einbruch unentdeckt bleibt?“ fragt Jörn.
„Gute Frage. Hängt davon ab, was wir finden. Grundsätzlich wäre es wohl besser.“
„Gut, wie gedenkst du uns Zutritt ins Haus zu verschaffen?“
„Vielleicht ist ja offen!“
„Komm schon...“
„Naja, zu der Villa kommt man nur mit dem Helikopter. Es gibt keine Straße. Wie viele Einbrecher haben einen Hubschrauber?“
„Glaubst du wirklich, die Villa ist nicht abgeschlossen?“
„Keine Ahnung, im Grunde besteht keine Notwendigkeit, überhaupt Schlösser in den Türen zu haben.“
„Da hast du Recht, aber irgendwie ist es doch nicht sehr wahrscheinlich, oder?“
„Nein, natürlich nicht. Vermutlich gibt es Schlösser und vielleicht sogar Wachpersonal. Wenn wir richtig liegen, ist Andrews ein Krimineller, und sollte er im Haus Unterlagen haben, die das beweisen, wäre er schön blöd, die Tür offen zu lassen.“
„Zurück zu Frage eins: Wie kommen wir ins Haus?“
„Ich habe nicht die leiseste Ahnung, mein Freund. Lass uns morgen einfach einen Ausflug zum Haus machen, uns die Sache anschauen und vor Ort entscheiden.“
Damit ist die leidige Wenn-und-Aber-Diskussion beendet.

Schlafen können wir natürlich nicht, also gibt es einen Mitternachtsdrink auf der Terrasse. Der Blick auf die flimmernden Lichter von Kahului ist Weltklasse und hat zusammen mit den raschelnden Palmenblättern etwas Beruhigendes.

Das Frühstück am nächsten Morgen hält eine Überraschung für uns bereit.:Gerade als ich auf dem Seitenbrenner des Gasgrills den Speck wende, rauscht ein knallroter Helikopter bergabwärts an uns vorbei. Jörn springt sofort auf, und auch ich bin mit einem Satz am Balkongeländer. Der Hubschrauber hält geradewegs auf Kahoolawe zu. Bingo! Andrews ist außer Haus, seine Villa wartet nur auf unseren Besuch. Wir freuen uns wie zwei Kinder vor dem Eisladen. Für ein ruhiges Frühstück sind wir nun zu hibbelig, also werden Speck und Ei zwischen zwei labberige Toastscheiben gequetscht und die Hufe gesattelt, -Öh-, „die Pferde gesattelt“. Soll heißen: Wir werfen alles, von dem wir glauben, es könnte hilfreich sein, ins Auto und geben Gas.

Gerade als Jörn vom Haleakala Highway nach rechts in Richtung Makawao abbiegen will, fällt mir etwas ein.

„Fahr geradeaus, ich muss noch zu Sports Authority und in den Baumarkt!“

„Jetzt??“ staunt Jörn.

Mein Blick sagt klar und deutlich „Natürlich jetzt, sonst hätte ich es wohl nicht gesagt!“. Aber Jörn glotzt mich weiter ungläubig an.

Also versuche ich es mit verbaler Kommunikation: „Hochwürden, ich bitte Sie untertänigst, geradeaus nach Kahului zu fahren. Hochwürden können sich sicher sein, ich würde den feinen Herrn nicht mit solch profanen Wünschen zu dieser heiligen Stunde belästigen, wäre ich nicht in Kenntnis von Argumenten, die einen solchen Umweg rechtfertigen.“

„Arschloch!“ raunt Jörn und zieht mit quietschenden Reifen von der Abbiegespur zurück auf den Highway.
Bei Sports Authority kaufe ich die Armbrust, die ich vor meinem Ausflug nach Kahoolawe nicht im Laden testen durfte. Zugegeben, mit der Armbrust könnte man jemanden töten, aber die ist nur für den Notfall gedacht. Im Baumarkt weiß ich mittlerweile, wo ich die Kabelbinder finde, daher kostet der Umweg nicht viel Zeit.
Jörn ist etwas verwundert. „Willst du jetzt doch jemanden erschießen? Als wir die Gotcha Pistole kauften, warst du noch gegen die Armbust.“
„Richtig.“ entgegne ich, „Ich hab´ nur überlegt: Wenn wir mit den Farbkugeln auf einen Wachposten schießen und er fällt nicht bewusstlos um, was dann? Vermutlich schießt er auf uns, aber mit Blei. Da hätte ich gerne einen Plan B, um das zu verhindern. Mit Kabelbindern habe ich in den letzten beiden Wochen gute Erfahrungen gemacht. Damit kann man prima Leute ruhig stellen.“
„Vorausgesetzt man denkt dran, sie mitzunehmen.“ spielt Jörn auf den Wachmann in Kahoolawe an, den ich nicht gefesselt hatte.
Mit Hilfe von Google Maps und iPhone wissen wir, in welcher der zahlreichen Kurven auf dem Hana Highway wir das Auto abstellen und zu Fuß weiter müssen.
Der Regenwald auf Maui ist vergleichsweise leicht zu durchqueren. Nur selten trifft man auf undurchdringliches Buschwerk, und wenn doch, kann man es meist umgehen. Unsere Machete brauchen wir nicht wirklich, aber selbstredend fühlen wir uns mit dem langen Messer in der Hand cooler. Hin und wieder hauen wir einen Ast durch, aber im Grunde geht es auch ohne. Nach etwa zwei Stunden werden wir vorsichtiger. Rechts von uns, wo uns eben noch ein plätschernder Fluss begleitete, fallen jetzt hohe Klippen steil ins Meer. Das Anwesen

befindet sich auf einer Landzunge, also nähern wir uns der Küste und damit der Villa. Wir flüstern nur noch und geben uns Mühe, keine Äste zu zertreten.

Schließlich entdecken wir eine Lichtung. Ziemlich genau in der Mitte dieser Lichtung befinden sich mehrere Pools, die mit kleinen Wasserfällen ineinander übergehen. Ein leises Brummen lässt auf eine Wasserpumpe schließen und verrät den künstlichen Ursprung der Wasserfälle.

Am gegenüber liegenden Ende der Lichtung steht Andrews´ pompöse Villa.

Wir warten ab und beobachten den Garten. Es ist 12:30 Uhr, Andrews wird wahrscheinlich erst in etwa vier bis fünf Stunden zurückkommen. Allerdings wäre es von Vorteil, sich in einiger Entfernung zu befinden, sobald der Helikopter einschwebt. Dennoch bleibt ausreichend Zeit, erst einmal die Lage zu sondieren.

Nach einer halben Stunde wagen wir uns etwas näher heran und schleichen an der südlichen Grundstückgrenze entlang näher an das Haus. Wie bereits angemerkt, gibt es keine Straße und keine Nachbarn weit und breit und damit auch keinen Grund, das Anwesen abzugrenzen. Vielleicht habe ich ja doch recht, und es gibt nicht einmal Türschlösser.

Schon im nächsten Moment zerplatzt mein schöner Traum, als ich einen bewaffneten Wachmann erblicke, der sichtlich gelangweilt durch den Garten schlendert.

Er scheint kein Interesse daran zu haben, sich im Haus aufzuhalten. Nicht verwunderlich, bei dem Wetter. Nach einer kleinen Runde durch den Garten setzt er sich an einen Pool und lässt die Beine darin baumeln. Vermutlich ohne es zu wissen, hat er sich für uns sehr ungünstig positioniert. Die Villa im Rücken hat er den Großteil des Gartens und den angrenzenden Wald im Blick. Säße er auf der anderen Seite des Pools, hätte man sich vielleicht

von hinten anschleichen und ihn mit dem Elektroschocker niederstrecken können. Aber so haben wir keine Chance. Aus dieser Entfernung ist es zu riskant, auf ihn zu schießen, egal ob mit Farbpistole oder Armbrust.
Wir können uns nur in Position bringen und abwarten. Jörn und ich trennen uns. Genau genommen bleibt Jörn, wo er ist und ich gehe an der westlichen Grundstücksgrenze in Lauerstellung. Sobald sich der Wachmann bei seiner nächsten Runde einem von uns nähern sollte, greifen wir an. Sollte ich auf den Posten schießen können und es nicht schaffen, ihn direkt auszuschalten, verschanze ich mich hinter einem dicken Baum und Jörn attackiert ihn von der Seite. Ein genialer Plan, vorausgesetzt, die Wache schläft nicht am Pool ein. Dummerweise sieht es aber genau danach aus. Jedenfalls bewegt der Typ sich eine gefühlte Ewigkeit nicht. Ein weiteres Problem sind die tiefgekühlten Farbkugeln, die trotz Trockeneis nicht ewig gefroren bleiben.
Endlich steht die Wache auf und dreht eine Runde durch den Garten. Er geht genau auf Jörn zu. Ich wage kaum zu atmen, als ich die Armbrust spanne und den Pfeil einlege. Dabei fällt mir auf, dass ich voraussichtlich nur einen Schuss habe, denn mein antikes Schussgerät ist nicht gerade ein Schnelllader.
Der Wachmann nähert sich Jörn und plötzlich ertönt ein „flpp flpp flpp“, ein ruckartiges Entweichen von Druckluft. Jörn schießt auf ihn. Der Posten taumelt überrascht und benommen zurück, fällt aber nicht um. Die Farbkugeln sind zu weich und zerplatzen. Bereits nach wenigen Sekunden ist des Wachmanns Gesicht bunter als Paris Hilton beim Karneval. Eins muss man Jörn lassen: Er trifft immer den Kopf, obwohl die Wache sich nicht gerade ruhig verhält. Aber auch dem Wachmann muss ich ein

Kompliment aussprechen, denn obgleich er völlig überrascht wird und nichts mehr sehen kann, hält er sich auf den Beinen und zieht seine Waffe. Jetzt wird es eng für Jörn. Glücklicherweise erkennt er das rechtzeitig und zieht sich in seine Deckung zurück. Sein Beschuss reißt ab, der Wachmann erwidert das Feuer. Er schießt quasi blind in den Busch, dafür aber mit scharfer Munition.

Zeit für mich, einzugreifen. Ich stütze meinen Arm auf und lege an. Nach kurzem Überlegen entscheide ich mich, auf den Oberarm zu zielen. Das erscheint mir nicht nur humaner als die Halsschlagader zu sein, sondern auch ein leichter zu treffendes Ziel.

Ich drücke den Abzug und der Pfeil löst sich mit atemberaubender Geschwindigkeit. Er rast auf den Wachmann zu, allerdings viel zu weit nach rechts. Verdammt, hätte das Arschloch von Verkäufer mich im Laden schießen lassen, hätte ich gewusst, die Armbrust hat einen Rechtsdrall!

Der Pfeil verfehlt sein Ziel, trifft aber immerhin noch die leere Hand des Wachmannes. Verwundert dreht er sich in Richtung des Pfeiles und eröffnet das Feuer in meine Richtung. Schnell lasse ich mich hinter den umgefallenen Baumstamm fallen, der meine Deckung darstellt.

Kurz darauf höre ich einen dumpfen Schlag und die Schüsse enden. Vorsichtig luge ich hinter dem Baum hervor und erblicke Jörn mit einem dicken Ast in der Hand. Vor ihm liegt der Wachmann bewusstlos am Boden.

„Scheiß auf moderne Waffen, die Höhlenmenschentaktik ist immer noch am besten!“ schreit Jörn. „Klassischer Karnickel-fang-Schlag!“

„Toll, falls noch jemand im Haus ist, weiß er jetzt jedenfalls, dass wir hier sind.“ erwidere ich.

„Der hätte die Schüsse ja wohl vor meinen Rufen gehört,

oder?“
Schwierig, dagegen zu argumentieren. Also marschiere ich aus meiner Deckung über den Rasen hin zu den Beiden und hole die Kabelbinder aus der Tasche.
Mit einer gewissen Routine zurre ich jeweils Hände und Füße des Wachmanns aneinander, überprüfe den festen Sitz der Fesseln und nicke zufrieden.
„Man könnte denken, du machst das öfter.“ bemerkt Jörn.
„In letzter Zeit häufen sich die Gelegenheiten. Lassen wir ihn hier liegen?“
„Nein, über das Grundstück fliegen ständig Touristen-Helikopter. Macht sich nicht gut, wenn einer hier regungslos auf der Seite liegt. Nachher ruft noch jemand die Bullen.“
Gemeinsam ziehen wir die fette Sau von Wachmann hinter den nächsten Busch. Im Grunde ist er nicht nur dick, sondern auch muskulös: Stiernacken, Bierbauch und Oberarme, dick wie meine Oberschenkel. Ich kann ihn mir gut in Lederkutte mit Helm ohne Visier auf einer Harley vorstellen. Immerhin lässt sich sein fülliger Körper einigermaßen gut rollen, sonst hätten wir kaum eine Chance, ihn zu bewegen.
Fettbacke liegt gut versteckt und ordnungsgemäß verschnürt unter dem nächstbesten Busch und wir gehen zum Haus. Die Terrassentür ist offen.
„Soll ich reingehen und von innen abschließen?“ frage ich Jörn.
„Warum solltest du?“
„Na, du hast dir doch sicher was ausgedacht, wie man eine Tür aufbricht. Wäre doch schade, wenn du es jetzt nicht ausprobieren kannst!“
„Ich hatte eine ähnliche Taktik wie bei der Wache im Sinn: Mit Anlauf eintreten!“
„Wie subtil!“.

Wir betreten ein großzügiges Wohnzimmer, das in eine ordentliche Landhausküche übergeht. Die Wände sind aus dunklen Natursteinen gemauert, gegenüber von der Eingangstür ist ein Kamin eingelassen. Die ebenfalls dunkle Holzdecke gibt einem, zusammen mit der rustikalen Einrichtung das Gefühl, in einer Skihütte zu stehen.
„Vielleicht hat er sein Chalet in den Alpen eher tropisch eingerichtet..." mutmaßt Jörn.
„Ein Kamin auf Hawaii ist wie eine Klimaanlage im Iglu." stelle ich fest.
Komisches Gefühl, ich dachte immer, als Einbrecher schleicht man nachts mit einer Taschenlampe durch fremde Wohnungen. Nun stehen wir am helllichten Tage in einer fetten Villa mit einer bewusstlosen Wache vor der Tür und suchen – tja, wonach suchen wir eigentlich?
„Hoffen wir, dass Andrews ein Homeoffice hat, sonst ist alles umsonst." sagt Jörn
Klar, ein Büro suchen wir. Nur, was genau suchen wir in diesem Büro?
An das Wohnzimmer schließt ein geräumiger Salon mit großzügiger Glasfront und Blick auf den Pazifik an. Hier finden nicht nur ein Billardtisch und mehrere Ledersessel Platz, sondern auch eine Bar, deren Ausstattung auf Maui sicherlich ihresgleichen sucht.
Ich bin nervös, das Haus ist riesig, es könnte durchaus weitere Wachen geben. Jörn geht es scheinbar ähnlich. Er wirft im Vorbeigehen eine Vase vom Sockel und fängt sie gerade noch mit zittrigen Händen auf.
„Vielleicht ein Drink zur Beruhigung?" schlage ich vor.
„Lass mal, ich will hier schnellstmöglich raus!"
Der Salon ist eine Sackgasse, also zurück ins Wohnzimmer. Von dort führt eine Treppe nach oben. Nach meiner Shanghai Erfahrung bin ich nicht heiß auf

das Obergeschoss. Erste Etagen haben einen entscheidenden Nachteil: Man kommt so schlecht weg von dort! Im Erdgeschoss gibt es mehrere Eingänge und Fenster, da sind die Fluchtmöglichkeiten vielseitig. Oben sitzt man wie die Maus in der Falle.
Es hilft nichts, schließlich sind wir nicht eingedrungen, um den Salon zu begutachten.
Von der Galerie im oberen Geschoss gehen nur zwei Türen ab. Durch die erste gelangt man in ein geräumiges Schlafzimmer mit integriertem Bad. Die Fenster nach Osten, hat man hier perfekte Morgensonne. Das Bad ist top-modern, Regendusche und eingelassene Badewanne für zwei mit Whirlpoolfunktion lassen kaum Wünsche offen.
Aus den bodentiefen Fenstern bietet sich einem ein Blick über die Steilküste und den kleinen Bootsanleger, etwa 50 Meter unter uns.
Im Kleiderschrank befindet sich ein Safe. Wir durchforsten Schubladen und zusammengelegte Kleidung, der Schlüssel lässt sich einfach nicht finden. Schade, oftmals bewahren die Leute den Schlüssel in unmittelbarer Nähe zum Tresor auf. So leicht macht Andrews es uns aber nicht.
Wie erwartet, ist der andere große Raum ein Büro. Die Fenster nach Westen und Norden, ist man hier vor der prallen Mittagssonne geschützt, kann aber den Sonnenuntergang genießen und hat einen phantastischen Blick aufs Meer.
Genau so hätte ich mein Haus auch aufgeteilt.
Immerhin haben wir freie Sicht in den Garten und damit auf den Eingangsbereich des Hauses. Sollte sich jemand nähern, können wir ihn frühzeitig sehen.
Trotz des flauen Gefühls in der Magengegend und dem Drang, möglichst schnell weg zu wollen, kann ich nicht

anders, als einen Moment lang die unglaubliche Aussicht zu genießen.
Jörn widmet sich bereits den Kommoden an der Wand, öffnet Schubladen und inspiziert Ablagefächer. Ich stelle mich vor den Schreibtisch und lese die Beschriftung der Ordnerrücken im deckenhohen Regal dahinter. Ad hoc springt mir nichts in Auge. Kein Wunder, ist ja unwahrscheinlich, dass auf den Ordnern Dinge wie „Waffenschmuggel“ oder „Drogenabsatz 2012“ stehen.
Ich fotografiere alles, man weiß ja nie. Anschließend schnappe ich mir ein paar Ordner und blättere sie oberflächlich durch.
Die Akten sind voller Formulare, die eine korrekte Entsorgung von Sprengmitteln dokumentieren. Die Bescheinigungen sind von einer Firma namens „S&C – search and clean-up of ballistic weapons“. Jedes Formular enthält Datum, Zeit, Ort, Menge und Art des vernichteten Sprengmittels. Die Bescheinigungen sind jeweils unterschrieben und gestempelt - mit einem Stempel von S&C. Die Firma kontrolliert sich also selbst, ansonsten würden die Papiere wohl mit einem offiziellen Wappen der US Armee abgestempelt.
„Wie vernichtet man Sprengstoff?“ frage ich Jörn.
„Ich würd´s einfach in die Luft jagen. Heutzutage wird es aber sicherlich irgendwie recycelt.“
„Hm“, erwidere ich selbstsicher, stelle die Akten zurück und widme mich der anderen Seite des Regals.
„NICHT ANFASSEN“ schallt es durch den Raum. Erschrocken blicke ich hoch. Mich trifft der Schlag: An der Tür steht die fettschweinige Wache mit einer Pistole in der Hand.
„Wie zur Hölle...“ stammelt Jörn.
Ein Blick auf seine Handgelenke lässt darauf schließen, dass seine Schmerzgrenze über der von den

Kabelbindern liegt. Die Fesseln haben tief in die Haut geschnitten, dennoch hat er sie zerrissen.
Fettschwein ist rot und blau im Gesicht. Die Gotchakugeln waren nicht mehr tiefgefroren, aber immer noch sehr hart. Er ist sauer und hat Schmerzen, hat sich aber unter Kontrolle. Noch! Jetzt bloß nichts Dummes anstellen!
Schlauerweise haben wir unsere Waffen draußen liegen lassen. Ich habe zwar noch einen Elektroschocker, aber dafür müsste ich sehr nah an den Typen ran.
Im Grunde können wir nur hoffen, dass er einen Fehler macht und wir ihn überraschen können. Ich lasse mir unsere Möglichkeiten durch den Kopf gehen, als ich lautes Getöse im Garten höre. Ein Hubschrauber landet gerade. Jegliche Hoffnung geht den Bach runter.
Allein hätten wir eine kleine Chance gehabt. Im richtigen Moment eine kleine Ablenkung und Jörn haut ihm eins über die Rübe. Aber jetzt ist es aus.
Der Heli setzt auf und das Motorengeräusch verstummt. Lediglich die Rotorblätter schneiden zischend im Leerlauf durch die Luft.
Nur eine Person steigt aus: Mark Andrews. Er hat den Helikopter geflogen und ist allein gekommen.
Ein Hoffnungsschimmer keimt auf: Zwei gegen zwei. Vielleicht ist noch nicht alles verloren.
Andrews hält beim Eintreten eine Waffe in der Hand.
„Man sieht sich immer zweimal im Leben," grüßt er Jörn und in meine Richtung: „Aber wir beide hatten noch nicht das Vergnügen. Ich vermute, Sie sind der edle Ritter, der seinen Freund aus den Fängen des Bösen befreite"
„Genau." sage ich, „mein weißer Schimmel steht vor der Tür. Mit ihm bin ich auch nach Kahoolawe geritten und habe Jörn geholt."
„Witzbold." kommentiert Andews. „Los, zum Heli. Aber

schnell!“
Andrews und Fettschwein sind routiniert, sie lassen uns keinen Moment aus den Augen und positionieren sich immer so, dass sie uns gut im Blick haben. Keine Chance für uns, sie anzugreifen. Es bleibt nichts anderes übrig, als in den Heli zu steigen.
Jörn und ich sitzen hinten, die beiden anderen vorne. Der Heli hebt hurtig ab. Andrews hat seinen sportlichen Flugstil, den ich schon auf Kahoolawe beobachten konnte, beibehalten. Im Tiefflug geht es über den Regenwald, kaum überfliegen wir die Steilküste, geht Andrews in einen radikalen Sinkflug und fängt den Helikopter kurz über der Wasseroberfläche auf. Er fliegt Hubschrauber wie Bob Flugzeug fliegt.
Einen kleinen Fehler erlaubten sich die Profis aber doch. Sie haben uns nicht durchsucht. Leider kein Vorteil, wir sind unbewaffnet. Ich habe lediglich meine Digitalkamera und mein Handy in der Tasche.
Ich könnte versuchen, Andrews mit dem Schnürchen der Kamera von hinten zu erwürgen. Wenn Jörn gleichzeitig Fettschwein aus dem Fenster wirft, müssen wir nur noch den Heli unter Kontrolle bringen und landen. Unwahrscheinlich, dass das gelingt, aber was Besseres fällt mir nicht ein.
Über Hookipa zieht Andrews den Helikopter hoch. Vermutlich dürfen wir nicht im Tiefflug über den nahegelegenen Flughafen. Gleich müssten wir links abbiegen und am Hang des Haleakala entlang nach Kahoolawe fliegen, genau wie heute morgen, als der Heli uns beim Frühstück erschreckte.
Andrews dreht aber nicht. Er fliegt weiter geradeaus. Über dem Flughafen ist klar: Die Reise geht nicht nach Kahoolawe. Andrews konzentriert sich aufs Fliegen, Fettschwein guckt immer seltener zu uns nach hinten. Ich

wage es, nach meinem Handy zu suchen. Es steckt glücklicherweise in meiner Beintasche, ich komme also dran, ohne meine Arme stark anzuwinkeln und ohne mich viel zu bewegen. Zu verlieren haben wir nichts, also versuche ich, es aus der Tasche zu ziehen. Fettschwein guckt genau in dem Augenblick nach hinten, als meine Hand in der Hose steckt, grunzt aber nur irgendwas und dreht den Kopf wieder nach vorn. Nach einer gefühlten Ewigkeit habe ich das Handy in der Hand und kann es einigermaßen hinter meinem Bein verstecken.
Einmal tief durchatmen! Was jetzt? Telefonieren geht nicht, SMS natürlich schon, aber ich weiß nicht, wohin es geht. Bringt also auch nicht viel.
Mit zittrigen Fingern füge ich alle Kontakte aus dem Telefonbuch als Empfänger hinzu. Das klingt jetzt monströs, genau genommen sind es aber nur die Nummern von Bob, Christine und den Schweizern.
Ich tippe „Hilfe!“ und überlege, was ich noch schreiben soll. Plötzlich trifft mich etwas Hartes am Kopf. Fettschwein hat mich erwischt und mir eins mit dem Pistolenkopf über die Rübe gezogen. Mit der freien Hand bedeutet er mir, ihm das Handy zu übergeben.
Der Heli hat keine Türen, ich drücke „Senden“ und werfe das Telefon raus. Ich weiß nicht, wie lange eine SMS zum Senden braucht, aber ich hoffe, es klappt, bevor das Handy am Boden zerschellt.
Mein Ungehorsam wird mit einem weiteren Hieb auf den Kopf bestraft. Dennoch freue ich mich, einen letzten Rest Selbstbestimmung gerettet zu haben.
Doch selbst, wenn die SMS ankommt, wird sie uns nicht mehr helfen. Niemand weiß, wo wir sind. Mittlerweile verschwindet Maui unter uns, wir fliegen auf das offene Meer hinaus. Ob Andrews uns einfach aus dem Hubschrauber wirft? Die Sonne geht bald unter, für

Touristen wäre es der perfekte Flug.
Jörn sitzt nur da, keine Regung im Gesicht oder Körper. Vermutlich schließt er gerade mit seinem Leben ab.
Irgendwas stimmt hier nicht, warum fliegen wir nicht nach Kahoolawe? Andrews wird wohl kaum über die halbe Insel fliegen, um uns hier ins Meer zu werfen. Dafür hätte er von seinem Grundstück einfach geradeaus fliegen können.
Zu unserer Rechten zieht Molokai vorbei, wir schweben in die untergehende Sonne. Wenn mich nicht alles täuscht, ist dies der Kurs nach Oahu.
Eine Dreiviertelstunde später fallen zwei Körper aus großer Höhe und schlagen mit tödlicher Kraft auf der Wasseroberfläche auf.
Nein, Scherz.
Eine Dreiviertelstunde später setzten zwei Kufen sanft auf dem Dach eines Hochhauses in Honolulu auf. Ein stattlich uniformiertes und nicht weniger bewaffnetes Empfangskomitee erwartet uns. Wir steigen aus und gelangen durch ein Treppenhaus in das Gebäude.
Andrews bringt uns in ein Büro im sechzehnten Stock. Dort erwartet uns ein älterer, korpulenter Herr. Er trägt keine Uniform und scheint über unseren Besuch alles andere als begeistert. Zunächst verlässt er mit Andrews das Zimmer. Seine und Andrews Stimme auf dem Flur zeugen nicht gerade von trauter Einigkeit. Der Alte ist verärgert über unsere Anwesenheit. Während der lautstarken Unterhaltung vor der Tür sehe ich mich um. Die beiden Wachen sind definitiv Soldaten, das US Armee Wappen findet sich auf Wimpeln, Aktenordnern und dem Briefpapier wieder.
„Jörn“ murmele ich: „Wir sind in Sicherheit. Das hier ist ein Armeestützpunkt!“
„Ich weiß“ flüstert Jörn „Aber was wird das hier, wenn´s

fertig ist?“
„Da bin ich auch sehr gespannt!“
Die Tür fliegt auf, und herein kommt der Alte, gefolgt von einem verstimmt dreinblickenden Andrews.
„Mein Name ist Robert Stice und ich bin der Chef von S&C. Meine Firma reinigt die Insel Kahoolwe von Sprengsätzen, die nicht detoniert sind und macht die Insel wieder zu dem, was sie eigentlich ist: Ein hawaiianisches Paradies für Einheimische und Touristen gleichermaßen. Mein Projektleiter, Herr Andrews, berichtete mir, dass Sie mehrfach versuchten, unsere wichtige Arbeit zu sabotieren. Dadurch haben Sie sich nach amerikanischem und nach US-Militärrecht strafbar gemacht. Diese zwei Gentlemen werden Sie in Ihre Zelle begleiten, bis der Haftrichter Zeit findet, sich mit Ihnen zu beschäftigen.“ Mit einem Blick zu den Soldaten raunzt er ein „Abführen!“
In dem Augenblick, als ich fragen will, wer ihm als Zivilisten das Recht gibt, uns einzusperren, fliegt die Tür auf.
„Robert, was geht hier vor??“
„David?! Woher … was … warum?“ stammelt Stice.
„Gerade als ich mich mit meiner Tochter zum Dinner aufmachen will, bekomme ich zu hören, ein Hubschrauber sei auf unserem Dach gelandet und du würdest hier Zivilisten ohne militärischen Beistand verhören. Robert, bist du von allen guten Geistern verlassen?“
David – bei mir klingelt was. David Miller. General David Miller! Der alte Freund von Bob. Vielleicht war die SMS ja doch erfolgreich!
Für einen Moment entgleisen Robert Stices Gesichtszüge. Er ist ein gestandener Mann, Mitte Fünfzig, hat ein paar Pfund zu viel auf den Rippen, ist

aber durchaus fit. Definitiv der Macher-Typ, immer gut vorbereitet und nicht leicht zu verunsichern. Aber damit hat er nicht gerechnet.

„David, komm rein." antwortet Stice: „Ich dachte. du bist schon weg und ich wollte dich morgen informieren."

Stice hat sich erstaunlich schnell gefangen. Ein Profi durch und durch.

Miller fährt fort: „Lass das Geplänkel, Mann! Du bist drauf und dran, richtig Scheiße zu bauen. Ein paar Islamisten in Guantanamo interessieren kein Schwein. Aber das hier sind Deutsche! Du kannst nicht grundlos deutsche Staatsbürger festhalten. Junge, das ruft internationale Spannungen hervor."

Stice ist sichtlich genervt, das hatte er sich anders vorgestellt: „Diese Männer sabotieren die Arbeit eines amerikanischen Konzernes, und zwar in militärischem Sperrgebiet. Zwei gute Gründe, sie wegzusperren."

„Wo wurden Sie erwischt und wer hat sie festgenommen?" verlangt General Miller zu wissen.

„Auf Maui, von einem unserer Sicherheitsleuten."

„Maui ist kein Sperrgebiet und S&C ist eine private Firma. Du kannst niemanden festnehmen. Ihr dürft lediglich Leute festhalten und auf die Polizei warten. Allein diese Formfehler lassen einen Prozess platzen. Robert, wie können dir solche Anfängerfehler passieren?"

„Diese Herren haben auf Kahoolawe zwei meiner Angestellten verletzt, Schnellboote sabotiert, und sie sind in das Büro auf Maui eingebrochen!"

„Und deshalb lässt du sie von Privatpersonen festnehmen und auf eine andere Insel fliegen? Wenn du Pech hast, zeigen Sie dich wegen Entführung an!"

„Das könnte ich bereits doppelt." merkt Jörn an.

„Klappe halten, zu Ihnen komme ich später!" raunzt General Miller.

Wieder an Stice gewandt, schimpft Miller weiter: „Ich weiß nicht, was hier vorgefallen ist und warum überhaupt ausländische Zivilisten Kahoolawe betreten können, während ihr dort arbeitet. Es obliegt euch, die Insel zu bewachen. Herr Gott, wenn dort ein dämlicher Tourist in die Luft fliegt. Nicht auszudenken. Robert, halte deinen Laden und die Insel sauber!"
Robert Stice setzt an, etwas zu sagen, aber Miller kommt ihm zuvor: „Jetzt halte endlich den Mund!"
Jetzt sind wir dran. „Sie beide," beginnt Miller in dem gleichen bestimmten und verärgerten Tonfall, in dem er zuvor mit Stice geredet hat: „können von Glück sagen, dass unser Robert hier sich so maßlos dumm verhalten hat. Hätte er die Polizei gerufen, würden Sie wegen Einbruchs verknackt und von einem Militärgericht bezüglich der Anschuldigungen auf Kahoolawe verhört. Ich mag es nicht, wenn jemand auf meinen Inseln Cowboy spielt. Daher schlage ich vor: Sie verlassen noch heute das Land und kommen nie wieder!"
„..." Jörn öffnet den Mund, doch erneut erstickt Miller eine mögliche Diskussion im Keim.
„Ich sagte: Klappe halten! Das gilt auch für Sie!" fährt er Jörn an. „Robert, ist der Helikopter noch auf dem Dach?"
Stice nickt nur.
„Gut, nehmt die Beiden zurück mit nach Maui. Fliegt sie direkt zu ihrer Unterkunft. Dort sollen sie packen und ihre Pässe holen. Danach fliegt ihr sie zum Flughafen. Ich lasse Sie am Heliport abholen. Es ist jetzt 20 Uhr, um 22:30 Uhr geht der letzte Flieger von der Insel. Dein Pilot ist persönlich dafür verantwortlich, sie rechtzeitig am Heliport abzusetzen! Ende der Diskussion und jetzt alle raus!"
Auf dem Flur verschwindet General Miller direkt im Fahrstuhl, Stice rennt hinterher und schafft es gerade

noch in den Lift, bevor sich die Türen schließen.
Die Beiden haben wohl Redebedarf.
Andrews und die Wachen bringen uns wortlos zurück aufs Dach.
„Krasser Typ." sage ich.
„Dieser Miller? -Aber Hallo!" antwortet Jörn: „In der Zeit, in der er im Raum war, hat außer ihm niemand etwas sagen können. Er kam rein und überrollte alles wie eine Dampfwalze. In jedem Fall ein souveräner Kerl!"
„Verstehst du, was hier abgeht?"
„Nein."
Mehr Unterhaltung ist nicht drin, wir setzten die Kopfhörer auf, und der Helikopter startet.
Eine knappe Stunde später setzt der Hubschrauber vor unserem Appartement in Kula auf. Unsere Vermieterin ist sichtlich verärgert. Ihre Pferde haben Angst vor dem Helikopter, und sie hat alle Hände voll zu tun, diese zu beruhigen. Immerhin hindert sie das daran, zu uns zu kommen, denn wie sollten wir ihr bitte erklären, was hier gerade passiert?!
Die Taschen sind schnell gepackt. Da wir in letzter Zeit ständig umgezogen sind, haben wir erst gar nicht richtig ausgepackt. Andrews lässt sich unsere Pässe zeigen und schon geht es wieder in den Heli.
Kurz darauf landen wir am Flughafen. Der Heliport befindet sich zusammen mit den Privatflugzeugen gegenüber vom Verkehrsterminal. Ich suche Bobs Maschine und gucke, ob in dem Hangar, in dem Kiara arbeitet, Licht brennt. Fehlanzeige, die beiden sind nicht hier.
Auf uns wartet bereits ein Militärjeep. Andrews bedeutet uns wortlos einzusteigen. Er wechselt ein paar Worte mit dem Fahrer, begibt sich zurück in den Heli und schwebt in Richtung seiner Villa davon.

Merkwürdig, ich hätte wetten können, er verlässt uns nicht ohne irgendeine Bemerkung...
Der Fahrer grüßt freundlich und fragt wie´s uns geht. Er behandelt uns nicht wie Gefangene, vermutlich kennt er die Hintergründe nicht.
Er genießt es, auf dem Flughafen rum zu düsen, keine Ampeln, und vor allem kein Speedlimit, sind selten in Amerika. Es ist kurz nach 21 Uhr, um diese Zeit ist es ziemlich ruhig auf dem Kahului Airport. Wir halten am südlichen Ende des Terminals, am Cargobereich des Flughafens.
Unser Fahrer führt uns zu einer Treppe, und wir gelangen zu den Flugsteigen.
Von hier aus marschieren wir einmal quer durch den kompletten Flughafen, vor uns unser Fahrer, hinter uns ein weiterer US-Soldat, beide mit Schnellfeuergewehren ausgestattet. Jeder, der uns sieht, muss denken, wir sind extrem wichtig oder extrem festgenommen.
Am anderen Ende des Terminals findet ein weiterer Sicherheitscheck statt. Den Ersten haben wir ausgelassen, normalerweise muss man bereits durch eine Kontrolle, bevor man zu den Flugsteigen kommt.
Unser Fußmarsch führt durch den Cargobereich, an den Inter-Island Gates vorbei, zu den Flugsteigen, von denen die Flüge auf das Festland abgehen. Diesen Bereich können nur Fluggäste mit einer Bordkarte betreten, zu den Inter-Island Gates kann im Grunde jeder, auch wenn er selbst nicht fliegt und nur jemanden abholt.
Hinter der Kontrolle bleibt der Fahrer plötzlich stehen, deutet auf die Flughafenbar und sagt:
„Stimmt es, dass die Herrschaften vor ihrem Abflug ein letztes Aloha-Bier genießen wollen?“
Verdutzt gucken wir uns an. Bier ist natürlich immer gut, aber irgendwas ist hier komisch!

Obwohl im gesamten Terminal nichts los und die Bar so gut wie leer ist, dirigiert uns der Kellner zu einem Tisch in der hintersten Ecke, schon fast ein Séparée, nicht einsehbar von außen. Ausgerechnet hier sitzen bereits zwei Personen. Genervt will ich protestieren, doch als ich erkenne, wer vor uns sitzt, fallen mir fast die Augen aus dem Kopf.

Vertieft in ein freundschaftliches Gespräch, mit zwei halb vollen Biergläsern vor der Nase, sitzen Bob und General Miller in der Flughafenbar.

Kapitel 13

„Ach, da seid ihr ja. Auch ein Bier?“ begrüßt uns Bob.

„...Ich bin nicht sicher, ob ein Bier reicht. Ich denke, ich brauche einen Schnaps.“ Jörn findet als erster seine Sprache wieder.

„Einen Schnaps, der Herr“, wiederholt der Kellner und sieht mich erwartungsvoll an, um meine Bestellung aufzunehmen.

„Das meint er nicht ernst, bringen Sie zwei große Bier – für jeden von uns.“ entgegne ich.

Wir setzen uns, während die uns begleitenden Soldaten einen anderen Tisch auswählen und ebenfalls Bier bestellen.

Weder Jörn noch mir fällt irgendein Kommentar ein. Bob grinst mich an und bricht das Schweigen.

„Überrascht?“

„Ja.“

„Geben Sie mir erst einmal Ihre Reisepässe.“ fordert General Miller.

Ich zögere. Ohne Pass ist irgendwie doof, besonders im Ausland.

„Ist OK“, sagt Bob: „gebt sie ihm, ihr bekommt sie garantiert zurück.“

Miller nimmt die Pässe an und gibt sie einem der Soldaten, der damit verschwindet.

„Es gibt zwei Gründe, warum ich heute hier sitze.“ erklärt General Miller: „Erstens, weil mein Freund Bob mich darum gebeten hat. Den zweiten Grund erzähle ich ihnen vielleicht, nachdem Sie es geschafft haben, mich von Ihrer Geschichte zu überzeugen. Also los, erzählen Sie!“

Das kann er haben. Wir erzählen, und wie wir erzählen! Von der Party mit Christine, dem Heimweg, dem Überfall von A bis Z, und von Maui über Kahoolawe bis nach

Shanghai und zurück erzählen wir!
Miller unterbricht uns nicht ein einziges Mal. Schwer zu sagen, ob er uns für bekloppt hält oder alles glaubt. Lediglich, als Shanghai zum ersten Mal im Gespräch auftaucht, verändert sich seine Mimik kurz.
Nach der gesamten Geschichte schaut er mich an: „Warum haben Sie nach dem Überfall nicht die Polizei gerufen?“
„Was passiert, wenn ein betrunkener Tourist in den USA bei der Polizei angibt, maskierte Männer hätten seinen Kumpel mit einem Schnellboot entführt, nachdem er von der Straße gedrängt wurde? In Deutschland würde man zunächst in die Ausnüchterungszelle gesteckt werden. Wie es am nächsten Tag weitergeht, weiß ich nicht, aber die Chance auf eine groß angelegte Suchaktion ist eher gering.“
„Haben Sie eine militärische Ausbildung?“
„Nein“, antworten wir wahrheitsgemäß.
„Ein Wunder, dass ihr noch lebt!“ wirft Bob ein.
„...oder bemerkenswert, welch blühender Phantasie diese Geschichte entsprungen ist.“ äußert sich Miller.
„Was ist mit dem Soldaten, den ich ins Bein geschossen habe? Eine Schusswunde sollte schwer zu verstecken sein.“
Miller wirft mir eine Zeitung rüber. Auf der zweiten Seite prangt die Überschrift: „Zwischenfall auf Kahoolawe: Soldat schießt Kamerad beim Reinigen seiner Waffe versehentlich ins Bein!“
„Haben Sie irgendwelche Beweise für Ihre Anschuldigungen?“ fragt Miller.
„Für die Entführung – nein.“ antwortet Jörn: „aber fragen Sie mich etwas, was nur jemand wissen kann, der schon mal auf Kahoolawe war.“
„Ich glaube Ihnen, dass Sie auf der Insel waren. Das

behauptet sogar Marc Andrews. Vielleicht wollten Sie aber nur mal den Kick spüren, eine verbotenen Insel zu betreten. Oder gar selbst Sprengstoff klauen."
„Klar, um dann mit einem 50-Pfund-Blindgänger auf einem Stand-up Paddleboard zurück nach Maui zu paddeln, oder was?" gebe ich zu bedenken.
„Ihre Flucht war spektakulär genug, vielleicht hatten Sie es von Anfang an so geplant. Nur kamen Sie nicht dazu, eine Bombe mitzunehmen, weil Sie erwischt wurden. Sie schossen die Wache nieder, gerieten in Panik und flüchteten ohne die Beute. So stellt es S&C dar. Vor Gericht stünde Aussage gegen Aussage."
„Warum stehen wir dann vor keinem Gericht?" fragt Jörn.
„Weil Sie das verdammte Glück haben, dass Andrews diesen Formfehler begangen und Sie eigenmächtig in Gewahrsam genommen hat, anstatt die Polizei einzuschalten. Ausserdem weil Bob mich eingeschaltet hat, nachdem er eine SMS erhalten hat, in der Sie nach Hilfe rufen."
HA! Die SMS. Immerhin hat sich die Beule am Kopf gelohnt.
„Können Sie irgend etwas beweisen?" fragt Miller erneut.
„Wir haben Videoaufnahmen, auf denen ersichtlich ist, dass Andrews oder einer seiner Leute mit Hilfe eines Schwimmpontons Waffen von Kahoolawe abtransportiert."
Miller seufzt gelangweilt: „Der Sprengstoff wird aus den Blindgängern entfernt und auf hoher See gezündet. Damit soll verhindert werden, dass auf Kahoolawe ständig Explosionen zu sehen sind. Zum einen schont es die Insel, zum anderen macht es sich nicht gut für die Touristen."
Stille.
„Also, Sie haben keine Beweise für irgendetwas." stellt

General Miller fest.

„Ich habe einen Ordner, mit dem ich nachweisen kann, dass die Reederei G.S.S. keinen Gewinn macht, Seewege befährt, die sonst ziemlich ausgestorben sind und die Besitzerin einen sehr aufwändigen Lebensstil pflegt. Für einen Zusammenhang mit Andrews und Kahoolawe habe ich eine Theorie, aber keinen Beweis."

General Miller guckt mich missbilligend an.

„Außerdem habe ich diese Digitalkamera", füge ich schnell hinzu: „auf dem Chip sind die Bilder aus der Villa auf Maui. Ich habe im Büro alles fotografiert."

Miller zieht eine Augenbraue hoch: „Und?" fragt er gespannt.

„Ich – ähm – ich hatte noch keine Gelegenheit, mir die Fotos anzuschauen." gebe ich kleinlaut zu, als ich ihm die Kamera rüber schiebe.

Er nimmt sie und klickt durch die Bilder.

„Was denken Sie?" fragt er.

Ich verstehe nicht und gucke entsprechend.

„Ihre Theorie! Erläutern Sie sie."

„Wir haben eine Verbindung zwischen einer Reederei, die unwirtschaftliche Strecken unterhält und einem Abrüstungsunternehmen, welches Zugriff auf große Mengen explosiven Materials hat. Einer der Seewege von G.S.S. führt direkt an Hawaii vorbei. Ich denke, die Frachter halten auf der Strecke Shanghai – Buenaventura kurz hier an und nehmen einen Container Sprengstoff an Bord, den Andrews ihnen mit dem Schwimmponton bringt. Der Container geht in Buenaventura an die Mafia, die damit ihren blutigen Drogenkrieg führt. Im Gegenzug bringt der nächste Frachter einen Container mit Drogen zurück, die Andrews teilweise auf Hawaii verkauft. Er bekommt mehr Drogen, als er auf den Inseln los wird, also geht der Rest weiter und wird von anderen Frachtern auf dem Weg nach Neu Seeland oder Bali verkauft: in Australien, auf all den kleinen Inselgruppen unterwegs und natürlich auf Bali selbst. Absolut genial, Andrews tauscht den Sprengstoff, den er kostenlos auf Kahoolawe ausbuddelt, gegen viel wertvollere Drogen ein und bekommt obendrein von den USA ein Gehalt für seine Dienste."

„Sie haben wirklich Phantasie, Junge" kommentiert Miller meine Theorie."Ihre Gedanken klingen ziemlich utopisch, aber ich werde Ihnen jetzt den zweiten Grund nennen, warum ich heute hier sitze und mit Ihnen rede:

Ich liebe diese Inseln. Seit ein paar Jahren haben wir schwerwiegende Drogenprobleme. Früher haben ein paar Teenager gekifft und hin und wieder brachte jemand härtere Drogen aus Asien mit. Alles in allem nicht weiter schlimm. Seit ein paar Jahren jedoch überschwemmt jemand die Inseln regelrecht mit Koks und Heroin. Wir haben keine Ahnung, woher es kommt und wie es auf die Inseln gelangt. Wir haben bereits mehrere Agenten auf die Sache angesetzt, aber nie kam etwas dabei heraus. Immer waren die Verbrecher einen Schritt voraus. Daher habe ich vor ein paar Monaten meinen besten Mann darauf angesetzt, Lieutenant Rogers. Im Laufe der Zeit drängte sich der Verdacht auf, dass die Drogenhändler Zugang zu Insiderinformationen aus Militärkreisen haben. Daher wurde Lieutenant Rogers offiziell beurlaubt. Niemand, außer mir, wusste von seinem Einsatz, und er erstattete ausschließlich mir Bericht. Vor ein paar Wochen riss der Kontakt plötzlich ab. Er war nach Shanghai gereist, um eine Spur zu verfolgen. In seinem letzten Bericht erwähnte er, einen Chinesen namens „Chang" treffen zu wollen. Seither fehlt von beiden jede Spur."

General Miller macht eine gewichtige Pause, um dann

fortzufahren: „Die Drogen und die Verbindung nach Shanghai sind die gemeinsame Schnittmenge meiner Probleme und Ihrer Geschichte. Leider können Sie nichts beweisen, daher kann ich auf offiziellem Wege nichts für Sie tun."

„Was können Sie uns über S&C, Marc Andrews und Robert Stice sagen?" fragt Jörn.

Ich erwarte ein Donnerwetter, doch Miller beginnt zu plaudern:

„Robert und ich lernten uns auf der Militärakademie kennen. Damals waren wir gerade mal neunzehn, gemeinsam absolvierten wir die Grundausbildung. Ich schlug die akademische Laufbahn ein, ihm war der Schreibtisch zu langweilig. Er wurde Kampfschwimmer und trat einer Spezialeinheit bei. Über die Jahre kletterte er die Karriereleiter hoch. Am Ende koordinierte er eigene Projekte und führte sie aus. Er befehligte Spezialeinheiten auf der ganzen Welt, die Art von Einsätzen, bei denen die Regierung abstreitet, dich zu kennen, wenn du erwischt wirst. Je nach Auftrag waren seine Teams unterschiedlich groß, aber eine Stammmannschaft hatte er immer. Darunter Marc Andrews, 20 Jahre jünger als Robert. Die letzten zehn oder 15 Jahre arbeiteten sie Seite an Seite. Wenn man viele extreme Situationen miteinander erlebt, wächst man zusammen, und so entwickelte sich ein Vater-Sohn ähnliches Verhältnis zwischen den beiden Männern. Vor sechs Jahren schieden sie aus dem Militärdienst aus. Robert gründete S&C und bekam durch seine guten Kontakte schnell dicke Aufträge. Andrews ist Roberts rechte Hand in der Firma."

„Aber Kahoolawe wird schon seit 1998 aufgeräumt. Lange bevor Andrews und Stice aus dem Militärdienst ausgeschieden sind?" frage ich.

„Richtig. Das Joint Venture, das ursprünglich mit den Arbeiten auf Kahoolawe beauftragt war, bekleckerte sich nicht gerade mit Ruhm. Die Entsorgung der Blindgänger nahm wesentlich mehr Zeit in Anspruch als gedacht. Daher wurde ihnen der Auftrag entzogen und an S&C übergeben."
„Bei der Entscheidung waren Robert Stice´ Kontakte innerhalb des Militärs sicher nicht schädlich..." wende ich ein.
„Vitamin B ist in ausnahmslos jeder Lebenslage wichtiger als alles andere, Mr. Heuser."
„Wo genau waren Andrews und Stice in den – sagen wir mal – letzten zwei Jahren beim Militär im Einsatz?" frage ich.
„Das kann ich so nicht beantworten. Mehr oder weniger auf der ganzen Welt. Diese Art von Spezialeinheiten sind nicht nur in Krisengebieten unterwegs, sondern auch in solchen, die keine werden sollen. Wenn Sie verstehen, was ich meine."
„Präventiv schon mal angehende Diktatoren umbringen, beispielsweise?"
Miller beantwortet meine Provokation nicht.
„Seit wann interessieren Sie sich für die Drogenprobleme der Inseln?" erkundige ich mich.
„Seit etwa fünf bis sechs Jahren."
„Also genau der Zeitrahmen, in dem S&C das Ruder auf Kahoolawe übernahm." stellt Jörn fest.
„Sieht ganz so aus." bestätigt Miller mit bitterer Miene. „Für Robert lege ich jedoch meine Hand ins Feuer. Er würde nie etwas tun, was den USA schaden könnte. Wenn es einen waschechten Patrioten gibt, dann es ist Robert Stice."
„Geld verdirbt den Charakter." wende ich ein.
„Nein, nicht Robert. Nicht, wenn es um Drogen geht. Bei

diesem Thema ganz sicher nicht. Robert hatte einen Sohn. Aufgrund seiner vielen Auslandsaufenthalte bemerkte er zu spät, dass sein Sohn in äußerst schlechte Gesellschaft geriet. Anfangs wurde nur gekifft, später kamen härtere Drogen hinzu. Einer aus der Clique verlor, nachts zugedröhnt,die Kontrolle über sein Auto. Der Wagen stürzte eine Klippe hinunter und landete auf dem Dach. Alle Insassen waren sofort tot. Roberts Sohn saß auf dem Beifahrersitz."

Miller fährt fort: „Wie gesagt, offiziell kann ich nichts tun. Aber inoffiziell habe ich so meine Möglichkeiten - wenn auch nur sehr eingeschränkt."

Angeregt unterhalten wir uns weiter.

Eine Stunde später wird unser Flug ausgerufen.

„Meine Herren, es ist an der Zeit für Sie, zu gehen. Ich respektiere Ihre Entscheidung und wünsche einen guten Heimflug." General Miller erhebt sich und überreicht uns die Reisepässe, in denen jeweils eine Bordkarte steckt. Wir schütteln die Hände, und Jörn und ich gehen zum Flugsteig.

Dort werden unsere Bordkarten gescannt, und wir begeben uns schweigend die Gangway entlang zum Flieger.

Als sich die Tür der Boeing schließt, sehen wir uns lange an. Keiner spricht es aus, aber jeder fragt sich, ob wir die richtige Entscheidung getroffen haben.

Kapitel 14

Die Maschine wird vom Flugzeugschlepper rückwärts vom Gate gedrückt, um 90 Grad gedreht und abgekoppelt. Anschließend rollt der United Airlines-Jet, Nummer UA 528 aus eigener Kraft zur Startbahn.
Mit einem lauten Aufheulen der Triebwerke beschleunigt das Flugzeug und startet in den Nachthimmel.
Plötzlich taucht Bob vor meinem Fenster auf und öffnet von außen die Tür. Jörn und ich stehen in der Gangway und sehen dem Flieger hinterher. Unsere Namen stehen allerdings auf der Passagierliste nach Los Angeles. Bob führt uns über die Außentreppe der Gangway hinunter, wo wir alle drei in einen Militärjeep einsteigen.
Ohne Licht fährt Bob dicht am Gebäude entlang. Vom Terminal aus sind wir praktisch unsichtbar. Am nördlichen Ende der Startbahn öffnen wir ein Tor im Zaun und fahren über eine Wiese bis zur nächsten Straße. Diese führt zum Hana Highway, erst hier schaltet Bob die Scheinwerfer ein.
„Wohin solls gehen?“ fragt er.
Etwas überrumpelt gucken wir uns an. Zurück in das Appartement in Kula geht nicht. Andrews kennt die Unterkunft jetzt, und sie würde uns sicher eine Szene machen, weil der Heli ihre Gäule erschreckt hat.
„Gute Frage...“
„Komm, fahren wir zu uns. Kiara hat frischen MahiMahi, den können wir auf den Grill hauen!“ schlägt Bob vor.
MahiMahi ist zwar nicht der offizielle Fisch des Staates Hawaii, das ist bekanntlich der Humuhumunukunukuapua'a. Aber dieser ist entweder nicht essbar, oder - wie ich vermute – kein Mensch kann ihn aussprechen. Egal, woran es wirklich liegt, der Humuhumunukunukuapua'a jedenfalls taucht auf keiner

Speisekarte auf. MahiMahi hingegen ist allgegenwärtig. Fisch ist zwar nicht so mein Ding, abgesehen vom Geschmack habe ich meine ganz eigene Meinung dazu. Ich denke es ist genau falsch, wenn jemand die Welt retten oder Tiere schützen will und deshalb auf Fleisch verzichtet, aber Fisch isst. Grundsätzlich gibt es mindestens drei gute Gründe Fleisch, aber keinen Fisch zu essen.

1. Leer gefischte Meere: Fleisch kann man züchten, die Überfischung der Meere hat niemand unter Kontrolle. Bald ist der Ozean leer, und die Vegetarier sind schuld.
2. Die Effizienz: Bei einem Fischgericht stirbt ein Tier, nur damit ein Mensch ein paar Stunden satt ist. Ein Schwein wiegt ca. 200 Kilo, man kann etwa 70% davon verwerten. Macht 140 Kilo, geteilt in 250 Gramm Portionen ergeben 560 Mahlzeiten. Vom Tod eines Schweines profitieren also 560 Personen. So gesehen, sollte man möglichst schwere Tiere verspeisen, bestenfalls Wale züchten!
3. Beifang und Transport: Pro Speisefisch sterben, weiß der Geier, wie viele andere Fische. Für einen Zuchtlachs werden zwölf essbare Fische zu Fischmehl verarbeitet und an den Lachs verfüttert. Pro Kilo Fisch kommen zwei Liter Kerosin für den Transport hinzu. Ökologischer Wahnsinn!

Ja ja, ich weiß. Ein Vegetarier isst, streng genommen nichts Tierisches. Dennoch kenne ich viele, die von sich behaupten, vegetarisch zu leben und dennoch Fisch essen. Der Einfachheit halber fasse ich Fisch essende, aber Fleisch boykottierende Mitmenschen zusammen und

werfe sie mit reinen Pflanzenfressern unter dem Oberbegriff „Vegetarier“ in einen Topf.
Davon ausgehend, dass für jeden Teller Fisch zwei bis drei andere Tiere sterben - egal ob als Köder, Fischmehl, Beifang, Krebse in Trawlernetzen oder Haie, Schildkröten und Delfine in Treibnetzen – dann steht für einen vollen Magen nicht nur einfünfhundertsechzigstel Schwein einem gesamten Fisch entgegen, sondern sogar vier Meerestieren.
Das heißt, jeder Fisch essende Vegetarier verursacht circa 2.000 mal mehr tote Tiere als ein rechtschaffener Fleischesser. Natürlich argumentiert der fleischfreie Tierfreund nun, es gäbe auch große Fische, aus denen mehrere Mahlzeiten gemacht werden. Aber was, lieber Vegetarier, was ist mit Hering, Muscheln oder gar Krabben? Wie viele Tiere schaufelst du davon in deinen unersättlichen Schlund, für nur eine einzige Mahlzeit? Außerdem: Selbst wenn es nur ein halber Fisch pro Mahlzeit wäre, stünde es immer noch 280 : 1.
In 80 Lebensjahren verspeise ich ca. 40 Schweine, während eine ebenso lange Vegetarierkarriere sage und schreibe 11.200 Meerestieren den Kopf kostet. Bei drei Beifangopfern pro Fischgericht sind es beinahe 90.000 Lebewesen, die durch die tierfreundliche Überzeugung des Fleischverzichters über den Jordan gehen.
Das muss man sich mal reinziehen, der klassische Spruch „Aber die Fische haben ein schönes Leben in Freiheit, bevor sie gefangen werden“ zieht keinen Meter!
Zurück zum Thema: MahiMahi kann man dennoch gut essen, abgesehen davon wird er vor den Inseln mit der Angel gefangen und ich freue mich, Kiara wieder zu sehen.
Unterwegs halten wir in Paia am „Minute Stop“, zu weißem Fisch gehört schließlich weißer Wein.

Kurz darauf zischt der Gasgrill, während Kiara den Fisch zubereitet. Wir sitzen im Garten, ein kaltes Bier als Aperitif in der Hand. Das Fisch / Fleischthema beschäftigt mich immer noch.

„Was heißt eigentlich „Vegetarier“, frage ich in die Runde.

„Na, dass du kein Fleisch isst“ antwortet Jörn

„Klar. Aber warum heißt es „Vegetarier“, was bedeutet das Wort?“ konkretisiere ich mein Anliegen.

„Vegetarier essen die Vegetation auf.“ behauptet Kiara.

„Was ist dann jemand wie ich? Jemand, der gerne Fleisch isst und nicht so auf Beilagen achtet?“ hake ich nach.

„Ein Meateater“ schlägt Bob vor.

„Nein, nicht Englisch, man müsste es aus dem Lateinischen ableiten,“ meint Kiara: „Carne – also ein Carnaria.“

„HA!“ prustet Bob: „ein großer Fleischesser, Stefan ist Gran Canaria!“

Es ist immer eine Freude, ernst genommen zu werden. Kiara geht in die Küche und kehrt mit dem Wein und einem saftigen Steak zurück.

„Damit Gran Canaria keine Fischvergiftung bekommt.“ verkündet sie lachend.

„Ich esse schon Fisch. Nur- ein Hochgenuss ist es nicht- Fleisch ziehe ich jederzeit vor. Aber du musst nicht nur meinetwegen ein Steak...“

„Lass nur“, fällt sie mir ins Wort: „ich hab schon verstanden, Gran Canaria.“

„Gut, ich nehme gerne das Steak. Aber nur, wenn du mich nicht mehr „Gran Canaria“ nennst.“

„Bist du nicht gerne eine Insel?“ neckt sie mich

„Oh doch. Jeder Mann ist eine Insel. Hast du nicht „About a boy“ gesehen? Hugh Grant ist Ibiza. Da befinde ich mich doch in guter Gesellschaft!“

Der Abend ist schön, die Stimmung ausgelassen. Wir sitzen nach dem Essen noch lange im Garten. Es tut gut, mit netten Menschen zusammen zu sein und viel zu lachen. Ja, ich entspanne mich regelrecht!
Wir nächtigen in Bobs Gästezimmer, am nächsten Morgen erwartet uns ein erstklassiges Frühstück unter rauschenden Palmen. Kiara presst frischen Saft aus Früchten, deren Namen ich nicht kenne, Bob sammelt reife Avocados im Garten.
„Was ist das?“ frage ich Kiara.
„Lilikoi.“
„Was ist „Lilikoi“?“, staune ich.
„Auf Englisch „passion fruit““, erwidert sie: „Wie heißt es auf Deutsch?“
Heissa, da fragt sie ja genau den Richtigen. In der Obst- und Gemüseabteilung des Supermarktes bremse ich nur, wenn mir jemand vor den Einkaufswagen rennt. „Passionsfrucht“ sagt man wohl auch im Deutschen, glaube ich mich zu erinnern, ja, aus einer schon lange brach liegenden, bereits verstaubten Windung meines Gehirns kommt die Meldung:
„Maracuja.“
Ich bin stolz. Schon beeindruckend, so ein Hirn.
„Hm,“ Kiara denkt nach: „Maracuja, ziemlich langer Name für eine Lilikoi!“
Verdutzt sehe ich sie an. Sie scheint nicht zu scherzen. Während ich Silben und Buchstaben von „Maracuja“ und Lilikoi“ zähle, erscheint Jörn mit einem Tablett voller Rührei, Speck und frischem Kaffee. Allein der Geruch vermag es, alle Synapsen auf „Triebsteuerung“ umzuschalten, und ich folge dem Duft wie ein Schlafwandler dem Mond.

Beim Essen überlegen wir das weitere Vorgehen.

Zunächst soll die Kamera wieder aufgestellt werden, um Kahoolawe zu beobachten und zu filmen. Bob schlägt vor, sie mit dem Internet zu verbinden, damit wir die Aufnahmen von zu Hause betrachten können.

Jörn und ich machen uns bei der Suche nach einem geeigneten Platz in Richtung Kula.

Auf dem Haleakala Highway ordnet sich der Wagen vor uns auf die Linksabbiegerspur ein und bremst ab. Als wir fast neben ihm sind, zieht er plötzlich rechts rüber. Jörn reagiert prompt und verhindert einen Zusammenstoß, indem er ebenfalls nach rechts lenkt. Als der andere Wagen zu gut einem Drittel auf unserer Spur ist, dreht der plötzlich ab und verschwindet nach links.

„Verdammte Ausholer!" schimpft Jörn.

„Was ist ein Ausholer?" erkundige ich mich.

„Ach, diese behämmerten Arschlöcher, die nicht Auto fahren können. Gibt es überall: Leute, die beim Abbiegen erst mal in die andere Richtung ausholen. Zum Kotzen! Ich hasse solche Typen!"

„Junge komm runter. So schlimm wars auch wieder nicht."

„Erklär mir, bitte mal warum diese „Menschen" das machen?! Weshalb, zum Kuckuck, dreht man das Lenkrad erst nach rechts, wenn man eigentlich nach links will?"

„Keine Ahnung. Ich habe neulich zum ersten Mal in meinem Leben einen Dieselhandschuhträger beobachten können."

„Im Ernst?"

„Live und in Farbe! Habe mich immer gefragt, warum man nur bei Diesel Handschuhe tragen soll. Ist Benzin etwa besser für die Haut?"

Keine Antwort, also fahre ich fort:

„Das beste: er trug zwei, an jeder Hand einen!"

„Ist nicht dein Ernst!“
„Doch, war so ein Möchtegern-Schmierlappen, fuhr den kleinsten BMW. Der übertrieben polierte Kleinwagen wurde im Glänzen nur vom Haargel des Behandschuhten übertroffen. Vom Fahrersitz konnte er nicht in die Seitenspiegel gucken, weil der Stehkragen seines rosa Hemdes die Sicht blockierte. Den Zwirn hatte er wohl in St. Tropez gekauft, jedenfalls stand es quasi größer auf der Brust, als selbige Platz bot.
„War das in München?“
„Wo sonst?!“
„Sylt.“
„Stimmt, das wäre die andere Möglichkeit.“
Kurz darauf passieren wir Kula, und der Blick auf Kahoolawe wird frei. Eine Viertelstunde später finden wir, wonach wir suchen. Das einzige Haus weit und breit ist ein beschauliches Bed & Breakfast und wirbt mit WiFi-Internet-Zugang für die Gäste. Wir halten auf dem Parkplatz, den wir uns lediglich mit einem anderen Auto teilen.
An der Rezeption fragt Jörn den Besitzer freundlich, ob wir eine Kamera aufstellen und mit seinem WLAN verbinden können. Wir seien Ornithologen, die im Auftrag der Marine ein Gutachten über die Vogelwelt Kahoolawes erstellten. Natürlich sei dies nur einer von vielen Beobachtungspunkten, die anderen befänden sich auf Kahoolawe selbst. Die Kamera hier sei von großer Wichtigkeit für einen generellen Überblick, um Tiere in großer Höhe aufzuzeichnen und herauszufinden, wie viele Piepmätze zwischen Maui und Kahoolawe hin und her fliegen.
Jörn tischt die Story äußerst glaubwürdig auf. Sogar die gespielte Arroganz eines Forschers, der sich und seine Untersuchung für das Wichtigste auf der Welt hält, nehme

ich ihm ab. Dennoch scheint unser Hotelbesitzer so gar nicht überzeugt und verlangt, wir sollen uns trollen.
Irgendwie habe ich so was kommen sehen und parallel eine SMS an General Miller mit der Nummer des Hotels geschickt.
In diesem Moment klingelt das Festnetz Telefon auf dem Empfangstresen und der Chef hebt ab.
„United States Army?“ stammelt er in den Hörer.
Nichtsdestotrotz berappelt er sich schnell. Er fängt an, mit dem General zu diskutieren und verlangt Beweise, wirklich einen hochrangigen Offizier am Telefon zu haben. Es folgt ein längeres Schweigen seinerseits. General Miller spricht nicht gerade leise und so glaube ich, Worte wie ´Gesundheitsamt´ und ´Steuerfahndung´, durch den Hörer mitzubekommen.
Am Ende des Gesprächs guckt der Hotelbesitzer uns beinahe freundlich an, bittet um Entschuldigung für seine Abfuhr, die eigentlich gar nicht so gemeint war und führt uns auf die Terrasse, wo wir die Kamera aufstellen dürfen. Im Grunde mag er ja Vögel, aber heutzutage weiß man ja nie, die Leute lassen sich die merkwürdigsten Geschichten einfallen, um einen über den Tisch zu ziehen. Wirklich schlimm!
Der Anruf ist eine der kleinen, inoffiziellen Hilfestellungen, die General Miller uns bieten kann. Sicherheitshalber hatte ich ihn telefonisch vorgewarnt, bevor wir das Bed and Breakfast betraten.
Die Internetverbindung funktioniert erstaunlich gut. Wir können alles online speichern und sogar einen Livestream gucken. Bobs alter Rechner zeichnet bei ihm zu hause auf, außerdem schicke ich den Link an Alex und General Miller.
Kiara behält den Bildschirm vormittags im Blick, General Millers Tochter übernimmt den Nachmittag, und aufgrund

der 12-Stunden-Zeitverschiebung brummen wir Alex die Nachtschicht auf. Genau genommen nicht ihm, er setzt abwechselnd zwei seiner Azubis ein.
Da es auf Maui keinen Sportbootverleih gibt, fahren wir nach Kihei, an Mauis Südküste. Mit einem schnellen Boot schafft man es von hier in einer Viertelstunde nach Kahoolawe. In Kihei gibt es jede Menge Tauchschulen, im Hafen sehen wir uns deren Boote an. Leider taugt keins für unsere Zwecke. Sie sind alle zu groß, nicht wendig genug und langsam.
Am Ende werden wir im Grand Wailea Resort fündig. Das Hotel hat zwei Schnellboote, Modell Schlauchboot. Diese sind zwar länger als für unsere Zwecke notwendig und touristisch mit einem Sonnensegel ausgestattet, aber nun, das Leben ist kein Wunschkonzert.
Das Hotel nutzt die Boote für die hauseigene Tauchschule und sogenannte „action rides". Kaum vorstellbar, aber viele Urlauber finden es offenbar reizvoll, einmal mit 100 Sachen übers Wasser zu brettern. Das ist ungefähr so spannend, wie mit einem herkömmlichen Straßenauto auf einem riesigen, asphaltierten Platz geradeaus zu fahren. Es gibt keine Hindernisse, keine Kurven, kein Gar-Nichts, was die Fahrt interessant macht. Einfach geradeaus fahren – und das als Beifahrer. Spätestens nach zwei Minuten sollte es dem durchschnittlich intelligenten Menschen langweilig sein. Aber um das zu wissen, muss man es mal ausprobiert haben.
Erwartungsgemäß reagiert der Typ an der Tauschschule nicht gerade erfreut auf unser Anliegen und ist keineswegs kooperationsbereit. Der Knabe erfüllt sämtliche Klischees eines Tauch- oder auch Surflehrers.
Wie der aussieht! Man kann ihn als eine Mischung aus Leonardo Di Caprio in „The Beach" und Thomas Anders

zu „Modern Talking“ Zeiten beschreiben. Durchtrainiert, aber mit Babyspeck im Gesicht, verkörpert er ganz den coolen Sunnyboy und hat sicher eine ansehnliche Quote bei den reichen Töchtern, die sich im Familienurlaub langweilen.
Wie auch immer, er will einfach nicht. Selbst mit meiner „Hey, Bruder, wir sind auch Surfer“ Tour beiße ich auf Granit. Ist vielleicht auch etwas viel verlangt. Unser Wunsch übersteigt sicher die Kompetenzen von Nachwuchs-David-Hasselhoff. Also Taktik ändern: ein paar Drohungen, und er holt endlich den Hotelmanager.
Dieser ist uns gegenüber ähnlich ablehnend eingestellt.
„Ist das ihr Ernst?“ fragt er ungläubig
„Natürlich“ entgegne ich: „Als Bill Gates auf Lanai geheiratet hat, hat er für diesen Tag sämtliche Helikopterflüge aller Gesellschaften auf Hawaii gebucht, damit keine Fotografen sein Fest stören.“
„Und, sind Sie Bill Gates?“
„Nein, aber ich hätte dennoch gern die Schlüssel für beide Schnellboote für einen unbekannten Zeitraum. Ich denke, es werden nicht mehr als zwei Wochen werden. Die Boote bitte vollgetankt am Steg liegen lassen, unabgeschlossen.“
Gut, unsere Bitte ist etwas ungewöhnlich und zudem dreist formuliert. Aber meine Laune ist nach dem unnötigen Streiten mit dem Beach Boy nicht mehr die beste.
Jeder andere hätte mich jetzt angeschrien und rausgeschmissen. Aber der Herr Hotelmanager hat Stil und offenbar eine gute Kinderstube genossen.
„Auf welcher Grundlage stellen Sie diese Forderung?“
Ich gebe ihm die Nummer vom General und bitte ihn, dort anzurufen.
Am Telefon fordert er einen offiziellen Wisch vom Militär,

bevor er die Schlüssel rausrückt. Selbst als der General anbietet, die ausfallenden Einnahmen auszugleichen, stellt der Manager auf stur. Es ginge nicht ums Geld sondern darum, seinen Gästen erstklassigen Service und ein breites Spektrum an Freizeitaktivitäten zu bieten.
Daraufhin stellt Miller in Aussicht, täglich mehrere uniformierte Militärpolizisten mit umhängender Maschinenpistole am Hotelstand patrouillieren zu lassen. Will man nicht zum Feind haben, unseren Genral.
Kurz darauf sind wir unterwegs zu Bob, im Handschuhfach die Bootsschlüssel. Einen finanziellen Ausgleich erhält das Hotel nicht, das hat sich der feine Herr Chef mit seinem Rumgezicke verscherzt.
Kiara arbeitet heute Nachmittag am Heliport, aber Bob ist zu Hause. Vormittags brachte er einen Zusatztank am Flugzeug an, um die Reichweite zu erhöhen. Er ist bester Laune und informiert uns, dass General Miller sich für den Abend angekündigt hat.
Also wird wieder gegrillt. Macht nichts, im Grunde kann man gar nicht oft genug grillen.
Nachmittags machen wir ein paar Besorgungen und gehen anschließend mit Longboards wellenreiten. Um 17 Uhr sind wir zurück bei Bob und treffen zeitgleich mit dem in Zivil gekleideten General ein, der in einem Mietwagen aufkreuzt.
Im Garten gibt es einen Begrüßungsdrink, danach werden Informationen ausgetauscht.
„Ihr habt Recht: Stice und Andrews hatten Einsätze in Südamerika, kurz bevor sie die Armee verließen und S&C gründeten. Beide waren ziemlich genau ein Jahr vorher für längere Zeit in Kolumbien, Ecuador, Peru, Bolivien und Venezuela. Andrews letzter Auftrag führte ihn noch einmal nach Kolumbien, diesmal allerdings ohne Stice."
„Weshalb waren sie in Südamerika?" frage ich.

„Wie gesagt, diese Art Jobs sind die, bei denen die Regierung abstreitet, dich zu kennen, wenn etwas schief geht. Daher werde die Einsätze kaum dokumentiert. Ich kenne keine Einzelheiten. Im Grunde ging es aber darum, die Regierung im Drogenkrieg zu unterstützen und korrupte Beamten zu entlarven. Ob es aktive Angriffe auf Kartellbosse gab, entzieht sich meiner Kenntnis."

„Beide waren zusammen dort, ein Jahr später Andrews allein." wiederholt Jörn.

„Möglicherweise kam Andrews bei den ersten Einsätzen in Kontakt mit der Drogenmafia und ging später eine Geschäftsbeziehung mit ihnen ein, als er wusste, S&C bekommt den Auftrag auf Kahoolawe."

„Haben Sie sonst noch was?" frage ich

„Nein, auch ich muss vorsichtig sein, wenn ich keine großen Wellen schlagen will. Aber ich habe Ausrüstung für euch."

Damit hatten wir nicht gerechnet. Gespannt schleppen wir zwei schwere Stahlkisten aus dem Auto in den Garten.

Während Kiara Steaks und Würstchen auf den Tellern verteilt und mit etwas Salat dekoriert, packt Miller die erste Kiste aus:

Fünf Funkgeräte – falls wir kein Handynetz haben.
Vier Ferngläser
Vier GPS Geräte
Zwei Tarnanzüge, Modell Regenwald
16 Packungen Fertignahrung, falls es länger dauert.
Zwei Entsalzungspatronen, macht aus Meer- Trinkwasser
Zwei Multifuktionsmesser
Zwei lange Seile

Kiste Nummer Eins ist leer. Nummer Zwei wird später inspiziert.

Jetzt machen wir uns erst einmal über das Essen her. Gerade, als ich das zweite Stück zartes Rind in meinem

Mund schiebe, klingelt das Handy.
Die deutsche Vorwahl lässt vermuten, was los ist.
„Es geht los!!“ ruft Alex: „Ein Boot mit Schwimmponton im Schlepptau verlässt Kahoolawe!“
„Danke!“ rufe ich, springe auf und sprinte zu Bobs Computer.
„Viel Glück!“ schreit Alex noch in den Hörer.
Kiara, Jörn, Bob und General Miller folgen mir. Gebannt starren wir auf den Bildschirm. In der Dämmerung schwer zu erkennen, entfernt sich tatsächlich etwas von Kahoolawe.
„Los!“ rufe ich und will zum Auto rennen. Der General hält mich zurück.
„Moment, immer ruhig.“ ermahnt er mich. Wie er in dieser Situation die Nerven behalten kann, ist mir ein Rätsel. Vermutlich ist das eine Sache von Übung und Routine.
„Erst aufessen, ein hungriger Soldat macht Fehler. Andrews ist langsam unterwegs und hat eine weite Strecke vor sich, wir haben Zeit.“
Essen ist das falsche Wort, Jörn und ich schlingen alles hinunter, als gäbe es kein Morgen. -Wer weiß, vielleicht gibt es für uns auch keins.
Teller leer und los. Doch nein, der General hat wieder etwas dagegen. Ernst macht er uns darauf aufmerksam, dass auch er nun eine Grenze überschreitet, die ihn in große Schwierigkeiten bringen kann. Anschließend öffnet er die zweite Kiste. Ich traue meinen Augen nicht.
„Hier entsichern, da einstellen, ob ein Schuss, drei Schüsse oder Dauerfeuer. Wo man abdrückt, dürfte klar sein. Aber Vorsicht, bei Dauerfeuer ist das Magazin schnell leer!“
Das was. So funktioniert eine Maschinenpistole. Kinderleicht.
„Unten in der Kiste ist wir noch etwas für euch. Einfach

Stift rausziehen, wegwerfen und boom.“, schließt Miller seine Anleitung. Letztere bezieht sich natürlich auf die Funktionsweise einer Handgranate.
Wir schleppen die Kisten in unser Auto. Bob und Miller sind sehr ernst und wünschen uns von Herzen alles Gute und viel Erfolg.
Kiara und Bob machen sich auf zum Flughafen, Miller bleibt hier.
„So.“ sagt Jörn eher zu sich selbst: „Andrews, mein Freund, dieses Mal jagen wir dich!“

Kapitel 15

Immer wieder muss Jörn mich bremsen. Nicht bildlich gesprochen, nein, er zwingt mich tatsächlich, mit dem Fuss auf die Bremse zu treten. Unterwegs zu den Schnellbooten habe ich Probleme,die Geschwindigkeitsbegrenzung einzuhalten. Mit dem Inhalt unseres Kofferraumes wäre eine Polizeikontrolle wirklich nicht ratsam.
„Wie schnell kann Andrews wohl fahren?“ frage ich
„Fünf Knoten, vielleicht weniger.“ schätzt Jörn.
„OK, die Boote vom Hotel haben jeweils 540 PS. Gute 50 Knoten sollten sie schaffen.“
„Vom Wailea Resort bis nach Kahoolawe brauchen wir maximal zwanzig Minuten. Andrews hat etwa eineinhalb Stunden Vorsprung, also müssten wir ihn nach gut dreißig Minuten eingeholt haben.“
„So ähnlich rechne ich beim half-way-to-Hawaii-Spiel immer, aber gewonnen habe ich erst einmal.“
„Zweimal.“ korrigiert mich Jörn: „beim ersten Mal hast du es nur verschlafen, den Zettel abzugeben.“
„Ja richtig“ gebe ich zu.
„Auf dem Meer ist es einfacher, ich denke, wir können die Strömung vernachlässigen.“
Am Luxusresort angekommen, lassen wir einen wild gestikulierenden Portier am Tor stehen, ohne auch nur einen Gedanken daran zu verschwenden, anzuhalten oder uns anzumelden.
Glücklicherweise kann man fast bis zum Steg fahren, da hier normalerweise schwere Taucherflaschen verladen werden. Wir teilen unsere Aufrüstung auf die beiden Boote auf, ziehen Tarnkleidung an und schalten die Funkgeräte ein.
„Check?“ spricht Jörn in seinen Apparat.

„Check!" antworte ich.
„Check!" kommt es von Kiara
„Check!" vom General
„Holt euch die Schweine!" tönt es aus Bobs Funke.
Wir starten die Motoren und entfernen uns zunächst langsam vom Steg. Muss ja nicht gleich jeder Tourist mitbekommen, wenn knappe 1.100 PS nachts in Richtung militärisches Sperrgebiet donnern.
Nach einigen hundert Metern kommt Jörn längsseits rangefahren und wirft den Bolzenschneider rüber. Er hat das Sonnensegel seines Bootes bereits abgeknipst und die gesamte Alukonstruktion über Bord geworfen.
„Auf das wir uns lebend wiedersehen!" ruft er und knallt den Hebel auf den Tisch – Seemannssprache für: Er gibt Vollgas. Der Gashebel waagerecht auf dem Armaturenbrett ist die Analogie zum Gaspedal auf dem Bodenblech.
Noch in Verdrängerfahrt schneide ich die vier Alustützen meines Sonnensegels durch, werfe es in den warmen Pazifik und bewege meine beiden Gashebel ebenfalls in die Waagerechte. Zwei Motoren mit jeweils 280 Pferdestärken bringen das Schlauchboot im Handumdrehen in Gleitfahrt und los gehts!
Ich rase direkt auf Kahoolawe zu, während Jörn fast nach Osten, in Richtung Big Island, fährt. Wir haben eine ungefähre Vorstellung, wohin Andrews will und wollen uns ihm von zwei Seiten nähern.
Andrews nutzt den Schutz der Dunkelheit, um nicht zufällig von einem anderen Schiff aus entdeckt zu werden. Vermutlich trifft er den Frachter morgens oder noch später. Um einen Container mit Sprengstoff und Raketen gegen einen voller Drogen zu tauschen, ist Tageslicht sicherlich von Vorteil.
Wir begleiten Andrews, filmen die Übergabe und stellen

ihn anschließend mit den Drogen. Sobald wir ihn geschnappt haben, kontaktieren wir General Miller. Dieser kann dann offiziell eingreifen und den Frachter stoppen. Das ist der Plan.
Ohne Beweise dürfen nicht einmal die USA, einfach so, einen Frachter in internationalen Gewässern anhalten. Es sei denn, er stellt eine Gefahr für die Umwelt oder die Schifffahrt dar.
Vor Südafrika hatte einmal ein russischer Tanker technische Probleme und war manövrierunfähig. Er drohte, auf eine kleine Felseninsel zu treiben und leck zu schlagen. Die Russen weigerten sich allerdings, Hilfe von der Küstenwache anzunehmen. Sie wollten Ihr Schiff weder in einen Hafen schleppen lassen, noch waren Sie bereit, Südafrikaner an Bord zu nehmen.
Der Küste um Kapstadt drohte eine Ölpest, also griffen die Behörden durch und schickten Kampfhubschrauber. Allerdings weigerte sich die Schiffsbesatzung, diese landen zu lassen und feuerte Warnschüsse ab. Keine gute Idee: Das Militär hatte deutlich mehr Feuerkraft, durchlöcherte die Brücke und kaperte das Schiff.
Der Vorfall blieb ohne Folgen für Südafrika, da von dem Tanker – internationale Gewässer hin oder her – eine Gefahr für die Umwelt ausging.
Hinter Kahoolawe biege ich links ab und fahre direkt nach Süden. Jörn sollte inzwischen auch auf diesem Kurs sein, nur ein paar Kilometer weiter östlich. Auf dem Video war Andrews Boot beleuchtet, der Schwimmponton ebenfalls. Die Beleuchtung identifiziert ihn als Schleppverband.
Ich habe einmal beobachtet, wie ein Radfahrer an einer Fussgängerampel zwischen zwei abbiegenden Autos herfahren wollte. Es schepperte laut und der sowohl sportliche, als auch mutige Zweiradfan flog im hohen Bogen über den Lenker. Wie sich herausstellte, schleppte

das vordere Auto das Hintere ab, und das straff gespannte Seil warf unseren Freund aus der Bahn. Genau genommen beförderte es ihn in eine parabelförmige Flugbahn, die mit einem harten Aufschlag auf der asphaltierten Straße endete.

Um solche oder ähnliche Vorfälle zu vermeiden, müssen Schleppverbände auf See gekennzeichnet sein, tagsüber mit einer vorgegebenen Anordnung von Flaggen, nachts durch bestimmte Lichtzeichen. Da Andrews den Sprengstoff offiziell auf hoher See vernichtet, muss er logischerweise einen korrekten Eindruck vermitteln. Deshalb wird er die Beleuchtung eingeschaltet lassen, zumindest hoffen wir das.

Wir hingegen sind nicht so entgegenkommend, unsere Lampen bleiben ausgeschaltet und die Dunkelheit verschluckt uns.

In meinem letzten Urlaub bat mich auf Maui ein aufgeregter Italiener am Strand um Hilfe. Er und ein Freund seien weit aufs Meer hinaus gesurft. Dort brach dem Kumpel der Mastfuss, die Verbindung zwischen Segel und Brett. Ich hatte ein passendes Ersatzteil, also surften wir los, um den Italiener aus der Seenot zu retten. Wir waren insgesamt zu viert, aber in relativ kurzer Zeit konnten wir uns untereinander nicht mehr ausmachen. Auf dem offenen Meer ist der Seegang so hoch, dass man selbst ein vier Meter hohes Segel aus 30 Metern Entfernung nicht erkennen kann. Wasserberge versperren die Sicht.

Unnötig anzumerken, dass der vermisste Italiener verschwunden blieb. Kurz vor Sonnenuntergang wurde er von einem Helikopter der Küstenwache aufgefischt.

Was des einen Problem ist, ist des anderen Vorteil. Mit den schwarzen Schlauchbooten müssten wir aus einiger Entfernung auch tagsüber quasi unsichtbar sein. Erst

recht, seitdem unsere knallbunten Sonnensegel kurz vor dem Hotel im Meer treiben.
„Hab ihn!“ knarrt es aus der Funke.
„Wo?“ frage ich
„Ich befinde mich 20 Grad, 23 Minuten und knapp 15 Sekunden Nord und 156 Grad, 28 Minuten und 43 Sekunden West“, antwortet Jörn.
Ich schaue auf mein GPS Gerät, es zeigt 20°27`50,44`Nord. Also bin ich gut fünf Minuten weiter nördlich als Jörn. Der Abstand zwischen zwei Breitengraden beträgt 111 Kilometer. Ist schon lustig, warum merkt man sich solch unwichtige Zahlen ein Leben lang, während der Name einer hübschen Blondine bereits zwei Sekunden, nachdem sie ihn genannt hat, im luftleeren Raum verpufft.
Egal, 111 Kilometer durch 60 Minuten, macht etwas weniger als zwei, das mal fünf sind nicht ganz zehn Kilometer.
„Bist du auf gleicher Höhe mit ihm?“
„Eigentlich eher auf gleicher Breite.“ korrigiert mich Jörn.
„Scheiß besserwisserischer Pilot“ antworte ich: „also was nun, seid ihr gleich auf?“
„Ich denke schon, ich fahre jetzt fünf Knoten und sehe mal, ob wir nebeneinander bleiben, oder ich schneller oder langsamer bin als er. Ich schätze etwa acht bis zehn Kilometer östlich von ihm zu sein.“
Ich gebe weiter Vollgas, bis mein GPS die von Jörn genannte Breite ebenfalls anzeigt und halte an. Mit dem Fernglas suche ich den Horizont im Osten nach Andrews Positionslichtern ab. Drei mal lasse ich den Blick auf und ab schweifen. Vergeblich.
Zurück hinterm Steuerrad, schlage ich Kurs Südost ein und schippere mit entspannten zehn Knoten weiter.
Jörn funkt mich zehn Minuten später an: Er und Andrews

sind ziemlich genau gleich schnell. Er fährt Kurs 180°, genau nach Süden. Während des Gespräches tauchen Andrews Lichter in der Ferne auf, ich drehe ebenfalls auf 180° und reduziere auf fünf Knoten. Jetzt heißt es warten. Es ist gerade mal 21 Uhr, also bleibt es noch mindestens neun Stunden stockfinster.
Angesichts der Ungewissheit, was der morgige Tag bringt, wäre es ratsam eine Mütze voll Schlaf zu nehmen.
„Jörn?“ frage ich in die Funke
„Jupp?“
„Wie wär´s, wenn du Andrews in den nächsten vier Stunden im Auge behältst und ich mich hinlege? Ich halte an und stelle den Wecker auf ein Uhr. Bei der Geschwindigkeit müsste ich euch in 20 Minuten wieder eingeholt haben. Sobald ich Andrews wieder im Visier habe, kannst du vier Stunden schlafen.“
„Alles klar, machen wir!“
„Ein Elitesoldat kann eine Woche ohne Schlaf auskommen!“ funkt General Miller dazwischen: „aber es macht keinen Sinn, sich zu quälen. Also legt euch hin, passt nur auf, dass ihr nicht sonst wohin abtreibt!“
Es ist zwar so gut wie windstill, dennoch binde ich eine Taucherflasche vom Hotel und eine Decke an ein Seil und werfe es über Bord. Die schwere Flasche zieht das nasse Bündel Textil unter Wasser und fertig ist mein Treibanker. Sicherlich nicht perfekt, aber für meine Zwecke wird es schon reichen.
Zufrieden und gespannt lege ich mich hin und bereue augenblicklich, eine schöne, weiche Decke versenkt zu haben, die nun etwa 20 Meter unter mir ein paar Fischen ein kuscheliges Nachtdomizil bietet, während mein Kopf völlig ungeschützt auf dem harten Plastikrumpf aufliegt.
Trotz der Anspannung schlafe ich fast augenblicklich ein, muss wohl am Schaukeln der Wellen liegen.

Als der Wecker des iPhone klingelt, frage ich mich, ob ich überhaupt gepennt habe. Da es aber tatsächlich vier Stunden später ist als gerade eben noch, muss es wohl so sein.
Um wach zu werden, springe ich ins Wasser und plansche ein paar Runden ums Boot. Im Vergleich mit der kalten Ostsee erhöht so ein warmer Pazifik durchaus die Lebensqualität.
Zurück im Boot genieße ich kurz den Sternenhimmel und funke Jörn an.
Dieser hat erwartungsgemäß nur etwa 35 Kilometer zurückgelegt und lamentiert wegen Langeweile.
„Ist doch wie ein Langstreckenflug, da passiert doch auch nichts!" kontere ich.
„Da hat man wenigstens jemanden zum Quatschen, kann was essen und mal ´n Kaffee trinken. Hier sitze ich nur rum und bewege mich kaum vorwärts. Nicht mal funken kann ich, da wir die Akkus ja schonen wollen!"
„Ja ja. Ich übernehme ja gleich. Melde mich, sobald ich Andrews Lichter sehe. Over and out".
Eine knappe Viertelstunde später meldet meine Netzhaut das Aufflackern von Positionslampen ans Gehirn, und ich gehe vom Gas.
„Hau dich hin, Junge. Wir hören uns gegen fünf Uhr."
„Jupp" kommt es aus der Funke zurück.
Jetzt bin ich dran. Nicht mal fünf Minuten, und mir ist stinklangweilig!
Die Dunkelheit, das monotone Brummen der Motoren und das Nichtspassieren machen es wirklich schwer, die Augen offen zu halten. Immer wieder ertappe ich meine Augenlieder dabei, wie sie sich langsam aber stetig aufeinander zubewegen. Ein Kaffee wäre wirklich schön, im Trockenfutter vom Militär findet sich leider nur Essbares. Ich hätte einfach Instant-Kaffee mitnehmen

sollen. Trinkwasser kann ich mir zubereiten, auf dem Motor hätte ich es erwärmen können. Zu spät, aber ich merke es mir für das nächste Mal, wenn ich allein im Schneckentempo über den nächtlichen Pazifik schippere. Allmählich bin ich soweit, dass ich Kaffeepulver pur im Mund auflösen würde, um etwas fitter zu werden. Ich lege eine Badepause ein. Ich bin Wassersportler durch und durch. Wasser ist eindeutig mein Element, dennoch hat das pechschwarze Nass auch für mich etwas Bedrohliches. Die Gewissheit, dass 4000 Meter unter mir nichts als Wasser ist, gibt mir das Gefühl sehr, sehr klein und unbedeutend zu sein.
Zurück im Boot gebe ich kurz Gas, um die verlorene Zeit wieder aufzuholen. Andrews´ Lichter sind vor mir, und grundsätzlich ist es nicht schlecht, etwas hinter ihm zu bleiben. In der Dunkelheit brauche ich mich nicht zu sorgen, dass er mich sehen kann, und meine Motoren kann er ganz sicher nicht hören. Die werden von seinen eigenen übertönt. Aber sobald es hell wird, will ich nicht neben ihm und erst recht nicht vor ihm sein.
Auf See guckt man geradeaus nach vorn. Manchmal sieht man zur Seite, aber nach hinten blickt man eigentlich nie. Jörn und ich sollten sprichwörtlich vom Ozean verschluckt werden und müssten quasi unsichtbar sein. Aber wir müssen kein unnötiges Risiko eingehen. Dabei sorge ich mich weniger um Andrews als um den Frachter. Die Männer auf dem Frachter suchen nach einem kleinen Boot und haben eine erhöhte Position. Von dort aus können wir leicht entdeckt werden.
Himmel, ist mir langweilig!
Ein Blick auf die Uhr senkt meine Stimmung noch mehr. Gerade mal eine knappe halbe Stunde ist vorbei. Wie hat Jörn das nur ausgehalten?
Normalerweise kann ich mich gut mit mir selbst

beschäftigen. Im Auto oder Flugzeug kann ich mir stundenlang Gedanken machen, für die ich von meinen Mitmenschen oft Unverständnis oder Spott ernte. Manchmal kommen ganz brauchbare Dinge dabei heraus, oftmals nur Schrott. Egal, das Ergebnis zählt nicht immer. Mir reicht es, mich selbst zu unterhalten, während viele andere Menschen sich langweilen.
Den meisten Leuten fehlt es an Phantasie. Ein Kind hat genügend Vorstellungskraft, um aus einer stinknormalen Treppe ein spannendes Piratenschiff zu machen, auf dem es stundenlang spielen kann. Diese Fähigkeit verliert man mit zunehmendem Alter, was ich persönlich sehr schade finde. Die meisten Erwachsenen finden Phantasie und Vorstellungskraft einfach nur kindisch und albern. Alle wollen immerzu möglichst vernünftig sein und gebildet wirken. Was für ein Schwachsinn.
Gerade heute will es mir aber nicht gelingen, mich in meine Traumwelt zurückzuziehen. Stattdessen werde ich geradezu aggressiv, wenn ich an all die vernünftigen Menschen denke, deren Leben sich in erster Linie darum dreht, beim Chef zu schleimen, gebügelte Hemdchen zu tragen und abends mit einer abgezählten Anzahl Kohlebriketts den Grill mit Sicherheitsanzünder zu befeuern.
Es ist kompletter Wahnsinn, aber es gibt tatsächlich Anleitungen, die angeben, für wie viele Personen ich bei einem bestimmten Grillgut welche Menge an Kohlebriketts brauche, um möglichst effizient zu grillen.
Und noch schlimmer: Es gibt „Menschen“, die das nicht nur lesen, sondern auch noch machen!
Ich erinnere mich an den Kauf meines Kaminofens: Im Laden kam mir der Verkäufer mit: „Dieses Modell hat 8,5 KW, damit können sie höchst effizient mit sehr wenig Holz 180 qm Wohnfläche heizen.“ Ich habe ihn daraufhin

gebeten, mir den ineffizientesten Ofen zu zeigen, den er habe, und erklärt, ich möge das Flackern und Knistern von Feuer. Außerdem sei ich ein kleiner Feuerteufel und fände Gefallen daran, einen Ofen mit möglichst viel Holz zu befüllen und ständig nachzulegen. Und da ich nicht permanent mit offenen Fenstern und obendrein in Unterhose in meinem Wohnzimmer schwitzen wolle, soll er mir bitte den Ofen mit dem miserabelsten Brennwert zeigen, den er nur habe.
Der Verkäufer grinste mich an, seine Augen sagten „Endlich ein normaler Mensch!" und ich kaufte einen wunderschönen, herrlich verschwenderischen Ofen.
Auch wieder ein Punkt, an dem mich einige Mitmenschen für bekloppt halten. Man will doch sparen und effizient sein. Allein das Wort „effizient" löst bei mir Juckreiz aus. Bei allem, was man tut, sollte der Begriff „Freude" an oberster Stelle stehen, nicht „Effizienz".
„Voll da!" ertönt es stolz aus dem Funkgerät.
Huch! Ich falle fast um vor Schreck und sehe auf die Uhr. Es ist tatsächlich schon 5 Uhr. Ich habe mich so in meinen Groll gegen vernünftige Menschen gesteigert, dass die Zeit im Handumdrehen verging.
„Wie wars?" fragt Jörn.
„Ich hasse andere Menschen." resümiere ich.
„Alle?"
„Alle!"
„Mich auch?"
„Nein, dich nicht. Es ist wie mit Hunden. Ich mag sie nicht, aber jeden, den ich kennenlerne, finde ich super!"
„Gut, dann hätten wir das ja geklärt."
Wir vergleichen die Angaben unserer GPS Geräte und beschließen, uns etwas zurückfallen zu lassen. Jörn ist etwa 12 Kilometer von mir entfernt, Andrews ungefähr auf halber Strecke zwischen uns. Am Horizont kündigt ein

blauer Schimmer den anbrechenden Tag an.
Obwohl der Tacho nur noch zwei Knoten anzeigt, wandern Andrews Positionslampen immer weiter zu meinem Heck. Ich greife zur Funke.
„Entweder mein Geschwindigkeitsmesser ist Schrott, oder er hat angehalten."
„Ich dachte gerade das Gleiche." antwortet Jörn, „vermutlich ist er am Treffpunkt angekommen und wartet nun. Lass uns ein Stück zurück fahren, sonst sind wir zu nah´ an der Schifffahrtslinie und könnten vom Frachter entdeckt werden."
Wir drehen um und fahren ein paar Kilometer, bevor wir die Motoren ausschalten und warten.
„Bob, hörst du mich?"
„Laut und deutlich." ist die Antwort.
„Wir sind etwa 40 Kilometer südlich von Maui. Wie schnell kannst du hier sein?"
„Reine Flugzeit: keine 10 Minuten. Mit etwas Vorbereitung und Starterlaubnis kann ich in knapp 20 Minuten da sein."
„Wie lange kannst du mit dem Zusatztank in der Luft bleiben?"
„Kommt drauf an, wie sportlich ich fliege. Vier bis fünf Stunden sollten drin sein."
„Ist es sinnvoll, jetzt zu einem Erkundungsflug zu starten und das Meer nach dem Frachter abzusuchen?"
„General, wie siehst du das?" fragt Bob
„Grundsätzlich gut. Fliege bis zu Andrews und suche von dort erst im Westen, später im Osten. Bleib in großer Höhe, damit du nicht gesehen oder gehört wirst und behalte den Tank im Auge. Wenn sich noch nichts tut, komm zurück und füll ihn auf."
„Alles klar, ich mache mich fertig. Da es nicht eilt, fliege ich langsam und bin in einer halben Stunde über euch!"
Kurz darauf teilt Kiara uns den Start ihres Vaters mit. Sie

selbst bleibt im Hangar.
Jörn und ich vergrößern den Abstand zu Andrews. Wir haben bald Unterstützung aus der Luft. Jetzt ist es nicht mehr wichtig, Sichtkontakt zu halten.
Und wieder heißt es warten.
Noch einmal hüpfe ich ins nicht wirklich kühle Nass und drehe ein paar Runden um das Boot. Anschließend lasse ich mich, auf dem Rücken liegend, von der Sonne trocknen und starre in den wolkenlosen Himmel. Bob entdecke ich als kleinen, roten Punkt, hoch oben. Seinen Flieger kann man nur ausmachen, wenn man weiß, wonach man sucht. Der Motor ist nicht zu hören. Sehr gut. Wie abgesprochen, dreht er nach rechts und sucht das Seegebiet nach Westen ab.
Eine Stunde später bereue ich es, das Sonnensegel abgeschnitten zu haben. Die gelbe Sau brennt mir unbarmherzig auf den Pelz, und hier spendet wirklich nichts Schatten. Im Gegenteil, das Wasser reflektiert obendrein und beschleunigt die Verfärbung meiner Hautpigmente und die Tätigkeit meiner Schweißdrüsen.
Gerade als ich für ein weiteres Bad im Pazifik über Bord springen will, knackt die Funke.
„Heyho, ihr bekommt bald Besuch! Habe ihn wohl auf dem Hinflug übersehen. Vielleicht war eine Wolke im Weg. Jedenfalls befindet sich etwa 30 Kilometer südwestlich von Euch ein Frachter. Er ist etwa 250 Meter lang und hat drei Kräne auf dem Deck. Mehr kann ich von hier oben nicht erkennen."
Der General antwortet als erster: „Bob, was macht dein Sprit?"
„Der reguläre Tank ist bald leer, aber der Zusatztank ist noch randvoll. Der fasst knapp doppelt so viel, also halte ich noch locker drei Stunden durch."
„OK," meint Miller: „wenn du es verantworten kannst,

dann bleibe vor Ort und filme. Ein Tankstopp kostet dich jetzt mehr als eine Stunde. Dann ist der Spaß vielleicht schon vorbei."

30 Kilometer. Die Geschwindigkeit eines Frachtschiffs beträgt etwa 40 Km/h. Den Bremsvorgang mit eingerechnet, dürfte es in etwas über einer Stunde hier sein.

Sechzig endlose Minuten. Vor Bobs Nachricht war das Warten beinahe unerträglich, hauptsächlich wegen der Langeweile. Jetzt sind meine Nerven zum Zerreißen gespannt, aber es passiert trotzdem nichts. Das macht es nicht nur beinahe, sondern völlig unerträglich.

Ich springe ins Wasser, schwimme kurz, denke, ich verpasse was am Funk, hechte zurück an Bord. Nichts passiert, also: nochmal eine kurze Runde ins Wasser. Anschließend laufe ich rastlos auf meinem kleinen Boot im Kreis. Es ist zum Kotzen, ich weiß nicht, wohin mit mir.

Immerhin, fast fünf Minuten sind schon um. Wenigstens ist die Sicht klar, und ich versuche es mal mit dem Fernglas. Tatsächlich, mit bloßem Auge nimmt man nur einen kleinen schwarzen Punkt am Horizont wahr, doch im Guckrohr werden klar die Umrisse eines Frachtschiffes samt Rauchsäule aus dem Schornstein erkennbar. Augenblicklich schießt Adrenalin ins Blut. Mein Jagdinstinkt ist geweckt, plötzlich bin ich ganz ruhig.

„An alle: Ich habe Sichtkontakt. General Miller: Glauben Sie, es ist eine gute Idee, wenn Jörn weiter nach Süden fährt und wir den Frachter und Andrews von Norden und Süden beobachten?"

„Nein, bleibt beide im Norden. Wenn es losgeht, habt ihr euch im Blick."

„Alles klar, aber was, wenn sie den Container auf der Südseite tauschen?"

„Dann haben wir immer noch Bob mit der Kamera. Zur

Not kannst du dich hinter ihnen durchmogeln und dann ebenfalls filmen."

„Jörn, siehst du Andrews?" frage ich

„Ja, ich bin etwas näher rangefahren. Mit dem Zoom der Videokamera kann ich ihn ganz gut lokalisieren, aber es ist unmöglich, das Teil ruhig zu halten. Ich denke, wir müssen uns ohnehin auf Bob verlassen, was das Filmen angeht. Mit weniger Zoom ist das Bild zwar nicht so verwackelt, aber dann müssen wir zu dicht an den Frachter.

Ich lege mich auf den Boden, mit der Brust auf den Luftschlauch des Bootes gestützt, und beobachte den Frachter. Wahnsinn, ich starre eine halbe Stunde einen Frachter an, der nichts tut, als gemächlich durch die ruhige See zu pflügen, und mir ist kein Stück langweilig dabei.

Vermutlich geht es Vogelbeobachtern auch so, wenn sie stundenlang umherliegen und auf einen Baum gucken.

Fest steht nun auf jeden Fall: Wir sind auf der richtigen Spur, auf der Seite des Schiffes sind klar und deutlich drei Buchstaben zu lesen: G.S.S.

Als der Frachter sich langsam vor mich schiebt, fahre ich los. Wie gesagt, auf See guckt man nach vorn. Von hinten kann man sich eigentlich jedem Schiff unbemerkt nähern.

Mit dem Feldstecher bekomme ich auch Andrews auf die Netzhaut. Sein Motor läuft wieder, er bringt sich in Position. Der Frachter nähert sich langsam, Andrews bewegt sich in die gleiche Richtung. Als das Frachtschiff fast gleichauf ist, gibt Andrews etwas mehr Gas. Die beiden fahren fast parallel, während der Frachter Kurs hält, bewegt sich der Schleppverband immer näher an den dicken Pott. Am Bug des Frachters lassen zwei Leute eine dicke Leine hinunter. Diese schleift durchs Wasser,

bis sie bei Andrews angekommen ist. Er fischt sie raus, macht sein Boot daran fest und schaltet den Motor in den Leerlauf. Die Leine spannt sich, und der Schwimmponton mit dem Container bleibt konstant auf der gleichen Höhe. Exakt unter dem mittleren Schiffskran.
Die Besatzung lässt eine Strickleiter zum Schlauchboot runter. Außerdem – Sicherheit geht auch bei Ganoven vor – ein Geflecht aus Seilen am Heck des Schiffes. Die Seile sind waagerecht und senkrecht verknotet, sodass sich lauter kleine Quadrate ergeben. Wie bei einem Spielgerüst auf einem Kinderspielplatz. Sollte jemand beim Umladen über Bord gehen, kann er sich an dem Geflecht festkrallen und zurück an Deck klettern.
Andrews klettert über die Strickleiter auf den Frachter und begrüßt den Captain. Beide schlendern zum Heck und setzten sich an einen üppig gedeckten Tisch. Andrews speist doch tatsächlich in aller Ruhe, während die Container getauscht werden. Ein abgebrühter Hund!
Mittlerweile setzt sich der Kran in Bewegung, zwei Besatzungsmitglieder klettern über die Leiter nach unten und hangeln sich am Schleppseil durchs Wasser zum Schwimmponton. Dort nehmen Sie die Kranseile in Empfang und sichern sie am Dach des Containers.
Die Seile spannen sich, und der Container wird samt der beiden Arbeiter angehoben. Na, wenn das die Berufsgenossenschaft sieht!
An Deck angekommen, wird der Container unauffällig zwischen den anderen eingereiht. Der Kran kehrt in die Ursprungsposition zurück und das wars.
Ruhe.
Was ist denn jetzt los? Holen die nur die Waffen, und es gibt keine Drogen? Mist, das wäre auch möglich. Für Drogen gibt es keine festen Anhaltspunkte. Ich dachte nur, es läge auf der Hand. Es wäre auch möglich, dass

jemand die Waffen kauft und bezahlt. In dem Fall haben wir ein Problem, denn dann können wir Andrews nicht mit einem Seecontainer voller Koks auf frischer Tat ertappen. Verdammt, verdammt, verdammt.
Allerdings scheint Andrews seinen Besuch noch nicht ganz beendet zu haben. Er sitzt in aller Gemütsruhe am Tisch und prostet dem Kapitän gerade zu.
Am Bug tut sich etwas: Jemand betätigt die Winde, an der Schnellboot und Schwimmponton hängen. Langsam wandert beides am Frachter entlang nach hinten und stoppt auf Höhe des letzten Krans. Auf einem der Container tauchen die beiden Typen von eben wieder auf, und kurz darauf ist der neue Container auf dem Ponton. Zack! Ich hatte doch Recht.
Während Andrews dem Kapitän die Hand schüttelt, klettern die Helfer an dem Seilgeflecht wieder nach oben. Andrews tut es ihnen gleich, nur in umgekehrter Richtung. Er startet den Motor und legt ab.
Unser Plan sieht vor, Andrews auf dem Weg nach Kahoolawe zwischen uns durchfahren lassen und ihn dann aus zwei Seiten von schräg hinten zu überraschen.
Leider dreht der Schleppverband nicht, wie erwartet, nach Norden ab. Andrews fährt mit sehr geringer Geschwindigkeit weiterhin nach Osten. Der Frachter namens „Sophie“ beschleunigt. Nach ein paar Minuten ändert Andrews seinen Kurs noch immer nicht.
„An alle:“, funke ich: „Allem Anschein nach macht Andrews sich noch nicht auf den Rückweg. Vielleicht bleibt er hier draußen bis zum Sonnenuntergang, damit er im Schutze der Dunkelheit zurück schippern kann. Was nun?“
Der General antwortet: „Ihr müsst etwas tun. Wir können den Frachter nicht mehr lange stoppen. Die Reichweite der Helikopter ist begrenzt. Ihn mit Schiffen zu jagen,

macht wenig Sinn. Es würde ewig dauern, ihn einzuholen!"
Jörn schaltet sich ein: „Stefan, das ist dein Ding. Ich müsste direkt auf ihn zu fahren. Zuerst würde ich vom Frachter aus entdeckt, auch bei Andrews hätte ich das Überraschungsmoment nicht auf meiner Seite."
Na toll. Es bleibt wieder an mir hängen. Jörn hat aber recht, ich bin strategisch weitaus besser positioniert.
„Alles klar," antworte ich: „Aber komm doch schon mal etwas näher, falls ich Unterstützung brauche."
Das Gefühl in meiner Magengrube als „mulmig" zu beschreiben, trifft es nicht. Ich fühle mich, als hätte ich Brechdurchfall mit Schwindelschwächeanfällen und kann mich des Eindruckes nicht erwehren, allein gegen einen übermächtigen Gegner anzutreten. In etwa wie ein Regenwurm, der einen Wal verprügeln soll.
Ich überlege ernsthaft, einfach nach Maui zu auszubüxen. Was soll das hier? Ich bin für so etwas nicht ausgebildet und habe auch keinen Bock darauf. Soll der General doch zufällig auf Kahoolawe Andrews in Empfang nehmen und aus Versehen die Drogen finden. Den Frachter kann man auch noch in Kolumbien schnappen.
Es ist nicht nur Angst in mir. Irgendwo ist auch eine starke Wut, fast schon Hass. Dieser Typ hat mir den Urlaub versaut, mehrfach versucht, mich umzubringen, und ich habe die Chance, ihn mit einem ganzen Seecontainer voller Drogen zu stellen. Außerdem bin ich bewaffnet und im Vorteil. Andrews glaubt, wir sind in Deutschland und wird sich ziemlich wundern.
Ich drücke die Gashebel runter, aber nicht komplett. Unter Volllast sind die Motoren sehr laut, außerdem schüttelt es mich bei Fullspeed, trotz der nur kleinen Wellen, stark durch, und ich kann nicht mehr scharf sehen. Ich nähere

mich Andrews genau von hinten. Nur der Container, nicht sein Schiff, ist zu sehen. Im Umkehrschluss dürfte ich hinter dem Container also auch nicht zu sehen sein.
Ab einer gewissen Distanz fahre ich langsamer, damit der Motorenlärm mich nicht verrät. Am Ende bin ich kaum schneller als Andrews. Kurz bevor mein Boot den Schwimmponton berührt, schalte ich den Motor aus. Ich laufe nach vorn, schnappe ein Tau und springe, so leise es geht, auf den Ponton. Einen Moment verharre ich regungslos und horche. Alles klingt normal, Andrews´ Motor brummt gleichmäßig, er wird weder langsamer noch schneller. Ich binde mein Boot fest, lege mich auf den Boden und robbe an den Container.
Vorsichtig luge ich um die Ecke. Andrews sitzt hinter dem Steuerrad, Gesicht nach vorn, etwa 20 Meter vor dem Ponton. Der Kurs ist unverändert, er fährt immer noch dem Frachter hinterher.
Meine Anwesenheit bleibt unbemerkt, ich fummle meine Funke raus, drehe die Lautstärke auf Minimum und spreche: „Jörn, hau rein. Ich bin da."
Funke aus, Wumme entsichert und um die Ecke gesprungen. HA!
Breitbeinig stehe ich da, in Kampfhaltung, Maschinenpistole am Anschlag, Körper gespannt, jederzeit bereit zu schießen oder ins Wasser zu hechten.
Andrews fährt unbeeindruckt geradeaus. Er hat keine Notiz von mir genommen.
„ANDREWS", schreie ich.
Er dreht sich blitzschnell um, greift in der Drehung nach einer Pistole und zielt.
Damit habe ich gerechnet. Ich feuere eine Salve neben ihn ins Wasser. Die Kugeln lassen kleine Wassersäulen senkrecht in die Höhe schnellen. Gott sei Dank, es wirkt, Andrews lässt die Waffe sinken.

Glücklicherweise weiß er nichts von den Gummikugeln in meinem Magazin. Miller ist schließlich nicht verrückt und schickt uns mit scharfen Waffen los. Egal, die Abschreckung funktioniert, und nur das zählt.
„Waffe ins Wasser!“ befehle ich.
Platsch. Mit jedem Zentimeter, die seine Halbautomatik weiter im tiefen Wasser verschwindet, fühle ich mich etwas besser.
„Hände da lassen, wo ich sie sehen kann. Kommen Sie nach hinten und ziehen Sie sich mit dem Boot zu mir rüber.“
Sehr gut, während Andrews am Motor kniet und sich ranzieht, hat er keine Hand frei. Möglicherweise besitzt er mehr als eine Waffe, ich muss vorsichtig sein.
„Rüber kommen. Aber langsam!“ herrsche ich ihn an, als er ankommt.
Vorsichtig steht er auf und macht einen Schritt auf den Ponton.
„Sind Sie wahnsinnig? Was wollen Sie von mir?“
„Tun Sie nicht so scheinheilig, Andrews. Hinlegen!“ schreie ich.
„Was soll das?“
„Fresse halten und hinlegen!“
Andrews sieht mir in die Augen und hält den Blick, während er sich langsam von der Hocke über die Knie auf den Bauch legt.
Ich trete seine Beine auseinander und taste ihn ab. Beine, Gesäß, Rumpf und Arme. Nichts. Er ist tatsächlich unbewaffnet. Ich bin überrascht, aber offenbar hat er sich sicher gefühlt und keinen Besuch erwartet. Ich gehe zwei Schritte zurück und befehle ihm aufzustehen.
Von Jörn ist noch nichts zu sehen. Hoffentlich kommt er bald, ich bin nervös.
„Aufmachen!“ sage ich und deute mit der Wumme auf

den Container.

„Geht nicht“ antwortet Andrews.

„Verkauf mich nicht für dumm, mein Freund, sonst lernst du mich kennen. Mach das Ding auf, oder es knallt!“

„Würde ich ja gerne. Aber der Container ist vom Zoll verplombt worden. Man benötigt einen Bolzenschneider, um die Plombe zu entfernen. Anders geht es nicht.“

Scheiße!

„Ich habe einen im Boot. Wenn Sie mir erlauben...“

Was spielt Andrews? Warum ist er hilfsbereit? Sämtliche Alarmglocken schrillen in meinem Kopf. Zunächst überprüfe ich den Container. Er ist tatsächlich verschlossen.

Dennoch lasse ich Andrews ganz sicher nicht in seinem Boot in irgendeiner Kiste wühlen. So blöd bin ich nicht.

Er will zurück auf sein Boot, das ist klar. Warum sollte er sonst seine Hilfe anbieten.

„Wo ist der Bolzenschneider? Ich hole ihn!“

„Hinten liegen neben den Motoren zwei Sporttaschen. In einer sind Lebensmittel, in der anderen Werkzeug.“

Die Waffe weiterhin auf Andrews gerichtet, klettere ich in sein Boot. Er hat recht, ich finde den Bolzenschneider problemlos und werfe ihn rüber.

Ich springe zurück auf den Ponton und sehe mich noch mal nach Jörn um. Fehlanzeige. Was dauert da so lange?!

Ich weise Andrews an, den Bolzenschneider aufzuheben. Er befolgt meine Order und macht sich an der Plombe zu schaffen. Es dauert einen Moment, aber schließlich gibt sie nach. Andrews tritt zurück und deutet auf den Container.

„Dann los. Öffnen Sie!“ fordert er mich auf.

Das ist zu einfach, hier stimmt was nicht.

Ich gehe zum Container, die Waffe auf Andrews gerichtet.

Vor dem Container drehe ich mich nur halb um, ich wende ihm nicht den Rücken zu. Es ist nicht leicht, die Griffe klemmen nach einer Woche auf See. Der Container ist nicht der neueste. In sich verzogen, lastet eine Menge Spannung auf der Tür. Sie klemmt.
Ich fordere Andrews erneut auf, sich hinzulegen. Jetzt lege ich kurz die Waffe auf den Boden und drehe mich zum Container. Ich brauche beide Hände, um die Türen zu öffnen. Mir einem lauten Quietschen bewegen sich die Flügeltüren ein kleines Stück aus Ihrem Rahmen. Augenblicklich greife ich zur Wumme und drehe mich blitzschnell zu Andrews. Er liegt regungslos auf dem Bauch und sieht mir zu.
Unheimlich.
Mit dem Rücken zum Container reiße ich die Türen auf, eine nach der anderen, ohne hinzusehen. Zu sehr verwirrt mich Andrews Verhalten, ich bin äußerst angespannt, lasse ihn nicht aus den Augen. Nun stehe ich vor einem offenen Container und weiß nicht, was drin ist. Hastig werfe ich einen Blick nach hinten.
Was ich sehe, lässt mich erstarren. Wie vom Schlag getroffen kann ich meinen Kopf nicht wieder nach vorn wenden, im Gegenteil: mein Körper folgt dem Kopf und dreht sich automatisch zum Container.
Völlig überwältigt lasse ich mit offenen Mund meine Waffe langsam sinken.
Der 40 Fuß Seecontainer ist von oben bis unten komplett leer.

Kapitel 16

„Darf ich aufstehen?“ reißt Andrews mich aus meiner Fassungslosigkeit.
„Was?! Ach so. Ja. Ja sicher, stehen Sie auf.“
Er grinst mich an, sagt aber nichts.
„Was soll das?“
„Das frage ich Sie, Herr Heuser.“ antwortet er.
„Ich habe zuerst gefragt, und ich habe die Waffe. Komm mir nicht mit Gegenfragen, Freundchen!“
„Ich führe hier eine Testfahrt durch. Alles lief ruhig, bis Sie plötzlich auftauchten.“
„Was testen Sie?“
„Ich fahre den ganzen Tag umher und beobachte die Temperatur im Container. Beim Aufräumen sind wir auf eine neue Gattung von Bomben gestoßen. Streng geheime Sprengmittel, offenbar aus den 70ern. Sie liegen tief in der Erde, und wir haben Sie jetzt erst gefunden. Wir vernichten die explosiven Stoffe durch eine kontrollierte Sprengung auf offener See, aber das wissen Sie ja bereits.
Uns macht die Hitze im Container Sorgen, schließlich will niemand auf dem Weg zur Sprengung vorzeitig in die Luft fliegen. Deshalb fahre ich mit einem leeren Container die reguläre Strecke ab.“
„Wo ist das Thermometer?“ frage ich nach einem weiteren Blick in den komplett leeren Container.
„Tja, das habe ich leider vergessen. Die Fahrt war umsonst, ich wollte gerade umkehren, als Sie aufkreuzten.“
„Das ist die dämlichste Story, die ich je gehört habe. Warum waren Sie dann bewaffnet? Und was haben Sie auf dem Frachter getrieben?“
„Ich habe keine Waffe bei mir. Jedenfalls wird keine

gefunden werden, wenn ich jetzt durchsucht werde. Von einem Frachter weiß ich nichts."

„Damit kommen Sie nicht durch, das kauft Ihnen doch keiner ab!"

Mit drohender Miene argumentiert Andrews: „Was haben Sie denn aufzutischen? Glauben Sie, die Polizei glaubt ihnen ihr Gefasel von Waffen- und Drogenschmuggel? Nur weil Sie mich unbewaffnet und mir einem leeren Container auf See angetroffen haben? Wohl kaum!"

„Von Drogenschmuggel habe ich nie etwas gesagt. Wie kommen Sie darauf?"

„Herr Heuser, wir wissen doch beide, was hier gespielt wird. Nur wird es Ihnen kein Richter glauben."

Da hat er Recht, aber immerhin hat er meine Waffen-Drogen-Theorie bestätigt.

Jörn kommt an - endlich!

„Wo warst du so lange?" begrüße ich ihn.

„Habe einen weiten Bogen um den Frachter gemacht, damit Andrews von dort nicht per Funk gewarnt wird. Wie siehts aus?"

„Leer." antworte ich: „Nix als heiße Luft in dem Ding. Wie heiß, das wissen wir nicht. Der Meister hier hat das Thermometer vergessen."

Jörn versteht nicht, kein Wunder. In Kurzform setze ich ihn ins Bild.

„Scheiße, scheiße." brabbele ich vor mich hin. Jörn sieht mich an, ich blicke in seine Richtung, starre aber eigentlich ins Leere.

„Komm wir hauen ab." schlage ich leise vor. „Andrews kann ebenso wenig beweisen, dass wir hier waren, wie wir etwas gegen ihn in der Hand haben. Lass uns verschwinden und den nächsten Flieger nach Hause nehmen. Wir haben uns hier verzettelt und nichts als Mist gebaut."

Während ich noch quatsche und kaum einen klaren Gedanken fassen kann, sagt Jörn laut: „Scheiße."
„Sag ich ja."
Aber Jörn flucht nicht, es ist eher ein konstruktives „Scheiße".
„Wir haben einen Fehler gemacht. Wir haben ihn zu früh gestoppt."
„Ach, meinst du der Container füllt sich von alleine auf dem Weg nach Kahoolawe?"
Ich checke nicht, worauf er hinaus will, aber der Verstand eines Piloten arbeitet anders als der Normalsterblicher. Für Jörn ist der leere Container nur ein Hindernis auf dem Weg zum Ziel. Eine Unebenheit, die man ausbügeln kann. Während der Rückschlag für mich das Ende der Welt bedeutet, ist er schon zwei Schritte weiter und analysiert die Situation.
„Nein. Stefan, denk nach. Hier werden Drogen gegen Waffen getauscht. Und beides kommt aus – beziehungsweise: soll nach – Kolumbien. Dieser Frachter, eben gerade, ist aus Shanghai ausgelaufen. Woher soll er Drogen haben?"
„Verdammt, du hast Recht! Wie konnten wir nur so dumm sein?"
„Es muss ein zweites Frachtschiff geben. Deshalb hat sich Freund Andrews auch noch nicht auf den Heimweg gemacht."
„Jetzt ist aber mal gut. Verschwindet, und ich verzichte auf eine Anzeige. Haut einfach ab und Ende." mischt Andrews sich ein, längst nicht mehr so gelassen, wie noch vor ein paar Minuten. Er will uns scheinbar um jeden Preis loswerden. Das bedeutet: Wir sind auf dem richtigen Weg.
Meine Funke knackt. Ich drehe sie lauter.
Bob: „Jungs, aus Westen kommt noch ein Frachtschiff.

Es sieht baugleich aus wie das andere, ist etwa zehn Kilometer vor dem ersten und steuert direkt auf euch zu!"
„Der Seecontainer ist leer. Wir haben gerade vermutet, dass Andrews auf ein zweites Schiff wartet." gebe ich zurück.
Diesmal antwortet Miller: „Leer? Der Container ist leer? Verdammt, wir müssen beide Schiffe stoppen! Das Militär kann erst eingreifen, wenn wir etwas Handfestes haben. Könnt ihr die Schiffe anhalten?"
Jörn: „Wie denn? So einen Frachter interessiert es herzlich wenig, wenn wir uns mit dem Schlauchboot in den Weg stellen."
Bob klinkt sich ein: „Kirara: Ist alles vorbeireitet für Plan B?"
Kiara: „Ja. Aber... gibt es keine andere Lösung?"
Bob: „Nein. Wir ziehen das durch. Starte!"
Ich: „Verdammt, was habt ihr vor? Ich weiß nichts von einem Plan B!"
Bob: „Stefan, jetzt ist keine Zeit für lange Erklärungen. Bitte nutze die Zeit, die ich dir verschaffe. Ab ins Boot mit dir und Vollgas zum Frachter. Den Rest kriegst du unterwegs von ganz alleine mit."
Ich: „Scheiße, was soll das werden?!"
Jörn packt mich und schreit: „Ab ins Boot mit dir. Ich weiß nicht, was er vorhat, aber es sieht ziemlich krank aus!"
Ich schaue in den Himmel. Bob ist weit oben, dreht den Flieger über den Flügel in einen langen Sturzflug. Es sieht aus, als wolle er genau in den Frachter fliegen. Wie die japanischen Kamikazeflieger im zweiten Weltkrieg. Bob nutzt ihre Taktik, er hat die Sonne im Rücken und die „Sophie" vor sich. Die Besatzung kann ihn nicht sehen, die Sonne blendet.
Ich springe ins Boot und tue, wie mir geheißen wurde.
In dem Chaos nutzt Andrews einen unbeobachteten

Moment. Er greift nach dem am Boden liegenden Bolzenschneider, rennt auf Jörn zu und holt dabei aus. Jörns Blick ist noch gen Himmel auf Bobs Flieger gerichtet. Ich schreie, um ihn zu warnen, aber meine Motoren sind zu laut.

Kurzerhand drücke ich die Hebel auf den Tisch, entsichere meine Wumme und ballere auf Andrews. Mir ist egal, wo ich ihn treffe, Hauptsache Jörn kriegt nichts ab. Eine Salve Gummikugeln erwischt Andrews in der Magenkuhle. Er krümmt sich vor Schmerz, der Bolzenschneider fällt laut scheppernd zu Boden, und erst jetzt bemerkt Jörn, in welcher Gefahr er war.

Er winkt mir dankend zu, tritt den Schneider ins Wasser und macht sich daran, Andrews zu fesseln.

Ich heize mit Topspeed auf die „Sophie" zu. Bob fängt den Sturzflug langsam ab, seine Flugbahn endet nach wie vor im Frachter. Er muss verrückt sein, das macht er doch nicht wirklich. An Bord bemerkt niemand was los ist. Erst kurz vor dem Schiff bremst Bob den Sturzflug ab und zieht die Maschine etwas hoch. Er rast nun extrem schnell in geringer Höhe genau von vorne auf den Frachter zu. Selbst, wenn sie ihn jetzt bemerken, ist es für eine Reaktion zu spät.

Mein Gott, was ist denn jetzt los? Irgendetwas löst sich von Bobs Flieger... Ich brauche einen Moment, es zu erkennen. Eine halbe Sekunde vorm Aufschlag macht es „Klick" bei mir. Es ist sein zweiter Tank.

Randvoll mit Kerosin schlägt der Zusatztank mit hoher Geschwindigkeit im vorderen Drittel des Schiffes auf und wirkt wie eine Napalmbombe im Vietnamkrieg.

Augenblicklich entwickelt sich eine gigantische Stichflamme: Helle, gelbe Feuersäulen steigen 50 Meter in den Himmel empor, während der Tank darunter seinen zerstörerischen Weg fortsetzt. Wie ein flacher Stein auf einer glatten Wasseroberfläche ditscht er auf, fliegt weiter, ditscht wieder auf, fliegt, ditscht, fliegt, ditscht, bis er am Ende nur noch rollt und kurz vor der Kommandobrücke liegen bleibt.

Der Frachter brennt fast auf ganzer Länge.

Bob zieht seinen Flieger hoch und dreht in Richtung Maui ab. Der Sprit dürfte alle sein. Er nutzt die überschüssige Geschwindigkeit, um an Höhe zu gewinnen und geht in einen flachen Gleitflug über. Dennoch, bis nach Maui wird er es nicht schaffen.

Erleichtert stelle ich fest: Die Besatzung war zu faul, das Seilgeflecht hoch zu ziehen. Auf dem Schiff herrscht Chaos. Überall brennt es, die Crew rennt hin und her, versucht die Löschgeräte klar zu machen.

Ich bleibe genau im Fahrwasser, bis ich fast gegen das Heck knalle. Erst im letzten Moment lenke ich neben die „Sophie“, bremse ab und springe an das Seilgeflecht. Mein Boot fährt weiter, es dreht ab und wird solange geradeaus fahren, bis der Tank leer ist.

Keine Ahnung, wie ich von Bord komme. Bobs Aktion hat mich unvorbereitet getroffen, mir bleibt nichts übrig, als zu improvisieren. Hoffentlich folgt Jörn mir, dann kann ich jederzeit von Bord springen und mich einsammeln lassen.

Ich klettere die Seile hoch und hebe vorsichtig den Kopf über die Reling. Die Mannschaft ist mit anderen Dingen beschäftigt, ich schwinge mich an Bord und laufe nach hinten. Ein Mann kommt mir entgegen gerannt, interessiert sich aber kein bisschen für mich. Am Heck erklimme ich die Stahltreppen und lande neben der Brücke.

Der Kapitän und ein Navigator sind auf ihren Posten auf der Kommandobrücke geblieben, ansonsten versuchen alle, das Feuer unter Kontrolle zu bringen.

Ich sehe mich kurz um. Die ersten Stichflammen sind

bereits erloschen. Noch brennt es überall, aber Kerosin verfliegt schnell. Wenn kein anderes Material Feuer fängt, dampft es bald nur noch. Ich hoffe, der Container mit dem Sprengstoff ist nicht beschädigt. Ansonsten werde ich mich mit einem riesigen Knall in die ewigen Jagdgründe verabschieden.
Die Tür zu Brücke ist angelehnt. Kein Wunder, es war auch vor Bobs Feuer nicht gerade kalt auf dem Pazifik.
Mit Anlauf trete ich die Tür ganz auf und schieße auf die beiden. Den Kapitän erwische ich sofort, er geht bewusstlos zu Boden. Treffer am Kopf. Der Navigator kann sich hinter seine Armaturen fallen lassen und ist in Deckung.
Er bewegt sich und ich ballere erneut. Eine Sekunde später regt sich etwas auf der entgegengesetzten Seite des Navigationstisches. Erneut drücke ich ab. Plötzlich stoppt das laute Getose der Maschinenpistole und wird von einem leisen metallischen Klacken abgelöst. Verdammt, das Magazin ist leer.
Das Arschloch von Navigator hat genau das provoziert. Er stürzt aus seiner Deckung auf mich zu. Ich weiß mir nicht anders zu helfen, als spontan meine Wumme am Tragegurt zu schwingen und ihm über die Rübe zu ziehen. Gott sei Dank treffe ich, und auch er geht zu Boden.
Aus der Vergangenheit weiß ich, wie gefährlich es sein kann, bewusstlose Gegner zu unterschätzen. Zuerst schließe ich alle Türen zur Brücke und verriegle sie. Anschließend fessle ich die beiden an ein Rohr.
So weit, so gut. Was nun?
Hier und da lodern noch ein paar Flammen. Die Besatzung konnte tatsächlich einige Schläuche auftreiben. Dort, wo sie löschen, qualmt es kurz, dann lodern die Brandherde wieder auf. Kerosin mit Wasser zu

löschen, ist keine gute Idee. Immerhin sind zwei Besatzungsmitglieder darauf gekommen, den Sprengstoffcontainer mit einem Wasserstrahl zu kühlen. Danke, Jungs!
Durch den dichten Rauch kann ich den anderen Frachter ausmachen. Er scheint seinen Kurs nicht zu ändern. Vielleicht will die Besatzung ihrem Schwesterschiff zur Hilfe kommen.
Zwei Frachter stoppen. So lautet mein Ziel. Eigentlich gibt es nur einen Weg, das zu erreichen.
Ich schaue mich um. Bei der „Sophie" handelt es sich um ein wirklich altes Schiff. Das kommt mir zugute. Auf der Brücke gibt es ein Steuerrad, Gashebel, ein paar Knöpfe und Schalter, Messanzeige. Alles in allem ziemlich selbsterklärend. Ein neuerer Frachter wäre vollgestopft mit Technik, Joysticks und Flachbildschirmen. Da findet kein Laie durch.
Hier ist es einfach. Steuerrad und Gashebel, im Grunde wie auf dem Schlauchboot. Ich drehe das Rad, so schnell ich kann, nach rechts.
Angeblich hat der Kapitän der Titanic einen entscheidenden Fehler gemacht. Er hat das Ruder rumgerissen und gleichzeitig volle Kraft rückwärts gegeben. Die Schrauben drehten anders herum und nahmen den Druck vom Ruderblatt. Damit war das Schiff quasi manövrierunfähig und trieb geradewegs auf den Eisberg.
Jedenfalls habe ich das mal in einer Dokumentation gesehen. Ich hätte nie gedacht, jemals in eine ähnliche Situation zu kommen, probiere aber den Umkehrschluss aus und gebe Vollgas.
Theoretisch müssten die Schrauben jetzt einen gewaltigen Wasserdruck auf das quer gestellte Ruderblatt pressen und das Schiff drehen. Theoretisch.

Praktisch funktioniert das ebenfalls, aber leider viel zu langsam.
Schiffe verhalten sich anders als Autos. Wenn man eine Kurve fährt, lenkt das Heck. Ähnlich wie ein Auto im Rückwärtsgang.
Unser Kurs verändert sich zwar, aber es ist eher so, dass sich bei der Rechtskurve das Heck nach links bewegt. Der gesamte Frachter muss aber weiter nach rechts!
Wenn wir uns nicht schneller drehen, komme ich zwar auf den gewünschten Kollisionskurs, bin aber zu spät dran. Im Moment sieht es so aus, als würden wir knapp am Heck des anderen Frachters vorbeifahren. Scheiße, ich hätte erst das Ruder drehen und dann den Kapitän fesseln sollen.
Hecktisch sehe ich mich um. Vor dem Gashebel befinden sich noch zwei Hebel, die im rechten Winkel zum Gashebel angebracht sind.
Die können eigentlich nur für die Bugstrahlruder sein. Ein Bugstrahlruder ist eine Schiffsschraube, die vorne im Bug eingebaut ist. Aber eben nicht in Fahrtrichtung, sondern quer dazu. Beim Ein- und Ausparken kann man den Bug des Schiffes damit seitwärts an den Kai drücken, oder sich rechtwinklig davon entfernen.
Große Schiffe haben mehrere davon: Zwei Hebel, zwei Bugstrahlruder, vermute ich.
Das ist meine Chance. Ich presse beide Hebel nach rechts, in der Hoffnung, dass die Bugstrahlruder die Schiffsnase nach rechts drücken.
Aufgeregt renne ich auf die linke Seite und sehe an der Schiffswand entlang. Tatsächlich, ganz vorne schießt weiße Gischt nach links. Die Bugstahlruder laufen!
Zufrieden warte ich den Effekt einen Moment lang ab. Meiner Schätzung nach sollten sich die beiden Schiffe jetzt treffen. Der Kapitän des anderes Frachters

wiederholt den Titanic-Fehler. Am Heck quillt weißer Schaum seitwärts an der Schiffswand hervor. Ein sicheres Zeichen, dass die Maschine rückwärts läuft.
Ein Frachter dieser Größe braucht mehrere Kilometer um zu stoppen. Sieht fast so aus, als ginge mein Plan auf.
Zeit für mich, zu verschwinden. Ich ziehe die Gashebel der Bugstrahlruder auf halbe Kraft, damit sich unser Frachter nicht zu weit dreht und laufe zu den Fenstern am Heck.
Diese sind leider so voller Salz, dass ich absolut nichts erkennen kann. Hoffentlich schippert Jörn da draußen und wartet auf mich. Auf die Scheiben schießen bringt mit Gummikugeln wohl nichts, ich muss etwas zum Einschlagen finden.
Auf der Suche nach einem passenden Gegenstand, vielleicht gibt es ja ein Feuerwehrbeil auf der Brücke, sehe ich aus dem Augenwinkel heraus gerade noch eine Stahlstange auf mich zu sausen und kann um Haaresbreite meinen Kopf wegziehen. Die Rübe bleibt verschont, doch das Eisen trifft mit voller Wucht meine Schulter. Ich springe zur Seite und drehe mich zum Angreifer. Kein geringerer als Marc Andrews schwingt den Knüppel gegen mich.
Verdammt, was ist mit Jörn passiert? Andrews kann meine Überraschung ein zweites Mal ausnutzen, ich weiche zu spät aus und wieder kracht die Stange auf meine linke Schulter. Dem Himmel sei dank, Andrews ist Rechtshänder. Trotz der Schmerzen drehe ich ihm ab jetzt meine linke Seite zum Abwehren entgegen und versuche ihn mit rechts zu attackieren.
Als er ein drittes Mal ausholt, ist seine Deckung kurz offen. Aus einer Drehung heraus knalle ich ihm meine Faust mit durchgestrecktem Arm direkt in die Fresse. Sein Kopf schnellt in den Nacken und er taumelt zurück.

Die Stange fällt aus der Hand, er fängt sich aber erstaunlich schnell. Ist sicher nicht seine erste Prügelei.
Für einen Moment stehen wir uns gegenüber und starren uns an. Ich ringe nach Atem, aber Andrews gönnt mir keine Pause, er stürmt auf mich auf mich zu und holt aus. Ich hebe schützend meinen linken Arm und bemerke zu spät, dass er nur antäuscht, um mit voller Kraft gegen mein Bein zu treten. Glücklicherweise trifft er nicht, wie geplant, mein Knie, sondern nur meinen Unterschenkel. Die Wucht reicht allerdings, um mich von den Beinen zu holen. Ich schlage unsanft auf dem Stahlboden auf und rolle mich instinktiv zur Seite. Das rettet mich, Andrews´ nächster Tritt geht daneben. Ich drehe mich hinter ihm her und trete, so heftig ich kann, in seine Kniekehlen. Das befördert ihn ebenfalls in die Waagerechte. Es gelingt mir noch, einen Schlag in seine Magenkuhle zu platzieren, während ich aufstehe. Das sitzt, seine Bauchgegend ist dank der Gummikugeln aus der Maschinenpistole noch etwas empfindlich.
Kaum auf den Beinen, versuche ich, ihm die Kerze mit einem gezielten Tritt in die Fresse auszupusten, doch er sieht es kommen und rollt sich unter den Kartentisch.
In diesem Moment fliegt ein Helikopter dicht über die Brücke hinweg. Ich habe keine Zeit, mir zu überlegen, wie die Armee so schnell hier sein kann. General Millers Einschätzung war mindestens eine halbe Stunde. Bobs Kerosinabwurf erfolgte gerade mal vor 10 Minuten.. Entweder hat der General sie auf Verdacht losgeschickt, oder ich prügele mich bereits seit 20 Minuten mit Andrews, was ich für ausgeschlossen halte.
Verdammt, jetzt habe ich doch über den Heli nachgedacht und bemerke den fliegenden, gusseisernen Aschenbecher einen Moment zu spät. Er trifft mich an der Stirn, einen Moment sehe ich, abgesehen von den hellen

Sternen, schwarz und finde mich auf dem Boden wieder. Andrews hechtet auf mich, die Eisenstange wieder in der Hand. Er holt aus und...hält inne!
Er bleibt schlagbereit, seine Muskeln sind angespannt, er starrt mir in die Augen. Eine falsche Bewegung meinerseits, und das wars.
„Heuser, ich..."
Weiter kommt er nicht. Mitten im Satz, den Mund noch geöffnet, platzt plötzlich sein Schädel. Der Kopf bewegt sich unmerklich nach links, die rechte Seite wird von innen aufgesprengt, Gehirnmasse und Blut schießen heraus.
Erst als Andrews auf mir zusammensackt, höre ich den Schuss. Eine Kugel ist schneller als der Schall, man kann sie nicht hören. Stimmt, was die Soldaten behaupten.
Andrews hört jetzt gar nichts mehr. Knapp über seinem linken Ohr, an der Eintrittsstelle der Kugel, befindet sich ein kleines Loch, rechts, an der Austrittsstelle fehlt bedeutend mehr.
„Herr Heuser! Geht es ihnen gut? Mein Gott, da kam ich ja gerade noch rechtzeitig!"
Die Stimme kommt mir bekannt vor, doch im Augenblick ich kann sie nicht zuordnen. Erst nachdem ich Andrews´ leblosen Körper mühsam von mir gerollt habe, erkenne ich den Schützen: Robert Stice.
„Er wollte Sie umbringen, eine Sekunde später und Ihr Kopf wäre Matsch gewesen!"
„Ja ... jaja ... äh", ich muss mich erstmal sammeln.
Mein Blick wandert von Stice zu Andrews´ Leiche und zurück zu Stice.
„Wie, was, wo kommen Sie denn her?"
„Mit dem Helikopter. War nicht leicht, sich von oben ein Bild zu machen. Ein brennender Frachter auf Kollisionskurs mit einem anderen. Ich ließ mich auf dem

Dach absetzen, um herauszufinden, warum er eine Kurve fährt. Gerade noch rechtzeitig, will ich meinen!“
Kollisionskurs! Für den Moment habe ich den anderen Frachter ganz vergessen. Viel Platz kann nicht mehr zwischen uns sein. Ich springe auf und hechte, so gut es geht, zum Fenster. Gerade eben noch sehe ich den anderen Frachter etwa 200 Meter neben uns und lasse mich sofort wieder hinfallen. Drüben am Bug stehen mindestens zehn Personen mit Maschinengewehren, die sofort losfeuern, als sie mich am Fenster erblicken.
Ich rutsche unsanft gegen die Seitenwand aus Stahl, am Boden bin ich vor den Kugeln sicher. Die Fenster über mir haben dem Beschuss nichts entgegenzusetzen und zerbersten. Ein Regen aus Glassplittern prasselt auf mich herab, leider kein Sicherheitsglas. Auf dem Boden robbe ich von der Wand weg, hin zu Stice, der sich ebenfalls hier positioniert hat. Ich komme mit ein paar kleineren Schnittwunden davon. Die Jungs ballern weiter, Dutzende Kugeln pfeifen über unsere Köpfe hinweg.
„Sind die irre?“ brüllt Stice.
Darüber bin ich doch etwas verwundert. Was hat er denn erwartet?
„Raus hier!“ rufe ich.
Wir krabbeln aus der geöffneten Tür auf der vom anderen Frachter abgewandten Seite. Stice sucht den Himmel ab.
„Den Heli können Sie vergessen. Wir müssen springen!“
Robert Stice stürzt sich als erster über Bord. Die Jahre bei der Spezialeinheit haben ihn hart gemacht. Ich springe hinterher. Im Flug sehe ich ein Schlauchboot in unsere Richtung rasen. Dem Himmel, oder wem auch immer, sei Dank: Jörn ist hier. Als ich auftauche, ist er schon fast neben mir. Er sammelt erst Stice, dann mich ein. Ich brauche Hilfe, um an Bord zu kommen, meine Schulter ist ziemlich lädiert.

„Wo kommst du denn her?“
„Ich habe neben der „Sophie“ gewartet. Als die anderen Jungs in Reichweite kamen, fingen sie an zu schießen. Mir blieb nichts übrig, als hinter dem Schiff Deckung zu suchen und hoffen, dass du auftauchst.“
Jörn drückt auf die Tube.
Bevor ich weitere Fragen stellen kann, lässt uns ein durchdringendes metallisches Dröhnen zusammenfahren. Ein Ächzten und Krachen, dumpf und schrill zugleich. Ohrenbetäubend. Vor unseren Augen wird die „Sophie“ wie eine Banane verbogen. Der andere Ozeanriese hat sie mit voller Breitseite erwischt und bohrt sich nun in sie hinein. Es ist, als hätte ein Hochhaus einem anderen die Vorfahrt genommen. Schiffe haben keine Knautschzone, sie sind nicht für Unfälle konzipiert. Trotz der geringen Geschwindigkeit entsteht ein immenser Schaden.
Fährt beispielsweise ein Auto gegen ein Haus, wird die Energie von der sich verformenden Karosserie aufgenommen. Das Auto wäre verbeult, dem Haus würde kaum Schaden zugefügt. Ein Panzer mit gleicher Geschwindigkeit würde locker durch die Wand bis ins Wohnzimmer fahren. Bei einem Unfall gibt es immer einen Schwächeren, der nachgibt. Hier ist noch nicht klar, wer das ist.
Das Getose nimmt nicht ab, im Gegenteil. Es gibt einen Grundlärm von sich verbiegenden Metall und immer wieder ein ohrenzerreißendes Knacken und Knallen und Krachen.
Der gesamte Frachter verbiegt sich und nimmt die Form eines Bumerangs an. Er bewegt sich jetzt seitwärts, der Wasserdruck von der einen und die vielen Bruttoregistertonnen von der anderen Seite setzen ihm zu. Stahlstreben bersten oder werden stark verbogen.
Container fallen von beiden Schiffen und schlagen mit

weißer Gischt im Wasser ein.
Bis der Lärm nachlässt und die beiden Schiffe allmählich an Fahrt verlieren, dauert ganz schön lange.
Ein Blick auf den anderen Frachter, natürlich aus sicherer Entfernung, zeigt, dass mindestens 20 bis 30 Meter fehlen. Die gesamte Schiffsnase steckt in der Seitenwand der „Sophie“ und hat sich zusammengeschoben wie eine Ziehharmonika. Der Bulb, so nennt man die Schiffsnase unterhalb der Wasseroberfläche, wirkte quasi als Rammbock und hat die Außenwand der „Sophie“ auf großer Länge aufgerissen.
Von den Besatzungen ist nichts zu sehen, weder von der löschenden, noch von der schießenden. Dem Zustand der Schiffe nach zu urteilen, wäre es verwunderlich, gäbe es nicht mehrere Tote und Verletzte.
Was für ein Anblick: zwei ohnehin schon rostige Frachter ineinander verkeilt, der eine ein gutes Stück kürzer als vorher, der andere verformt, zerschossen und teilweise brennend. Ein großer Klumpen Stahl, kaum noch erkennbar, wo der eine anfängt und der andere endet, außerdem eine Spur aufgewühlten Wassers und havarierter Container. So ähnlich muss es in Pearl Habour nach dem japanischen Angriff ausgesehen haben.
Ich nehme Jörns Funke: „General, schicken Sie Hubschrauber, Schiffe und ein Rettungsteam her. Die Frachter sind kollidiert. Sie drohen zu sinken und müssen schnellstmöglich in einen Hafen geschleppt werden. Es sind mehrere Container über Bord gegangen. Keine Ahnung, ob die Waffen oder Drogen dabei sind. Die Container müssen geborgen werden, bevor sie sinken.“
Ehe ich den Knopf an der Funke loslasse, um den General zu Wort kommen zu lassen, fällt mir noch etwas ein: „General, schicken sie zwei Rettungsteams. Bob

muss irgendwo ins Meer gestürzt sein."
Zu meiner Überraschung ist es nicht der General der antwortet: „Ich brauche Oncle Sam nicht für Schwimmunterricht. Ich bin schon groß und kann auf mich alleine aufpassen."
„Bob!" schreie ich: „Wie, wo...?!"
„Schau mal hoch." antwortet er.
Ich löse meinen Blick von dem schwimmenden Schrotthaufen und sehe mich um. Über uns schwebt ein Hubschrauber mit der Aufschrift „Sunshine Helicopters", Kiaras Firma. Die Schiebetür ist offen und Bob und seine Tochter winken uns zu. Den Knüppel bedient jemand, den ich nicht kenne, vermutlich ein befreundeter Pilot.
Der Lärm der verunglückenden Frachter übertönt den Rotor, daher bemerken wir den Heli erst jetzt. Ich sage absichtlich „verunglückenden" und nicht „verunglückten", denn der Unfall ist weiterhin in vollem Gange. Immer noch bewegen sich die Frachter und nach wie vor knarrt, kracht und knallt es.
Der General meldet sich: „Ab jetzt übernehmen wir. Schiffe, Kampfhubschrauber und Küstenwache sind bereits unterwegs, seitdem ein Defekt an Bobs Flieger den unkontrollierten Verlust des Zusatztanks verursacht hat."
Von welchem Defekt spricht Miller, bitte? Ich will gerade klarstellen, dass Bob der Held des Tages ist, als ich einen ebenso überraschten, wie eiskalten Blick von Robert Stice ernte.
„Alles klar, ist es OK, wenn wir den Hubschrauber nach Hause nehmen? Die Army kann doch sicher unsere Schlauchboote mitnehmen. Ich will nur noch eins: heim!"
„Kein Problem, Jungs!"
„Moment mal", unterbricht mich Stice, als ich Bob signalisiere, uns einzusammeln. „Was ist hier eigentlich

los?“
Ich folge unserer offiziellen Version, muss aber, den Umständen entsprechend, etwas dazu dichten.
„Jörn und ich waren hier zum Angeln, als wir einen Funkspruch von dem Kunstflieger empfingen. Er hatte technische Probleme und glaubte abzustürzen. Um bei der Bruchlandung nicht zu explodieren, warf er seinen Zusatztank ab. Dieser klemmte aber offenbar und trennte sich nicht vom Flugzeug. Daher musste der Pilot kurz vor der Wasseroberfläche wieder hochziehen. Er wollte in der Nähe des Frachters wassern, in der Hoffnung, von der Besatzung gerettet zu werden. Dann passierte das Unglück: Als er die Maschine hochzog, löste sich der Tank und traf einen Frachter. Jörn und ich trennten uns. Jörn folgte dem Flugzeug, um den Piloten zu retten und ich fuhr zum Frachter, um zu sehen ob ich helfen kann. Den Rest kennen Sie ja. Andrews versuchte, mich umzubringen, und Sie erschossen Andrews.“
„Das ist die unglaublichste Geschichte, die ich jemals gehört habe.“ antwortet Robert Stice, und irgendwie muss ich ihm Recht geben. Um weitere Fragen zu verhindern, setze ich auf die Angriff-ist-die-beste-Verteidigung-Strategie und komme ihm zuvor.
„Und was zum Teufel machen Sie hier?“
Stice ist als Profi natürlich vorbereitet, aber so gut er als Soldat auch sein mag, eine Karriere als Schauspieler wäre schnell vorbei gewesen. Den gelernten Text nimmt man ihm nicht ab:
„Nach dem ganzen Trouble, der nicht zuletzt von Ihnen und Ihrem Freund verursacht wurde, wollte ich mir selbst ein Bild verschaffen. Ich wusste von Andrews´ Ausfahrt heute und wollte ihn im Auge behalten. Die Vorwürfe gegen ihn und, damit auch gegen meine Firma, sind zu gravierend, um ihnen nicht nachzugehen. Daher

beschloss ich, Andrews zu beobachten. Bei meiner Ankunft herrschte jedoch schon Chaos. Warum, um alles in der Welt, drehte der eine Frachter auf direkten Kollisionskurs mit dem andren?“
„Absolut keine Ahnung.“ gebe ich achselzuckend, und in der vollen Überzeugung, ein brauchbarerer Schauspieler als mein Gegenüber zu sein, zurück und frage, ob er bei uns mitfliegen oder seinen eigenen Heli nutzen wolle. Denn dieser schwebt mittlerweile direkt hinter unserem.
Glücklicherweise bevorzugt Stice seinen Vogel. Auf Fragen wie: „Warum waren Jörn und Sie mit zwei Booten angeln?“; „Angeln, so weit draussen, bei einer Wassertiefe von mehreren tausend Metern?“; „Warum treibt der Schwimmponton herrenlos, ein paar Kilometer von den Frachtern entfernt?“; „Warum sind Sie überhaupt noch hier und nicht in Europa?“; „Sie wollen hier geangelt haben, während Ihr Freund gleichzeitig eine Kunstflugstunde einlegt, technische Probleme bekommt und obendrein alles genau da, wo Andrews, dem Sie seit Wochen nachstellen, mit seinem Schleppverband unterwegs ist?“ Solche Fragen, nun ja, solche Fragen sind derzeit nicht ganz einfach zu beantworten. Wir müssen uns eine lückenlose und vor allem glaubhafte Story ausdenken, bevor es zu einer Gerichtsverhandlung kommt.
Andererseits hätte ich ebenso viele Fragen an Stice, die ihn wiederum in die Bredouille bringen könnten. So gesehen, sind wir einzeln am besten aufgehoben.
Jörn und ich steigen in den Heli.
„Bob, du verrückter Hund! Was war das denn?“
„Ich wüsste nicht, wie wir die Frachter sonst hätten stoppen wollen. Hätte ich euch was von dem Plan erzählt, hättet ihr es mir ausgeredet.“
„Natürlich. Aber was, wenn wir keine Waffen oder Drogen

finden?“
„Andrews hat es bestätigt, sonst hätte die Aktion nicht durchführt.“
„Andrews... ja, mir gegenüber. Aber ich habe es nicht weitergegeben.“
„Deine Hosentasche drückte offenbar den Sprech-Knopf deines Funkgerätes ein. Wir haben das Gespräch mitgehört und aufgezeichnet.“
Wahnsinn. Das muss ich erstmal schlucken.
Der Pilot arbeitet bei Sunshine und ist mit Kiara befreundet. Vielleicht steht er auch auf sie, egal. Er war jedenfalls so entgegenkommend, sich seit heute morgen um fünf am Flughafen bereit zu halten, falls wir ihn brauchen. Kirara und Bob haben diesen sagenhaften Plan B allein entwickelt und sowohl uns als auch den General im Dunklen gelassen.
Staunend dreht Jack, der Pilot, noch eine paar Runden über die ganze Szenerie. Wirklich beeindruckend, was wir da angerichtet haben.
Stice ist wahrscheinlich weniger feierlich zumute, er entschwindet mit seinem Heli direkt in Richtung Kahoolawe.
Zwei Kampfjets donnern über uns hinweg. Wie sich später herausstellt, sind sie schon eine Weile hier und filmen das Geschehen. Außerdem sollen sie eine mögliche Flucht der Besatzungen mit Rettungsbooten verhindern. Was das angeht, besteht kein Handlungsbedarf. Die Rettungsboote machen nicht den Eindruck, als könne man damit fliehen, geschweige denn länger als fünf Minuten oberhalb der Wasseroberfläche überdauern.
Jack zeigt auf die Tanknadel, die sich nur noch knapp über der Null befindet und drückt sein Bedauern aus, nun abdrehen zu müssen. Unterwegs kommen uns Kampf-

und Rettungshubschrauber der Marine entgegen.
Ich weiß nicht, was Kiara Jack erzählt hat, aber er stellt keine Fragen, und das finde ich im Moment sehr angenehm. Keiner sagt was. Scheint so, als ob wir alle das kürzlich Erlebte erst mal in Ruhe verdauen wollen. Eine Frage drängt sich mir jedoch auf:
„Jörn, was ist passiert? Als ich fuhr, warst du gerade dabei, Andrews zu fesseln."
„Tja.", überlegt Jörn: „Knoten waren noch nie meine Stärke. Damit falle ich beim Segeln immer negativ auf. Ich hatte ihn gefesselt und mit ins Boot genommen. Wir fuhren hinter dir her, als er plötzlich nach etwas griff und es mir in die Fresse schlug. Ich flog über Bord und landete unsanft im Wasser. Ist kein Spaß, von einem schnellen Boot zu fallen. Gott sei Dank, wurde ich nicht ohnmächtig. Andrews scherte sich nicht um mich und fuhr weiter. Ich schwamm zurück zum Ponton, wo noch Andrews´ Boot lag. Damit folgte ich euch, konnte aber nicht mehr an Bord der „Sophie" klettern, da der andere Frachter bereits zu nahe daran war und auf mich geschossen wurde. Daher blieb mir nichts anderes übrig, als hinter eurem Frachter zu warten und zu hoffen, dass du kommst. Hat ja geklappt!"
Ja, es hat geklappt.
Wir landen in Kahului/Maui bei Sunshine Helikopters. Natürlich erwartet uns kein riesiges Empfangskomitee mit Champagner, um überschwänglich zu gratulieren. Obwohl mir das vorher klar war, bin ich etwas enttäuscht. Immerhin versenke ich nicht jeden Tag Frachter und lasse Drogen- und Waffenschmuggelringe auffliegen.
Bei Sunshine findet sich im Kühlschrank, neben einigen Flaschen Bier, tatsächlich auch Champagner. Die Gesellschaft bietet unter anderem Ausflüge mit Picknick an, daher lagern hier die ersehnten Köstlichkeiten bei

angenehmer Trinktemperatur.
Jack bietet beide Getränke an, Bob, Kiara, Jörn und ich entscheiden einstimmig für Bier und auch Jack erhebt die Flasche mit uns.
„Gut gemacht!“ prostet er uns zu, leert die Flasche in einem Zug und verschwindet wortlos aufs Flugfeld.
„Was hast du ihm erzählt?“ frage ich Kiara.
„Die Wahrheit. Er ist der Besitzer von Sunshine. Wenn die Sache in der Presse erscheint, möchte er, dass sein Firmenname genannt wird, wenn nicht, mit mir schlafen.“ gibt sie fröhlich zurück.
Ich verschlucke mich und huste, bis mir Bier aus der Nase läuft. Alle anderen liegen am Boden vor Lachen.
„Natürlich nicht,“ stellt Kiara klar: „Sollte kein spektakulärer Krimi dabei rauskommen, verkauft Jack den heutigen Flug als Rettungsaktion eines abgestürzten Kunstfliegers an die örtlichen Zeitungen und hat seine Werbung.“
Wir nehmen die klassische Route zu Bob, inklusive der Pit Stopps am Paia Minute Stop und dem Liquor Store. Am Haus angekommen, feiern wir ausgelassen.
Andrews ist tot, der Schmugglerring ausgehoben oder zumindest mit sich selbst beschäftigt, und die Army ist aktiviert. Uns sollte keine Gefahr mehr drohen, dennoch hat General Miller ein paar Militärpolizisten geordert, die um das Grundstück patrouillieren.
Sogar Christine ist hier, um mit uns anzustoßen. Bei all dem Trouble hatten wir ganz vergessen, uns früher bei ihr zu melden. Zunächst war sie etwas sauer, denn sie hatte sich über zwei Wochen im Dschungel versteckt. Nach unserer Schilderung der Ereignisse hatte sie aber Verständnis dafür, dass wir uns nicht früher gemeldet haben.
Zum ersten Mal seit Wochen fühle ich mich nicht, als

würde ich permanent beobachtet, oder als stünde hinterm nächsten Baum ein Killer, der meinem schönen Leben ein jähes Ende setzen möchte.
Lediglich der General scheint von unserem Sieg noch nicht ganz überzeugt. Er will erst abwarten, was auf den Frachtern zum Vorschein kommt.
Am späten Nachmittag erhält Miller dann weitere Informationen:
Die Crews haben sich angesichts der militärischen Übermacht kampflos ergeben. Einige Seemänner wurden bei der Kollision verletzt, zu Tode kam niemand. Die Schiffe sind so ineinander verkeilt, es ist unmöglich sie zu trennen. Das hat einen Vor- und einen Nachteil: die „Sophie“ sinkt trotz massiven Wassereinbruchs nicht, da sie von dem anderen Schiff gehalten wird. Der Nachteil: Sollte sie dennoch sinken, reißt sie beide Frachter in die Tiefe.
Der große Klumpen Schiff wird von zwei Marineschiffen nach Kahoolawe geschleppt. Dies ist zwar weiter als nach Big Island, aber auf Big Island gibt es auf der Westseite keinen geeigneten Hafen, und der öffentliche Wirbel wäre ungleich größer, wenn dort zwei verkeilte Frachter ankämen.
Vorerst zieht die Army die auf Kahoolawe stationierten Soldaten ab und nimmt sie in Gewahrsam, bis geklärt ist, ob sie von Andrews´ Machenschaften wussten. Sie werden durch frisches Personal ersetzt.
Die Schiffe werden in eine flache Bucht gezogen, in der sie durchsucht und später demontiert werden. Vorausgesetzt, sie kommen dort an und sinken nicht vorher.
An Bord halten sich bereits Suchtrupps auf, um alles zu fotografieren. Sollten die Schiffe sinken, würden wir nicht ganz ohne Beweise dastehen. Allerdings sind bisher

weder Drogen noch Sprengstoff aufgetaucht.
Später am Abend verlangt die Natur ihr Recht. Glücklich nehme ich auf der Kloschüssel Platz und erleichtere mich. Die Geschichte ist ausgestanden, und von unserem Urlaub ist sogar eine Woche noch übrig.
Ausgerechnet hier, auf dem stillen Örtchen, mit heruntergelassener Hose und Dauergrinsen im Gesicht, schießt mir ein beunruhigender Gedanke durch den Kopf. Und zwar so heftig, dass ich fast vom Lokus falle. Mein Hirn schaltet den Turbo ein, mit einem Schlag bin ich stocknüchtern.
Kann das wirklich sein?!
Schließlich rapple ich mich auf und geselle mich zu den anderen. Erstmal will ich keinem die Laune versauen, also nehme ich mir ein Bier und bleibe rein zufällig beim General und Bob stehen. Bob folgt kurz darauf ebenfalls dem Ruf der Natur, und ich bin endlich mit Miller allein. Ich ziehe ihn etwas an mich ran und teile ihm meine beunruhigenden Gedanken mit.
„Ja, ich hatte die gleiche Idee - ein Grund für die Anwesenheit der Militärpolizei. Wir reden morgen weiter, heute feiern wir den Sieg einer Schlacht, auch wenn der Krieg noch nicht unbedingt gewonnen ist.“

Kapitel 17

Mit leichten Kopfschmerzen erwache ich, noch bevor die Sonne aufgeht. Der Kater ärgert mich, nach der Unterhaltung mit Miller habe ich komplett auf Alkohol verzichtet.
Allerdings erreichte uns etwa eine halbe Stunde nach unserem Gespräch die Meldung, dass Suchtrupps einen Container voller Drogen gefunden haben. Er war bereits für die anstehende Übergabe an Kranseilen fixiert, daher ging er bei der Kollision nicht über Bord.
Darauf mussten wir selbstverständlich anstoßen. Obwohl ich immer von meiner Drogen-Waffen-Theorie überzeugt war, fiel mir bei Mitteilung über die sichergestellten Drogen ein mittelgroßes Gebirge vom Herzen
Dennoch wäre ich heute gerne fit. Ein Blick auf den Wecker bestätigt: Zum Aufstehen ist es noch viel zu früh. Ich wälze mich hin und her, bis ich mich der Wachheit geschlagen gebe und dusche. Alle anderen pennen noch. Meine gestrigen Bedenken habe ich nur mit Miller geteilt und den Rest feiern lassen.
Mit einem Macadamianuss-Schokolade-Kaffee setze ich mich auf die Veranda und warte auf den Sonnenaufgang. Der frühe Morgen auf Hawaii ist ein Traum: Im seichten Wind rascheln die Palmen, Blüten öffnen ihre Köpfe, einige Vögel singen passende Lieder und um die Kitsch-Szenerie perfekt zu machen, strahlt die Sonne die Wolkendecke von unten an und lässt diese golden glühen.
In Gedanken verloren zucke ich zusammen, als General Miller sich von hinten nähert und nach einem Kaffee fragt. Mit duftenden, dampfenden Bechern ausgestattet, setzen wir uns in der aufgehenden Sonne zusammen und tauschen Gedanken aus.

Kiara taucht gegen 9 Uhr auf, Miller und ich sind uns inzwischen einig, was zu tun ist.
Aber zunächst warten wir auf Neuigkeiten von den Frachtern. Die Schleppaktion nimmt viel Zeit in Anspruch. Der US-Zerstörer, der als Zugesel eingesetzt wird, kommt nicht über zwei Knoten Geschwindigkeit hinaus. Immerhin zieht er eine fast 300 Meter lange Schiffswand, die gute zehn Meter senkrecht ins Wasser ragt, rechtwinklig hinter sich her. Bei der Geschwindigkeit werden sie Kahoolawe nicht vor dem Abend erreichen.
Ersten Schätzungen zufolge befinden sich Drogen im Wert von mehr als 15 Millionen Dollar in dem Container. Ein lukrativer Mix aus Marihuana, Haschisch, Koks und Heroin - für jeden was dabei.
Die Warterei auf neue Nachrichten vertreiben wir zunächst mit einem klassischen hawaiianischem Frühstück: Toast mit Avocado, Rührei und Speck.
Anschließend schlägt Kiara vor, auf der Südseite wellenreiten zu gehen und fördert fünf, mehr oder weniger alte, Longboards hinterm Schuppen hervor. Die Frau überrascht mich immer wieder. Als auch Bob und Miller freudig zum Brett greifen, bin ich kurz sprachlos. Ich vergaß: Wellenreiten gehört auf Hawaii zum täglichen Leben wie fahrradfahren in Deutschland.
Wir beladen Bobs alten Pick Up und fahren los. Die Senioren sitzen vorn, Kiara, Jörn und ich auf der Ladefläche.
Am Launiupoko Strand angekommen, finden wir nur kleine, aber sauber brechende Wellen vor. Perfekt für einen entspannten Tag im Wasser. Die alten Planken von Bob und Kiara sind so groß, man kann sogar zu zweit darauf stehen. Wir surfen Tandem und am Ende machen Kiara und ich uns einen Spaß draus, die gleiche Welle abzureiten und während der Fahrt beim anderen aufs

Brett zu springen. Meistens landen wir im Ozean, aber das macht nichts.
Kurz nach Mittag will der General nach Hause, um zu sehen, ob es Neuigkeiten gibt. Wir packen und fahren zurück. Jörn und ich beschließen, in Hookipa zu windsurfen. Andrews´ Leute werden heute wohl kaum auf uns warten. Kurzentschlossen springt Kiara ins Auto und kommt mit. Sie hat heute frei und keine Lust, im Garten abzuhängen. Der Tag belohnt uns mit den Bedingungen, für die man nach Hawaii fliegt.
In Kapstadt beispielsweise kann man ebenfalls sehr gut windsurfen. Vergleichsweise kann man aber sagen: Ein geiler Tag in Kapstadt ist ein guter Tag auf Maui. Heute ist ein geiler Tag auf Maui und ich habe weltweit noch nichts Vergleichbares erlebt.
In Hookipa rollen vier bis sechs Meter hohe Wellen rein, und es weht eine steife Briese, leicht ablandig. Absolut perfekt!
Die hohen Wellen schrecken viele Windsurfer ab. Alle Profis, die sich sonst auf Maui tummeln, sind im Moment auf Sylt, wegen des World Cups dort. Mit anderen Worten: Es sind nur sieben Leute auf dem Wasser.
Wir bauen unsere Segel auf und ab gehts aufs Wasser. Trotz aller Erfahrung habe ich Respekt und taste mich langsam ran. Erst reite ich kleinere Wellen ab und hüte mich vor dem brechenden Teil. Nach einer halben Stunde fühle ich mich sicher, nehme auch dicke Dinger und setze meine Turns voll gegen den brechenden Teil der Welle. Selbstverständlich wird mein Mut kurz darauf mit einem längeren Aufenthalt unter Wasser und einem gebrochenen Mast quittiert.
Egal, im Auto liegt noch ein Mast von Jörn. Der ist noch mit seinem Brett unterwegs weit draußen, aber ich nehme an, als guter Freund leiht er ihn mir gerne aus. Ich baue

mein Segel ein zweites Mal auf und stürze mich erneut in die Fluten. Eine halbe Stunde später schwimme ich mit gebrochenen Mast zurück. Was solls, solche Surfbedingungen bekommt man nicht oft, da kann man keine Rücksicht aufs Material nehmen. Ich fliege doch nicht für mehrere tausend Euro um die halbe Welt und surfe dann in den traumhaftesten Wellen mit angezogener Handbremse, nur um einen Mast für 200 Euro zu schonen.
Jörn erwartet mich bereits mit einem kalten Bier und informiert mich, welchen Mast ich ihm morgen kaufen soll. Süß, wie naiv er manchmal ist.
Auf dem Rückweg erleichtern wir den Minute Stop in Paia um zwei Zwölferpacks Steinlager. Von den 24 eiskalten Flaschen schaffen es lediglich 18 im gefüllten Zustand bis zu Bobs Haus, die restlichen gesellen sich, fröhlich klirrend, im Fußraum aneinander.
Wir treffen den General vorm Haus, dankend nimmt er ein Bier und setzt uns ins Bild:
„Die zwei Frachter sind sprichwörtlich in einem Stück auf Kahoolawe angekommen. Jetzt können sie nicht mehr sinken. Suchmannschaften haben den Container voller Sprengstoff gefunden. Er hat allerdings ziemlich was abbekommen und ist recht zerbeult. Es wird eine Weile dauern, ihn zu öffnen. Mit Schneidbrennern trauen wir uns nicht ran. Das Risiko, eine Explosion auszulösen, ist zu hoch. Derzeit wird Spezialwerkzeug aus Honolulu eingeflogen."
Wir gucken uns an. Miller gratuliert:
„Herzlichen Glückwunsch. Erfolg auf der ganzen Linie: Drogen und Waffen sind gefunden, und der Schuldige steht fest. Es wäre lediglich schöner gewesen, Andrews lebend zu erwischen, ich hätte mich zu gerne mit ihm unterhalten. Wie auch immer, der Drogenfluss nach

Hawaii ist gestoppt und ein Schmugglerring ausgehoben. Ganze Arbeit für ein paar Greenhorns!"

„Danke.", antworten wir wie aus einem Munde.

„Cheers.", Miller erhebt die Flasche, wir stoßen an.

Kiara und Bob wissen schon Bescheid. Nach den vergangenen Abenden können wir heute kein Grillfleisch mehr sehen. Also fahren wir nach Haiku zu „Colleen´s" und essen Pasta.

Zum Nachtisch gibt es einen sensationellen Mud Pie. Nach Alkohol ist niemanden zumute. Bei „Colleen´s" steigen wir auf Wasser um. Den Tag lassen wir auf Bobs Veranda ausklingen, auch hier bleiben die Getränke alkoholfrei.

Inzwischen sind die Spezialwerkzeuge auf Kahoolawe angekommen, der Container wird heute Nacht auf die Insel gebracht, wo man morgen versucht, ihn zu öffnen.

Wir unterhalten uns noch eine Stunde über dies und das. Andrews, Drogen und Waffen finden keine Erwähnung mehr, was mir persönlich sehr recht ist.

Der nächste Tag ähnelt dem heutigen. Vormittags gehen wir alle zusammen zum Wellenreiten. Kiara hat beschlossen, eine Woche Urlaub zu nehmen. Bob ist ohnehin Rentner und der General bezieht vorerst Quartier auf Maui. Er fliegt ab heute jeweils nachmittags nach Kahoolawe, um sich vor Ort über die neuesten Entwicklungen zu informieren. Maui ist näher an Kahoolawe gelegen als Honolulu, daher bleibt er hier. Jedenfalls ist das die offizielle Begründung. Inoffiziell genießt er den Vormittag auf dem Wellenreiter und die Grillabende mit uns und lässt sich somit Zeit mit seiner Rückkehr nach Oahu.

Nachmittags besuchen Jörn und ich zunächst einen Surfshop, um zwei neue Masten zu organisieren. Der Shopbesitzer fragt mich, wann ich wohl gedenke, die

beiden Stand-up Paddelbretter zurückzubringen, die ich mir vor zwei Wochen ausgeliehen habe.
Zunächst tappe ich im Dunklen, doch plötzlich fallen mir zwei Paddelbretter ein, die von einer dünnen Schicht Sand bedeckt, an einem Strand auf Kahoolawe liegen. Brrrr.
Ich versichere, ihm die Boards in den nächsten Tagen vorbeizubringen, traue mich jetzt aber nicht mehr, nach einem guten Preis für zwei Masten zu fragen und sehe von dem Kauf ab. Stattdessen halten wir auf dem Weg zum Strand bei dem Chef von Hot Sails Maui. Er leiht uns die Masten, will sie lediglich zurück haben, wenn wir nach Hause fliegen. Siehste wohl, ist doch alles ganz einfach!
Trotz ähnlicher Surfbedingungen wie gestern, bleibt heute alles heil. So gehts mir oft: Am ersten guten Tag demoliere ich alles, weil ich mich freue und Vollgas gebe. Am nächsten Tag bin ich schon ruhiger und auch nicht mehr so aufgeregt. Und schwupps: Ich kann ähnlich radikal wie am Vortag surfen, aber nichts passiert.
Beim Grillen berichtet Miller von seinem Nachmittag auf Kahoolawe. Der Transport des Containers gestaltete sich aufwändiger als gedacht, da er mit anderen verkeilt war und man sie extrem vorsichtig voneinander trennen musste. Das gute Stück schaffte es daher erst gegen Abend auf die Insel.
Kurz gesagt: Es gibt nichts Neues.
Der General erklärt sich bereit, übermorgen, direkt nach dem Frühstück nach Kahoolawe zu fliegen und uns mitzunehmen. Schließlich müssen Jörn und ich die beiden Boards zurück nach Maui paddeln und das geht nur morgens, da ab Mittag der Passatwind einsetzt und uns abtreiben würde.
So langsam stellt sich Urlaubsstimmung ein. Die ganze Andrews-Geschichte rückt in den Hintergrund, tagsüber

gehen wir surfen, am Abend wird gegrillt. Genau, wie wir es ursprünglich vier Wochen lang machen wollten.
Wind und Welle halten sich, soweit die Vorhersage geht, das Leben ist gut!
Am Abend berichtet der General, dass der Container geöffnet werden konnte und die Identifizierung der Sprengstoffe beginnt.
Tags darauf fliegen wir nach Kahoolawe. Die beiden Frachter liegen auf der Südseite der Insel, in der Bucht vor der Kaserne. Es kommt mir vor, als seien Monate vergangen, seit ich in den Hügeln oberhalb der Baracken hockte und observierte. Dabei ist es erst etwas mehr als zwei Wochen her.
In der letzten Nacht wurden die ersten Sprengstoffe untersucht und können zweifelsfrei den Bomben und Raketen der US Army auf Kahoolawe zugeordnet werden. Damit ist bewiesen: S&C tauschte das explosive Innenleben der Bildgänger gegen Drogen. Nicht, dass wir Zweifel daran gehabt hätten, aber es ist sicher hilfreich, außenstehenden Personen glasklare Beweise zu unserer Geschichte bieten zu können.
Der Helikopter bringt uns zu dem Strand, an dem ich die Boards vergraben habe. Miller selbst fliegt mit und lässt sich von Jörn und mir genau erklären, wo wir uns auf der Insel aufgehalten haben und was wann passierte.
Nach einer halben Stunde Rundflug, bei der wir die Gelegenheit nutzen, uns in Ruhe die beiden kollidierten Frachter anzusehen, landen wir am Strand. Unser sogenannter „Downwash“, der senkrechte Wind, den die Rotorblätter erzeugen, reicht aus, um die beiden Paddelbretter frei zu legen.
Wir steigen aus und erleben beim Start den Downwash nun von der anderen Seite. Ein Sandsturm in der Sahara kann kaum heftiger sein, innerhalb von zwei Sekunden ist

jede einzelne Pore unseres Körper mit mindestens einem Sandkorn verstopft. Ehe wir uns die Bretter schnappen und lospaddeln, springen wir erstmal ins Wasser Das Wetter ist perfekt: Blauer Himmel, klare See und kein Fatz Wind.

Langsam paddeln wir die Küste entlang, in Richtung Maui. Wir gleiten über unberührte Korallen und jede Menge Fische in allen Formen, Farben und Größen. Sogar kleine Riffhaie und Rochen.

Zweifelsohne gibt es jede Menge Vorteile, wenn eine Insel abgeschottet wird und nicht Tausende von Menschen jeden Tag schnorcheln, schwimmen und Korallen zertrampeln. Vorausgesetzt natürlich, es fällt nicht gerade eine Bombe ins Riff. Scheinbar sind die Amis aber immerhin in der Lage, die Insel zu treffen, die Unterwasserwelt ist unberührt und wunderschön.

Wir biegen nach Molokini ab und paddeln über die offene, türkisfarbene See. Das Wasser hat ein beruhigendes, kräftiges Türkis, aber im Vergleich zur Küste nicht mehr viel zu bieten.

Bis Molokini brauchen wir etwa zwei Stunden. Hier bietet sich ein ähnlicher Anblick wie bei meinem letzten Zwischenstopp. Walartige, glänzende menschliche Körper treiben dicht an dicht und versuchen, mit ihrer Schnorchelmaske den dicken Film aus Sonnenmilch an der Wasseroberfläche zu durchbrechen. Am Rande des Kraters sind wir fast allein, lassen die Beine ins glasklare Wasser baumeln und genießen den schönen Tag.

Ich überlege, meine Zweifel von gestern Abend mit Jörn zu teilen, verwerfe den Gedanken aber. Der General und ich haben einen Schlachtplan entworfen, und daran halte ich fest. Jörn wird später informiert.

Wir unterhalten uns über allgemeine Dinge: Gemeinsame Freunde aus alten Zeiten, Ideen für neue Reisen,

Spinnereien, was man noch alles mit seinem Leben anstellen könnte, oder Erinnerungen an die gute, alte Zeit. Bei uns haben Themen aus dem Berufsleben im Urlaub nichts zu suchen. Obwohl Piloten, genau wie Ärzte oder Event-Fuzzies, große Probleme damit haben, nicht permanent von ihrem ach-so-tollen Job zu reden, gelingt es Jörn wirklich gut, sich über die Fliegerei auszuschweigen.

Gegen 13 Uhr landen wir am Big Beach auf Maui. wo Kiara bereits auf uns wartet. Wir laden die Bretter aufs Auto und bringen sie zurück in den Surf Shop. Der Besitzer ist leicht verstimmt, denn eigentlich waren nur ein paar Tage zum Leihen ausgemacht, und nicht knapp drei Wochen. Ein Sixpack kaltes Bier wirkt beruhigend, am Ende huscht sogar ein wohlwollendes Lächeln über sein Gesicht. Beim Verlassen des Ladens höre ich ein wohlbekanntes „Tschhhht“ hinter mir. Das erste Bier hat es nicht einmal bis in den Kühlschrank geschafft.

Nach der fünfstündigen Paddeltour sind wir etwas platt. An einer Frischetheke im Supermarkt finden wir Abhilfe gegen unsere knurrenden Mägen. Der volle Bauch und die müden Muskeln verlangen nach einem Nickerchen. Kiara schwimmt und liest anschließend ein Buch, während Jörn und ich zwischen Tief- und Halbschlaf hin und herdösen.

Nachmittags gehen wir noch zwei Stunden windsurfen, aber nicht in Hookipa. Nach dem Schläfchen sind wir etwas groggy, da muss man sein Glück nicht herausfordern. In Sprecks finden wir knapp zwei Meter hohe Wellen, das ist heute genau richtig für uns.

Zurück bei Bob empfängt uns, schon beim Aussteigen, der wohlvertraute Grillgeruch. Der General ist bester Laune und wendet gerade saftige London-Broil Steaks.

Der Container ist leergeräumt, und alle Sprengmittel sind

identifiziert. Der Abtransport der restlichen Seecontainer beginnt morgen. Wie genau die Frachter demontiert werden soll, ist noch unklar. Derzeit versucht die Army, die Dinger an ein indisches Unternehmen zu verkaufen. Vielleicht werden sie auch verschenkt, vorausgesetzt der Schrott wird auf eigene Kosten abtransportiert.
Da bezüglich der Schiffsfracht alles geklärt ist, will General Miller keine Zeit mehr verlieren. In einer ruhigen Minute nimmt er mich beiseite und schlägt vor, morgen gemeinsam mit ihm ins Hauptquartier nach Honolulu zu fliegen. Ich will die Sache hinter mich bringen und stimme zu.

Kapitel 18

Wieder beginnt der Tag mit einem ausgedehnten Frühstück, gefolgt von einer Wellenreitsession an der Südseite. Auf dem Rückweg sitzen Miller und ich ganz zufällig allein in einem Auto. Bob, Jörn und Kiara fahren vor. An einer Ampel bremst der General, obwohl wir noch bei Grün drüber gekommen wären. Die sind wir schon mal los.
Am Flughafen biegen wir ab und stellen das Auto auf den regulären Parkplatz. Gepäck haben wir keins, mit Millers Ausweis brauchen wir nicht mal einzuchecken. Sein militärischer Rang erlaubt es ihm, direkt am Gate einfach in den Flieger zu steigen. Wir passieren die Sicherheitskontrolle und begeben uns zu einem Flugsteig von Hawaiian Airlines. 15 Minuten später sind wir in der Luft, nach weiteren 19 Minuten wieder unten.
Ein Fahrer holt uns am Flughafen Honolulu ab, von dort gehts weiter, direkt in das Hauptquartier. Bei meinem letzten Besuch, zusammen mit Andrews, sind wir hier auf dem Dach gelandet.
Es ist erst 14:30 Uhr, wir haben noch Zeit. General Miller nutzt die Zeit, mich etwas herumzuführen und einigen Mitarbeitern „Hallo“ zu sagen. Anschließend nehmen wir in der Kantine einen kleinen Imbiss zu uns.
Gegen 16 Uhr leert sich das Gebäude langsam. Das kommt uns entgegen, deshalb haben wir unser Gespräch auf 17 Uhr gelegt.
Kurz vor fünf sitze ich allein in einem Besprechungsraum im obersten Stockwerk. Durch die geöffnete Tür beobachte ich den langen, leeren Flur und warte.
Pünktlich auf die Minute hält am Ende des Korridors der Fahrstuhl, und Robert Stice betritt den Flur. Schnell und bestimmt schreitet er auf mich zu. Verwundert blickt er

sich im Raum um.
„Was machen Sie denn hier?“ will er wissen.
„Abschlussbesprechung.“ antworte ich.
„Ach ja?! Ich bin von einem inoffiziellen Treffen zwischen General Miller und mir ausgegangen. Von Ihrer Anwesenheit war mir nichts bekannt. Kommt ihr Kollege, dieser Jörn Schneider, auch?“
„Müsste bald hier sein.“
„Wo ist General Miller?“
„Sollte jeden Moment kommen. Sie können die Tür offen lassen und schon mal Platz nehmen.“
„Danke.“ erwidert er langsam, mit dunkler Stimme. Offenbar empfindet er es als Beleidigung, von mir die Erlaubnis zu erhalten, sich setzen zu dürfen.
„Na, wie gehts?“ töne ich fröhlich in das Schweigen.
„Wollen Sie mich verarschen? Meine Firma steht in der Kritik, vielleicht nimmt die Army uns sämtliche Aufträge weg. Nur weil Andrews Mist gebaut hat!“
„Wissen Sie, was ich mich frage: Kurz bevor Sie Andrews erschossen haben, hatte er Gelegenheit, mir die Birne einzuschlagen. Aber er tat es nicht. Er hielt inne und sagte „Heuser, ich...““
„Und?“ fragt Stice genervt.
„Nun, ich frage mich, warum er mir nicht das Licht ausknipste, und was er sagen wollte.“
„Vielleicht: Heuser, ich bring dich um!““
„Ja, vielleicht. Oder aber „Heuser, ich will mir dir reden“. „Heuser, ich wars nicht.“ oder, meine Lieblingsversion: „Heuser, ich wars nicht ALLEIN.“!“
Stice sieht mich abwägend an. „Was wollen Sie damit sagen?“
„Nun, irgendwie ist es schwer vorstellbar, dass Andrews die gesamte Sache allein, ohne Partner, durchgezogen hat. Eine Sache machte mich von Anfang an stutzig: Am

Abend, von Jörns Entführung, hat jemand Christine gewarnt. Nur konnte Sie uns nicht mehr alarmieren, sie hatte leider keine Nummer von uns."
„Was für ein Pech für Sie." kommentiert Stice.
„Durchaus. Aber warum sollte Andrews sie warnen, wenn er sie doch entführen will?"
„Vielleicht kam die Warnung nicht von Andrews."
„Unwahrscheinlich, wer sonst wusste von dem Überfall und hatte Christines Nummer. Von denen hatte keiner was mit Ihr am Hut. Es kann nur Andrews gewesen sein."
„Das macht keinen Sinn." folgert Stice.
„Richtig. Es macht keinen Sinn. Es sei denn, Andrews hat Befehle ausgeführt, die ihm nicht behagten. Es ergibt nur einen Sinn, wenn Andres einen Boss hat."
Stille. Also fahre ich fort:
„Die Army hat Konten von ihm in der Schweiz, Singapore und den Cayman Islands gefunden. Insgesamt etwas über acht Millionen Dollar."
Stice pfeift anerkennend durch die Zähne: „Hübsches Sümmchen!"
„Finden Sie das nicht etwas wenig?"
„Wenig? Acht Millionen Dollar soll ich wenig finden?"
„Auf dem Frachter wurden Drogen im Wert von 15 Millionen Dollar sichergestellt. Da er diese gegen Waffen tauscht, die ihn nichts kosten, macht das 15 Millionen Gewinn. Pro Monat wurden etwa zwei Frachter abgefertigt, also müsste er ein Monatseinkommen von 30 Millionen haben. S&C räumt seit fünf Jahren auf Kahoolawe auf. Selbst, wenn er ein Jahr gebraucht hat, um sein Netzwerk aufzubauen, müsste er in vier Jahren über eine Milliarde Dollar verdient haben. Abzüglich ein paar Kosten für die Reederei, die aber nicht allzu sehr ins Gewicht fallen dürften. Ja, angesichts dessen finde ich acht Millionen verschwindend gering."

„Vielleicht wurden noch nicht alle Konten gefunden.“, mutmaßt Stice.
„Vielleicht....“, stimme ich nachdenklich zu: „Oder er war letztlich nur Kanonenfutter und jemand anders steckt hinter der ganzen Sache.“
„Das werden wir wohl niemals erfahren. Jedenfalls nicht von Andrews...“
„Richtig, Sie haben ihn ja leider erschossen. Warum eigentlich?“
Einen Moment lang scheint es, als ob Stice die Fassung verliert. Er fängt sich jedoch schnell und antwortet: „Junge, ich habe Ihnen das Leben gerettet!“
„Da bin ich mir nicht so sicher...“
Erneut ringt Stice mit der Fassung. Er schaut in den leeren Korridor, hofft wohl auf baldige Schützenhilfe von seinem Freund, General Miller.
„Ich denke, dieses Gespräch ist beendet.“, sagt er schließlich.
„Wissen Sie, was mich wundert?“, da Stice nicht antwortet, rede ich weiter: „Der Überfall nach der Party war extrem brutal. Der Tod von Jörn und mir wurde billigend in Kauf genommen, meiner sollte sogar aktiv herbeigeführt werden. Jörn zufolge war seine Gefangenschaft auf Kahoolawe aber soweit ganz OK. Er wurde höflich behandelt, durfte lediglich nicht nach Hause gehen. Das passt doch nicht zusammen.“
Stice antwortet nicht. Man kann förmlich sehen, wie seine grauen Zellen unter Hochdruck arbeiten.
„Was ich nicht verstehe: Warum hat Andrews Jörn nicht gleich umgebracht, nachdem er seinen Fehler bemerkte ?“
„Sagten Sie nicht, Ihr Freund sollte auf dem Frachter liquidiert werden? Vielleicht wollte Andrews verhindern, dass eine deutsche Leiche auf Hawaii angeschwemmt

wird. Das hätte unangenehme Untersuchungen in Gang gebracht.“

Aha, Stice redet wieder mit mir.

„Möglich“, antworte ich: „Solche Ermittlungen hätten nicht nur Andrews, sondern auch seinen Chef nervös gemacht.“

„Falls es diesen, außerhalb Ihrer wirren Vorstellungen, überhaupt gibt.“

„Lustig, dass Sie es ansprechen. Wirre Vorstellungen wurden mir im Laufe dieser Geschichte bereits mehrfach vorgeworfen. Letztendlich lag ich aber immer richtig. Da ist noch etwas, das ich nicht verstehe. Als Andrews uns in der Villa erwischte, warum brachte er uns da nach Honolulu? Er hätte einfach aufs Meer rausfliegen und aus dem Heli schmeißen können.“

„Das verstehe ich auch nicht. Bietet Ihr konfuses Gehirn auch hierfür eine Erklärung?“

„Vielleicht, ich weiß noch nicht genau. Warum brachte Andrews uns ausgerechnet hierher zu Ihnen?“

„Ich bin sein Chef, vermutlich suchte er Rat, weil ihm die Sache über den Kopf wuchs.“

„Sie meinen, Sie sind sein Chef bei S&C?“

„Ja, wo denn sonst?“

„Ich frage ja nur...“

„Worauf wollen Sie hinaus?“

„Als wir hier waren, hatte ich den Eindruck, Sie wollten uns schnellstmöglich los werden. Ohne irgendeine gesetzliche Grundlage wollten Sie uns, ohne Prozess, erstmal wegsperren. Wie lange eigentlich?“

„Ich wollte Zeit gewinnen, um meine Firma zu schützen. In Ruhe einen Plan machen und mit Ihnen reden. Zunächst einmal musste ich einen klaren Kopf bekommen. Andrews´ Aktion kam für mich ziemlich überraschend.“

„Wollten Sie ihre Firma oder Ihre Organisation schützen?“
Stice springt auf und hebt drohend die Fäuste, sein Gesicht wird knallrot.
„Was deuten Sie da die ganze Zeit an, Sie kleine Wurst?“
„Wissen Sie, was mich auf den Frachtern verwunderte?“
Stice starrt mich an. Er atmet durch, setzt sich wieder und wartet einen Moment mit seiner Antwort. Eins muss man ihm lassen, er hat sich immer wieder erstaunlich schnell im Griff.
„Nein. Was hat Sie auf dem Frachter gewundert?“
„Nun ja, ich habe die ganze Szene fast wie einen Krieg wahrgenommen. Ein Frachter brennt, der andere ist kurz vor der Kollision, Sie erschießen den mutmaßlichen Anführer. Da haben die bösen Buben doch allen Grund, richtig sauer zu sein, finden Sie nicht?“
Keine Antwort, also fahre ich fort:
„Für mich war es klar, dass die Besatzung des anderen Frachters auf uns schießen würde. Aber Sie waren völlig perplex, als das Feuer auf uns eröffnet wurde und bekamen einen Wutanfall.“
„Was wollen Sie denn jetzt damit sagen?“ schreit Stice mich an.
„Ich glaube, Sie tobten vor Wut, weil Ihre eigenen Leute auf Sie schossen!“
Stice springt auf, sein Gesicht wutverzerrt, er will losbrüllen, doch ich komme ihm zuvor:
„Außerdem haben Sie Andrews nicht erschossen, um mich zu schützen, sondern um ihn zum Schweigen zu bringen und sich damit selbst zu schützen.“
„Sie sind ja verrückt, ich habe geschossen, um Sie zu retten!“
„Andrews war Ihr Freund, einen Freund schießt man nicht einfach so über den Haufen. Warum haben Sie nicht in die Schulter geschossen?!“

„Es ging alles sehr schnell, ich kam auf die Brücke und musste handeln, ich hatte keine Zeit, in Ruhe zu zielen!"
„Dafür haben Sie seine Schläfe recht gut getroffen!"
Stice schluckt seine Wut runter. Er hat während unseres Gespräches permanent nachgedacht, jetzt scheint er zu einem Schluss gekommen zu sein. Er lässt seinen Blick noch einmal den leeren Korridor entlang wandern.
Mir reicht es noch nicht, ich mache weiter:
„Ich glaube, Sie sind der Kopf dieses Waffen- und Drogenringes. Sie haben Andrews absichtlich erschossen. Er musste die Drecksarbeit machen, während Sie im Hintergrund die Fäden zogen. Nun sagen Sie schon, Stice, wo sind die Millarden?"
Jetzt habe ich ihn da, wo ich ihn haben wollte. Ich habe absichtlich das Geld ins Spiel gebracht. Stice wird nun versuchen, mein Schweigen zu erkaufen und ich habe, was ich wollte: Sein Geständnis auf dem Diktiergerät in meiner Brusttasche.
Doch er überrascht mich. Nachdem den Flur die ganze Zeit im Auge behalten hat, dreht er sich zu mir und zieht seine Pistole.
„Sind Sie wahnsinnig?" entfährt es mir.
„Halten Sie den Mund!"
„Nehmen Sie die Pistole runter, damit kommen Sie doch nicht durch! Mann, wir sind hier im Hauptquartier der US Army, mein Gott!"
„Mein Heli steht mit laufendem Motor auf dem Dach, eine Etage über uns. Das schaffe ich locker, und wenn ich mir den Weg freischießen muss!"
„Und dann?! General Miller weiß, dass nur wir beide hier sind. Wenn ich hier tot liege, wird er Sie jagen!"
Ein gefährliches Grinsen huscht über Stice Gesicht.
„Diplomatische Immunität. Ich kann in den USA Verbrechen begehen und sogar morden. Werde ich nicht

innerhalb von 24 Stunden gefasst, kann mir keiner was!"
Au Scheiße, damit haben wir nicht gerechnet.
Der Lauf seiner Pistole ist genau auf mein Gesicht gerichtet, als der Schuss fällt.
Für Moment spüre ich nichts, rein gar nichts. Es ist vielleicht der leiseste Augenblick meines Lebens. Unwillkürlich schließe ich meine Augen und drehe den Kopf zu Seite.
Als ich die Augen öffne und mich langsam aus der Schutzhaltung aufrichte, die mein Körper automatisch eingenommen hat, registriere ich, dass Stice verletzt ist. Seine Pistole liegt auf dem Tisch, direkt vor ihm, ich fege sie mit der Hand zur Seite. Stice steht gebückt, hat offensichtlich starke Schmerzen und hält sich mit der linken Hand die rechte Schulter. Der schwarze Maßanzug ist blutgetränkt, sein Gesichtsausdruck zeigt völliges Unverständnis.
„Alte Freunde schießt man nicht einfach über den Haufen.", bemerkt General Miller, den noch rauchenden Revolver weiterhin auf Stice gerichtet. Hinter der Tür verborgen, hatte er heimlich unsere Unterhaltung verfolgt.
Im Flur springen mehrere Türen auf, schwerbewaffnete, mit schusssicheren Westen ausgestattete Soldaten stürmen in den Besprechungsraum. Stice wird unsanft auf den Tisch gedrückt, Handschellen rasten ein.
„Noch nicht abführen, lasst ihn sich noch einen Augenblick hinsetzen!" befiehlt Miller.
Er nimmt Stice gegenüber Platz und sieht ihn eindringlich an. Nach einer Weile sagt er nur ein einziges Wort:
„Warum?"
„Mein Sohn würde noch leben, gäbe es diese Scheiß Drogen nicht!" brüllt Stice.
„Ich verstehe nicht. Warum sollte es besser werden, wenn du noch mehr Drogen auf die Inseln schaffst?"

„Darum geht es doch gar nicht! Es geht um die Waffen. In Kolumbien habe ich zigmal miterlebt, wie wenig wir mit unseren feinen Auslandseinsätzen ausrichten. Da geht es nur um Prestige: Einen großen Drogenboss umbringen, das Ganze in den Medien breittreten und weg. Das reicht aber nicht, um das Problem zu lösen. Wir erschießen einen, morgen macht sein Bruder weiter. Wir erschießen den, sein Vetter folgt. Nein, so werden wir die verfluchten Drogen nie los. Daher habe ich alle mit Waffen versorgt: Die großen Clans und auch die Regierung."
General Miller unterbricht ihn: „Hast man dir deshalb diplomatische Immunität zugesichert?"
„Ja." antwortet Stice: „Ich habe sie mit Waffen versorgt, damit sie sich gegenseitig vernichten. Sie sollen sich ausrotten, nur so bekommen wir das Problem in den Griff. Erst wenn nur noch ein großes Drogenkartell übrig ist, können wir es gezielt zerschlagen und die kleinen Kartelle im Keim ersticken."
„Verstehe. Und das Geld aus den Drogengeschäften?"
„Einen Teil habe ich behalten, mit dem Großteil habe ich Einsatzkommandos finanziert, deren Aufgabe es ist, Drogenbosse zu finden und liquidieren."
„Eine Privatarmee.", resümiert Miller.
„David, ich habe das nicht getan, um mich zu bereichern."
„Nein, du willst deinen Sohn rächen. Robert, Herr Gott, das geht zu weit!"
„Ich weiß, aber die Regierung lässt uns total im Stich, jemand muss doch etwas tun. Darf ich etwas fragen?"
„Ja."
„Hast du diesem dämlichen Heuser einfach so geglaubt? Nach all den Jahren reicht ein dahergelaufener Deutscher, um mir in den Rücken zu fallen?"
„Nicht nur" antwortet Miller und wirft ein vergrößertes Foto auf den Tisch.

„Das hier hat der dahergelaufene Deutsche in der von S&C angemieteten Villa auf Maui aufgenommen, bevor Andrews ihn erwischt hat."
Eine Ausschnittsvergrößerung des Büros zeigt den Schreibtisch, auf dem ein Bilderrahmen mit einem Foto steht. Auf diesem sind Robert Stice und Frau Evans zu sehen. Die beiden sind zweifelsohne ein Paar.
„Im Laufe der Jahre lernt man seine Geschäftspartner gut kennen" kommentiert Stice sarkastisch das Bild: „Wir sind letztes Jahr zusammen gekommen."
„Abführen!" befiehlt Miller. Zwei Soldaten helfen Stice hoch und verlassen mit ihm den Raum.
Noch immer starre ich auf das Foto.
„Das haben Sie die ganze Zeit gewusst und nichts gesagt?" frage ich.
„Was hätte es für Sie geändert? Nichts. Für mich war das Foto der Beweis, dass Sie mit Ihren Vermutungen recht hatten, sonst hätte ich Sie und Jörn nie und nimmer mit Waffen versorgt! Kommen Sie, fliegen wir zu Bob, oben steht ein Helikopter."
Wir nehmen die Treppe aufs Dach und steigen ein. Im Hubschrauber lässt Miller sich permanent über Funk mit verschiedenen Behörden verbinden und gibt Anweisungen. Eine Wiese neben Bobs Haus muss als Landeplatz herhalten.
Leider hatte ich es versäumt, Jörn eine SMS zu schicken, dementsprechend fällt der Empfang aus. Zunächst sieht es aus, als wolle er mir eine knallen. Doch dann grüßt er zögerlich und beschließt, unsere Erklärung abzuwarten, bevor seine Handinnenfläche kräftig an meine Wange schallert.
Miller erkennt den Ernst der Lage und positioniert sich vorsorglich zwischen uns.
Er erläutert Jörn in kurzen Zügen, was geschehen ist.

Jörn schüttelt ungläubig den Kopf und antwortet:
„Ihr Penner hättet ruhig was sagen können! Stice also... Andrews kam mir immer ganz sympathisch vor, aber ich wollte einfach nicht weiter denken. Nun, dann ist der Albtraum jetzt endlich vorbei. Champagner für alle!"
Nachdem Kiara und Bob ebenfalls im Bilde sind, lassen wir die Korken knallen. Grund zu feiern haben wir ausreichend, denn die Army zeigt sich spendabel. Bob bekommt ein fast neues Kunstflugzeug aus dem Bestand der Air Force geschenkt.
Am nächsten Tag kann ich mich nicht mehr an alles erinnern. Ich habe ein dumpfes Gefühl, Kiara etwas näher gekommen zu sein, wache aber allein auf. Gut so, mit netten Menschen landet man nicht besoffen im Bett.

Epilog:

Am Abend nach Stices Festnahme findet eine Razzia bei Frau Evans in Shanghai und, weltweit in allen Büros von „Golden State Shipping“, statt. Sämtliche Frachter der Reederei werden vorerst stillgelegt und durchsucht.
Nach und nach stellt sich heraus: Stice und Andrews erhielten deutlich mehr Drogen, als sie auf Hawaii absetzen konnten. Daher verteilten sie diese auf mehrere Frachter. Einer bediente die Westküste der USA, vor jeder Großstadt wurden Drogen auf Schnellboote umgeladen und in der jeweiligen Stadt verkauft. Auf dem Schiff von Kolumbien nach Shanghai befand sich weit mehr Rauschgift, als man auf Hawaii an den Mann bringen konnte. Daher wurden große Mengen auf offener See auf weitere Frachter mit dem Ziel Neuseeland und Indonesien verladen. Das Prinzip war immer gleich: vor jeder größeren Insel oder Stadt holten Schnellboote eine für sie bestimmte Menge ab.
Dieser gigantische Drogenschmuggelring wird in den kommenden Wochen, dank Jörns und meines Einsatzes, ausgehoben und unschädlich gemacht.
Stice sagte die Wahrheit. Im Laufe der Jahre verdiente er fast drei Millarden Dollar, häufte selbst aber nur ein vergleichsweise geringes Privatvermögen von 50 Millionen an. Den Rest investierte er tatsächlich in seinen privaten Drogenkrieg. Aber er räumte auch kaltblütig Jeden aus dem Weg, der ihm gefährlich werden konnte. Selbst Mitarbeiter von General Miller standen auf Stice´s Gehaltsliste. So wusste er immer wer ihm auf den Fersen ist. Zuletzt tötete Stice persönlich einen jungen Agenten namens Lieutenant Rogers, der ihm auf die Schliche kam. Die Schiffsbesatzung sagte detailliert aus, wie er Rogers und dessen asiatischen Verbindungsmann an

Bord erschoss und ins Meer warf. Das muss kurz vor Jörns Entführung gewesen sein, Rogers war direkt General Miller unterstellt.

Unseren Resturlaub von einer Woche verbringen Jörn und ich so, wie wir unseren gesamten Aufenthalt geplant hatten: Morgens wellenreiten, nachmittags windsurfen und abends grillen.

Mein Rückflug stellt sich als entschieden weniger bequem als die letzten Flüge heraus: Ohne Jörns Pilotenausweis muss ich wieder mit der Holzklasse vorlieb nehmen.
Zurück in Hamburg steige ich aus dem Flieger, nehme mein Gepäck in Empfang und mache mich auf zum Kielius, einem Bus, der zwischen Flughafen und Bahnhof Kiel pendelt.
Ich passiere den Zoll und staune nicht schlecht, als mich ein junger, amerikanischer Soldat anspricht. Er stellt sich als Luke Brown vor und sagt, er habe den Auftrag mich nach Hause zu bringen.
Vor dem Terminal steht ein nagelneuer Jeep Cherokee. Nachdem wir das Gepäck im Kofferraum verstaut haben, fragt Brown: „Wollen Sie fahren?"
Ich gucke wohl ziemlich verblüfft und antworte nichts.
Er hält mir die Schlüssel hin.
„Mit den besten Empfehlungen der US Army. Der Wagen gehört Ihnen. Ich weiß zwar nicht, was Sie vollbracht haben, aber jemand ist Ihnen ziemlich dankbar."
Ziemlich baff, bedanke ich mich, so gut es geht. Den jungen Mann schicke ich nach Hause, ich sehe mich durchaus im Stande, die 4.0 Liter Maschine höchstselbst nach Kiel zu prügeln.

Gegen Mittag betrete ich meine Wohnung, die Zeitumstellung setzt meinem Biorhythmus zu, und ich packe mich ins Bett.
Es ist Donnerstag, und so mache ich mich am frühen Abend auf den Weg in meine Stammkneipe. Im „do Sol“ trifft sich in Kiel Donnerstags abends alles, was Rang und Namen hat. Zumindest aus dem Mikrokosmos „Surfen“. Für fast jeden Windsurfer oder Wellenreiter zwischen 20 und 40 Jahren ist der „Crazy Donnerstag“ ein fester Termin in der Woche.
Da mein Kühlschrank leer ist, der Magen aber knurrt, mache ich unterwegs einen Schlenker zur Förde. Dort gibt es seit letztem Jahr die Fischbar, eine kleine Bude am Segelcamp 24. Hier gibt es die besten Fischbrötchen in ganz Kiel.
Das ist zwar nicht schwer, denn tragischerweise gibt es ansonsten quasi gar keine Fischbrötchen in der Landeshaupstadt an der Ostsee, aber der Fischsnack schneidet nicht nur aufgrund fehlender Konkurrenz extrem gut ab. Nein, ich würde mich zu der Behauptung hinreissen lassen: Es sind die besten Fischbrötchen auf der ganzen Welt!
Gut gestärkt spaziere ich weiter ins „do Sul“. Ich bin früh dran, abgesehen vom Barkeeper ist kaum jemand da. Gerade als ich mein erstes frisch gezapftes Sagres bestelle, klingelt mein Handy.
Kiara ist dran. Ich will in Ruhe mit ihr reden, daher gehe ich mit meinem Bier raus auf den Bürgersteig. Wir unterhalten uns angeregt. Als mein Glas leer ist, fülle ich es an der Tanke gegenüber mit einer Dose Beck´s wieder auf. Mein Telefon nehme ich dabei nicht vom Ohr.
Nach dem Gespräch gehe ich glücklich, mit einem zufriedenen Dauergrinsen im Gesicht, zurück ins „do Sol“. Der Laden ist inzwischen rappelvoll.

An der Bar treffe ich den ersten Bekannten. Während ich auf ein neues Bier warte, kommen wir ins Gespräch.
„Ach, warst du nicht wieder auf Hawaii?“ fragt er.
„Jupp!“
„Und, wie war´s?“
„Geil!“, erwidere ich: „Wie immer.“

- Es würde mir ja doch keiner glauben.

www.torbensonntag.de

Stehen zwei Mathematiker vor dem Kindergarten. Drei Kinder gehen rein, fünf Kinder kommen raus. Sagt der eine Mathematiker zum anderen: "Wenn jetzt noch zwei reingehen ist keiner mehr drin."

Zwei Fische im Aquarium. Fragt der Eine: Wie fährt man dieses Ding?

Kommt ein Cowboy vom Friseur. Pony weg.

www.torbensonntag.de